Couvertures supérieure et inférieure
manquantes

PHILOSOPHIE
DU
DROIT CIVIL

OUVRAGES DU MÊME AUTEUR

Philosophie du droit pénal. 2ᵉ édition, 1 vol. in-12, de la *Bibliothèque de philosophie contemporaine.* (Germer Baillière et Cⁱᵉ).................... 2 fr. 50

La Philosophie mystique en France au XVIIIᵉ siècle. 1 vol. in-18 de la *Bibliothèque de philosophie contemporaine.* (Germer Baillière et Cⁱᵉ).................... 2 fr. 50

Des rapports de la religion et de l'État. 2ᵉ édition, 1 vol. in-12, de la *Bibliothèque de philosophie contemporaine.* (Félix Alcan, succᵣ de Germer Baillière et Cⁱᵉ)....... 2 fr. 50

Esquisse d'une histoire de la logique. 1 vol. in-8. (Hachette et Cⁱᵉ).

De la certitude. 1 vol. in-8. (Ladrange.)

Dictionnaire des sciences philosophiques, publié avec la collaboration d'une société de savants, 2ᵉ édition, 1 fort vol. in-8. (Hachette et Cⁱᵉ.)

La Kabbale, ou la philosophie religieuse des Hébreux. 1 vol. in-8. (Hachette et Cⁱᵉ.)

Études orientales. 1 vol. in-8. (Michel Lévy.)

Réformateurs et publicistes de l'Europe (moyen âge, renaissance). (Michel Lévy.)

Réformateurs et publicistes de l'Europe (xviiᵉ siècle). (Michel Lévy.)

Philosophie et religion. 1 vol. in-8 et in-12. (Didier et Cⁱᵉ.)

Moralistes et philosophes. 1 vol. in-8 et in-12. (Didier et Cⁱᵉ.)

La Morale pour tous. In-12 (Hachette et Cⁱᵉ.)

Philosophes modernes, français et étrangers. 1 vol. in-12. (Didier et Cⁱᵉ.)

Essais de critique philosophique. In-12. (Hachette et Cⁱᵉ.)

Tours. — Imp. ARRAULT et Cie.

PHILOSOPHIE

DU

DROIT CIVIL

PAR

AD. FRANCK

Membre de l'Institut
Professeur au Collège de France

PARIS
ANCIENNE LIBRAIRIE GERMER BAILLIÈRE ET Cⁱᵉ
FÉLIX ALCAN, ÉDITEUR
108, BOULEVARD SAINT-GERMAIN, 108
—
1886
Tous droits réservés.

AVANT-PROPOS

Les principes que j'expose et que j'essaie de démontrer dans ce volume, ont fait, à plusieurs reprises, pendant plusieurs années séparées les unes des autres par d'assez longs intervalles, la matière de mon enseignement au Collège de France. C'est qu'il n'en est pas, dans la science à laquelle ils appartiennent, ni de plus discutés, ni de plus importants, et avant de les produire en public, c'est un devoir de les éprouver longuement devant soi-même et de recueillir, pour les résoudre, toutes les objections qu'ils ont pu soulever. Dans aucun temps et dans aucun pays les contradicteurs ne leur ont manqué; mais ils n'ont jamais été aussi nombreux, aussi ardents, aussi redoutables certainement que dans ce dernier demi-siècle où les révolutions politiques, celles qui sont restées à l'état de projets, comme celles qui sont entrées dans l'histoire, ne semblaient pas pouvoir se séparer d'une révolution sociale. Mais, après les changements introduits par la Révolution française dans les institutions et les lois de presque tous les peuples civilisés, qu'est-ce qu'une révolution sociale sinon le bouleversement de l'ordre civil, et, par suite, la négation des principes que cet ordre de choses, établi avec tant de peine, a eu pour résultat de faire entrer dans les faits ? Aujourd'hui qu'il n'y a plus de castes, plus de privilèges d'aucune sorte, que l'homme et la terre, la conscience et le travail sont également libres, une révolution sociale, sous quelque nom et quelque prétexte qu'on la propose, quand on n'a pas la force de l'imposer, repose toujours sur le même fond; elle transporte à l'Etat tous les droits, toutes les responsabilités, toutes les obligations aussi de l'individu. Elle supprime la liberté et absorbe la personne humaine dans une masse, ou pour me servir du terme à la mode, dans une collectivité impersonnelle et inconsciente. Elle applique à la politique le même système que les apôtres de l'évolutionisme et du positivisme contemporains s'efforcent de faire prévaloir en philosophie.

Le respect que commande la personne humaine étant, selon moi, le seul fondement du droit et le but suprême de la législation, j'ai été amené à combattre ceux qui professent l'opinion contraire, et c'est ainsi que la polémique tient une place assez étendue dans le cadre où se meut ma propre pensée.

Persuadé, comme je le suis, qu'il n'est pas bon d'écrire comme on parle, ni de parler comme on écrit, je me suis imposé le devoir de supprimer dans le livre les formes d'exposition qui caractérisent les leçons. Dans ces communications hâtives, toujours improvisées, même quand elles sont écrites, il est difficile d'échapper aux longueurs, aux redites, aux préoccupations et souvent aux émotions du jour, aux allusions en quelque sorte imposées par de récents événements. N'en retrouvera-t-on ici aucune trace ? Je n'ose pas l'espérer ; mais je compte que le lecteur me saura gré de l'intention et de mes efforts pour la réaliser.

Il y a un autre point sur lequel j'appelle à la fois l'attention et l'indulgence du public. On ne rencontrera pas dans les pages qui vont suivre le moindre document inédit, le plus petit texte nouvellement arraché à la poussière des bibliothèques ou des archives. Quand j'ai eu besoin, comme cela m'est arrivé souvent, d'invoquer le témoignage de l'histoire, je me suis contenté de ce que tout le monde en sait ou des faits les plus notoires et les plus incontestés. La passion de l'inédit qui nous dévore depuis quelque temps n'est à sa place que dans les recherches de pure érudition. Introduite dans le domaine de la morale, de la politique, du droit naturel, de l'économie sociale, et même de l'histoire, quand elle l'envahit sans mesure et sans respect pour les idées de justice et de liberté, n'est propre qu'à rétrécir l'intelligence, à falsifier le jugement, à tenir en échec les idées et les principes. Si on ne se hâte de la faire rentrer dans ses limites naturelles, elle fera de nous des scribes, comme ceux de l'ancienne loi, des pédants bouffis d'arrogance et hérissés de paradoxes à qui les choses de l'esprit et les nobles soucis de l'humanité sont devenus étrangers.

Paris, le 31 octobre 1885.

AD. FRANCK.

PHILOSOPHIE DU DROIT CIVIL

CHAPITRE PREMIER

Le droit en général, le devoir, le libre arbitre, la personne humaine.

Tous les principes du droit naturel, — on pourrait dire simplement tous les principes du droit et toute la science du droit, soit naturel, soit positif, — supposent nécessairement l'idée du droit; c'est de là qu'ils dérivent, c'est là qu'ils ont leur fondement et leur raison d'être. Or, l'idée du droit existe-t-elle dans l'esprit humain? Elle y existe si bien que si l'on essayait de la supprimer, tous les rapports que les hommes ont entre eux dans l'état de société et sur lesquels repose la société elle-même, disparaitraient avec elle. Un père a des droits sur ses enfants et les enfants en ont aussi à faire valoir auprès de leurs parents, que la société, au besoin, fait valoir à leur place. Un mari a des droits sur sa femme, et la femme sur son mari. Le propriétaire a des droits sur sa propriété, le créancier sur son débiteur, les membres d'une association ont des droits les uns sur les autres, le magistrat préposé à la distribution de la justice et à l'application des lois a des droits sur les justiciables ; enfin le souverain d'un pays, de quelque manière qu'il soit constitué, a des droits sur la masse des citoyens et ceux-ci également ont des droits à défendre contre l'arbitraire du souverain. C'est précisément ce qui fait que la toute-puissance, entre les mains du peuple, n'est pas plus légitime qu'entre les mains d'un roi ou d'un corps privilégié.

Il y a des philosophes, entre autres Hobbes et Spinoza, qui ont soutenu que le droit naturel, — celui qui est la source de tous les droits positifs, — n'était pas autre chose que le pouvoir, et même pas un pouvoir que la raison dirige dans le sens de l'intérêt général, mais un pouvoir au service de nos besoins et de nos intérêts particuliers. On connait ce mot de Spinoza : « En vertu du droit naturel les poissons jouissent de l'eau et les gros poissons mangent les petits ». Selon la définition de Hobbes, un peu moins étroite, le droit de chacun de nous s'étend aussi loin que son pouvoir et, quand il n'est pas arrêté par un pouvoir rival, s'exerce sur toutes les choses qui excitent nos désirs : *Jus omnium in omnia*. Rien de plus contraire au bon sens et à la lumière de l'évidence. Telle est la distinction qu'établit notre esprit entre le droit et le pouvoir, que souvent nous les trouvons en opposition l'un avec l'autre. Le pouvoir de tout faire, a dit un de nos plus anciens écrivains politiques, n'en donne pas le droit. Ni le droit n'a pas toujours la force nécessaire pour se réaliser et se défendre, ni la force ne tient toujours compte des exigences du droit. Dans le premier cas, le droit n'en subsiste pas moins, et dans le second, la force, au milieu de ses triomphes, est pour toute âme honnête un objet de réprobation. Celui

qui a dit, n'importe sous quelle forme : « La force
prime le droit », a énoncé un fait malheureusement
fréquent dans l'histoire du monde ; mais au point de
vue de la logique et de la raison, il a dit une grande
absurdité ; car du moment que le droit existe, du
moment qu'on le distingue de la force, il est de toute
nécessité qu'il prime la force. Mirabeau a dit plus
justement : « La force est le tyran du monde ; le droit
en est le souverain. »

L'idée du droit est inséparable d'une autre idée sans
laquelle elle n'existerait pas dans notre âme et ne pourrait jamais passer de notre esprit dans la réalité : c'est
l'idée du devoir. Un droit, c'est un certain usage de
nos facultés, auquel il est défendu à qui que ce soit de
mettre obstacle. Et cette même défense s'adresse à
moi quand il s'agit du droit des autres. Un droit
n'existe pas, s'il n'est inviolable, et dire qu'un droit est
inviolable, c'est dire qu'il est interdit d'en empêcher
l'exercice. Mais qu'est-ce que cette interdiction qui est
prononcée, non par la loi seulement, mais par la
raison, par la conscience, c'est-à-dire par la raison
appliquée à la direction de la vie ? Pas autre chose
qu'un devoir. Dans l'idée même du droit se trouve donc
comprise l'idée du devoir. Mais dans l'idée du devoir se
trouve également comprise l'idée du droit. Comment
imaginer qu'une action quelconque me soit prescrite,
et qu'il soit permis à qui que ce soit de l'empêcher ? Ce
qui m'est prescrit s'appelle le devoir, et ce qu'il est
défendu d'empêcher en moi, c'est le droit. Au fond ces
deux termes ne diffèrent l'un de l'autre que par la
place qu'ils occupent. Le droit que je revendique sur
les autres, c'est le devoir qu'ils ont à remplir envers
moi, et le devoir que j'ai à remplir envers eux, au

moins les plus impérieux et les plus importants, c'est le droit qu'ils ont à revendiquer sur moi. Le père a le devoir de nourrir, d'élever et d'instruire son enfant; donc l'enfant a le droit d'être nourri, instruit, élevé par le père. Cette proposition aussi claire que le jour détruit de fond en comble les abominables doctrines qui justifiaient l'esclavage par l'autorité paternelle.

De même qu'on a nié le droit en le confondant avec le pouvoir, on a nié le devoir en le confondant avec l'intérêt, non pas avec l'intérêt individuel, mais avec l'intérêt général, avec les conditions de paix et de bien-être qui s'appliquent à la société entière. Ce sont surtout les philosophes anglais, Stuart Mill, Herbert Spencer, Alexandre Bain, qui soutiennent cette opinion. Mais leur cause n'est pas meilleure que celle de Hobbes et de Spinoza. Elle est même moins bonne, car elle contient une contradiction. Il arrive souvent que l'intérêt particulier ne s'accorde pas avec l'intérêt général; pourquoi donc serais-je obligé de sacrifier le premier au dernier? Parce que la loi m'y contraint par la menace du châtiment? Mais celui qui ne fait le bien que par la peur du châtiment ne le fera pas toujours, parce qu'il y a des moyens d'échapper au châtiment. Et quand il le fait, ce n'est pas un honnête homme, c'est un vil esclave qui n'obéit qu'à la peur, et dont la conscience est tout entière dans le Code pénal. Une société assise sur cette base marche tout droit au despotisme.

Nous voilà donc assurés de ces deux vieilles idées dont le monde n'a pas encore trouvé le secret de se passer et qu'aucune invention nouvelle ni du présent ni de l'avenir ne remplacera. Mais, ces deux idées si étroitement unies l'une à l'autre, en supposent une troisième qui n'est pas moins nécessaire : c'est le libre arbitre. La raison ne commande sous le nom de devoir qu'à un être capable d'obéir ou de désobéir, et avant tout de comprendre les ordres qu'on lui donne. On ne respecte, au nom du droit, qu'un être capable de se défendre, qui trouve en lui-même la loi qui le dirige, et auquel cette même loi interdit de la subordonner à aucune autre. Le libre arbitre n'est pas simplement une idée, une vue de l'esprit, comme le devoir et le droit. C'est une réalité vivante, c'est une force active, comme les forces de la nature, mais qui a la conscience d'elle-même et qui trouve en elle-même sa raison d'être tandis que les forces de la nature sont aveugles et fatales.

Le libre arbitre a trouvé des adversaires encore plus acharnés, s'il est possible, que ceux du devoir et du droit. Quelles théories n'a-t-on pas inventées pour le détruire : théories matérialistes, théories positivistes, théories théologiques, théories métaphysiques. La plus accréditée aujourd'hui est encore celle des philosophes anglais contemporains. Il y a un temps où l'on allait chercher toute philosophie en Allemagne ; aujourd'hui on la cherche en Angleterre. Herbert Spencer a remplacé Kant, Schelling et Hégel. Or, que dit Herbert Spencer, et que disent d'après lui ses nombreux disciples français ? Que le moi ne saurait être libre, puisqu'il n'existe pas ; que le moi, ce que nous appelons la personne humaine, n'est qu'une collectivité, une collection de sensations, de souvenirs, d'images, d'états de conscience. Un de leurs disciples, qui est Français et qui est un écrivain de grand talent, a défini le moi « un polypier d'images », c'est-à-dire une espèce de kaléidoscope.

Je me garderai bien de réfuter une à une toutes ces opinions. Cela me forcerait de sortir de mon sujet pour me placer sur le terrain de la pure philosophie. Mais puisque nous vivons à une époque de positivisme, j'opposerai à toutes ces théories un fait. C'est que nous savons que nous sommes une personne, un moi indivisible, et que ce moi est libre. Aussitôt que nous quittons le domaine de l'abstraction pour rentrer en nous-mêmes et dans la vie réelle, dans la vie privée surtout, nous voyons que nous ne pouvons renoncer ni à notre moi, ni à notre libre arbitre. Quand nous avons un parti à prendre, c'est bien sérieusement que nous réfléchissons sur les motifs qui se disputent notre choix, et après que notre choix est fait et bien fait, nous pouvons nous dire : Eh bien! pour me prouver que je suis libre et que tous ces prédicateurs de déterminisme vivent dans l'illusion, je vais faire le contraire de ce que je viens de décider. C'est une expérience que l'on a faite mille fois et que chacun peut faire à son tour. Maintenant, supposons qu'un méfait se soit commis chez quelque déterministe, que son secrétaire ait été fracturé, qu'une somme d'argent lui ait été enlevée, il ne pensera pas un instant que l'auteur de cette action criminelle est un polypier d'images où il n'y a ni unité, ni responsabilité. Il cherchera le voleur, et s'il le trouve, il le fera punir, parce qu'il le jugera libre et responsable. Ce déterministe ne dira pas non plus que le respect de la propriété est une condition du bien-être social, et que pour la faire respecter il faut faire souffrir celui qui la viole. Non, il n'ira pas chercher si loin, il ne se contentera pas de faire punir le voleur, il le méprisera parce que c'est le contraire d'un honnête homme.

Ces trois choses ensemble, le devoir, le droit, le libre arbitre, n'en font qu'une seule : l'âme humaine, force intelligente et libre. Cette force unique, c'est la personne humaine. Nous ne disons pas l'individu, parce que l'individu est chose essentiellement variable, mais la personne humaine, toujours la même, qui répond à un type universel, et qui est le véritable but, l'élément primitif de la société. C'est la personne humaine que nous devons mettre au-dessus de toute considération de nationalité, de communion religieuse, de caste et de condition de fortune. C'est elle qui est la source et l'objet direct de la fraternité humaine. Tous les hommes ayant la même destinée, étant doués des mêmes facultés, sont soumis aux mêmes conditions d'existence, et ces conditions, ils ne peuvent les remplir qu'en se prêtant un mutuel secours. La personnalité humaine est aussi le fondement de la liberté civile et politique ; car elle est en opposition avec tous les despotismes, de quelque nom qu'ils s'appellent, la collectivité, la toute-puissance du peuple ou d'une assemblée politique, la théocratie, la féodalité, l'oligarchie de fortune ou de naissance, la monarchie absolue, la dictature qu'une émeute ou un coup d'Etat ont fondée, qu'une autre émeute ou un autre coup d'Etat peuvent détruire. Autant vaut dans un Etat la personne humaine, autant vaut la société, autant valent les institutions et les lois. La personne humaine ne peut se développer que dans l'état social, mais c'est par elle et par elle seule que la société existe ; elle ne doit pas être sacrifiée à la société, ou absorbée dans son sein comme la goutte d'eau est absorbée dans la mer.

CHAPITRE II

LES DROITS DE LA PERSONNE HUMAINE

La vie, la liberté individuelle, la propriété, la liberté de conscience, la liberté intellectuelle.

Le droit, comme nous croyons l'avoir démontré, est absolument un dans son essence et dans son principe. Il est constitué par un seul fait, à savoir la liberté; il est gouverné par une seule loi, la loi du devoir. Il peut être défini : la liberté consacrée et réglée par le devoir.

Éclairés par cette vue si féconde et si simple, nous avons pu nous mettre en garde contre les exagérations et les exceptions qui tendent à discréditer non seulement la science, mais l'idée du droit. Il n'y a nulle exagération possible avec un principe qui recommande à chacun de nous le respect de tous ses semblables, considérés individuellement, ou réunis en société, et qui recommande à la société le respect de l'individu. Un tel principe est la condamnation formelle et de l'anarchie et du despotisme, de l'anarchie qualifiée de liberté absolue, du despotisme dissimulé sous le nom d'autorité. Il écarte, en raison même de son unité, toute exception tirée soit de la raison d'Etat, soit de l'équité, soit de la charité. La charité ou l'amour, allant au-delà du devoir, ne peut s'exercer qu'à la condition de le respecter et par conséquent de respecter avec lui le droit qui en est inséparable. La distinction de l'équité et du droit n'existe qu'au point de vue de la jurisprudence positive, elle disparait devant la conscience ou le droit naturel. Enfin la raison d'Etat prise comme synonyme de la nécessité ou de l'intérêt tout seul, c'est la négation même du droit. Mais l'unité du principe n'empêche pas la variété des applications et des conséquences. L'unité de la liberté n'empêche pas de reconnaitre plusieurs usages de la liberté qu'on appelle du même nom et qui représentent à notre esprit autant de libertés distinctes. L'unité du droit ne l'empêche pas de revêtir des caractères divers et de produire soit pour nous, soit pour les autres, des effets différents, suivant le rôle que nous remplissons dans la vie, suivant les relations que nous avons avec nos semblables. C'est sur cette observation qu'est fondée la division du droit naturel.

La division du droit naturel n'est pas et ne peut pas être la même que celle du droit positif. La dernière de ces deux sciences n'ayant à tenir compte que des lois rédigées par les hommes, et les lois de cet ordre n'étant pas obligées et ne prenant pas toujours soin de se justifier par des principes tirés de la raison, le jurisconsulte est libre d'adopter telle marche qu'il lui convient, et il arrive souvent, comme nous le voyons par l'exemple du droit romain, que chacun a la sienne. D'ailleurs le droit positif, alors même qu'il s'élève à des considérations philosophiques, ne peut tenir compte que de l'ordre social en tant qu'il tombe sous l'action des lois. Le droit naturel est obligé de remonter plus haut et d'étendre son horizon beaucoup plus loin. Il est tenu de rechercher dans la conscience et dans l'organisation même de l'homme, le fondement et l'origine de tous les droits dont la société a pour but de lui garantir la jouissance. Il est tenu de suivre la société à tous les degrés de son organisation dans un ordre généralement opposé à celui du droit positif. Ainsi que Montesquieu l'a établi d'une manière irréfutable : c'est la constitution politique d'un pays, c'est le principe de son gouvernement qui nous expliquent ses lois civiles, et parmi elles celles qui régissent la propriété et la famille. Dans le droit naturel, au contraire, les lois de la propriété et de la famille doivent être connues avant celles de l'Etat, le droit privé avant le droit public, et les droits purement personnels de l'homme en général avant le droit privé. Pourquoi cela? Parce que la société, et par conséquent l'Etat, a pour but de protéger et de développer la personne humaine, de lui assurer la conservation de ses droits, de la mettre en état d'accomplir ses devoirs, et que tout ordre social qui produirait un résultat contraire ou qui tendrait à absorber l'individu dans une masse dépourvue de responsabilité, serait le renversement des lois de la raison et de la nature. Le droit naturel, enfin, ne doit pas se contenter de fournir des règles aux relations qui existent actuellement entre les hommes, il en doit créer, s'il est possible, de plus étendues et de plus parfaites ; il doit appeler les peuples à reconnaitre entre eux les mêmes principes de justice, d'humanité, de liberté, de fraternité, que la loi civile, si elle est bonne, maintient au-dessus des citoyens et que la loi morale impose indistinctement à toute créature humaine.

Le plan que nous sommes obligé de suivre nous est tracé d'avance par ces réflexions. Nous commencerons par l'énumération sommaire des droits qui nous appartiennent par le fait seul que nous existons, par le fait seul que nous sommes des hommes, et qui par conséquent doivent nous servir dans toutes les conditions de la vie, qu'il faudrait inscrire dans toutes les lois, mettre au-dessus de toutes les formes de gouvernement; car c'est précisément pour les empêcher d'être méconnus et foulés aux pieds que les gouvernements et que la société elle-même existent. Nous examinerons ensuite comment ces droits, empêchant le sexe le plus faible d'être la victime de la brutalité du sexe le plus fort, les empêchant tous deux de se dégrader mutuellement et leur imposant d'avance d'impérieux devoirs envers la frêle créature qui doit naitre de leur union, donnent pour conséquence inévitable le mariage, l'autorité paternelle, le droit d'héritage et de transmission, et toutes les institutions de la famille. Sur cette double base, les droits généraux de l'individu et les lois protectrices de la famille, nous essaierons de construire l'édifice de la société civile. Nous rechercherons par quels moyens, par quels systèmes de législation et d'organisation intérieure, la société est en état de veiller sur ces deux précieux dépôts, et aussi quels devoirs les individus et les familles ont à remplir envers elle pour qu'elle puisse subsister et accomplir sa destination. La société se présentera donc à nos investigations sous plusieurs aspects : ceux du droit privé et du droit public, du droit civil, du droit pénal et du droit politique. Enfin, le couronnement de notre œuvre sera l'étude du droit des gens, ou, comme on l'appelle plus volontiers aujourd'hui sans faire de différence entre la jurisprudence naturelle et la jurisprudence positive, le droit international. Nous essaierons de définir les rapports qui doivent exister entre les nations, soit dans la paix, soit dans la guerre, soit dans leurs rencontres sur la terre ferme, soit au milieu de l'Océan, quand elles se lient par des traités d'alliance ou quand elles se bornent à réclamer les privilèges de la neutralité. Mais cette immense tâche, comme il est facile de le supposer, n'est pas celle que nous nous proposons d'accomplir dans cet ouvrage. Nous nous renfermerons exclusivement dans le domaine du droit privé ou du droit civil qui, indépendamment des problèmes que nous avons indiqués, en renferme encore quelques autres d'une nature à la fois juridique et morale. Ainsi, en parlant du mariage, comment éviterions-nous la question de l'amour? En parlant de l'autorité paternelle, comment pourrions-nous écarter la grande question de l'éducation et de l'instruction? Nous ne pouvons pas non plus séparer la propriété intellectuelle ou littéraire de la propriété matérielle. Enfin après avoir considéré la personne humaine comme souveraine maîtresse de sa pensée, comment ne chercherions-nous pas à démontrer qu'elle est aussi maîtresse de ses croyances, ou que la liberté de conscience lui appartient au même titre que sa personne et ses biens?

Parmi les questions que nous venons d'énumérer, il y en a une qui précède nécessairement toutes les autres, et que nous aborderons immédiatement.

Il s'agit de savoir quels sont les droits qui nous appartiennent par ce fait seul que nous existons, c'est-à-dire que nous sommes des hommes, et que toutes les lois, toutes les institutions, de quelque nature qu'elles puissent être, à quelque origine qu'on les fasse remonter, ont pour but de développer et de défendre, que nulle puissance, nulle autorité, n'est fondée à détruire parce qu'il faudrait qu'elle pût invoquer une loi à la fois contraire et supérieure à la loi morale.

Le premier de ces droits est celui de nous conserver, et par conséquent de nous défendre contre tout ce qui attaque injustement notre existence. C'est l'inviolabilité de la vie humaine, quand la vie humaine n'est pas employée à violer le droit d'autrui ; c'est par conséquent le droit de légitime défense. « Tu ne tueras point », voilà l'expression que ce droit a revêtue dès l'origine du genre humain dans le code religieux de toutes les nations. Et pourquoi est-il défendu de tuer ? pourquoi la vie humaine est-elle inviolable ? Est-ce parce que la nature la recommande à ma pitié ? Mais j'ai pitié aussi des animaux, et cependant je les tue quand mon intérêt le conseille. Est-ce parce que je crains les effets de la vengeance ? Mais quand même je serais sûr de lui échapper, mon âme n'en serait pas moins saisie d'horreur à l'idée de rougir ma main dans le sang de mon semblable, ma conscience ne me dirait pas d'une voix moins terrible : « Caïn, le sang de ton frère crie contre toi vers l'Éternel ! » Non, c'est parce que la vie humaine a une destination supérieure à celle que peuvent lui donner nos intérêts ou nos passions ; parce qu'elle est consacrée par la loi du devoir, c'est-à-dire par la loi divine, par la loi de la raison qui veut que la vie serve à mûrir notre âme, à épanouir nos facultés, à féconder le germe divin déposé dans notre argile, et qui nous fait un crime de la trancher même de nos propres mains. Le même principe qui condamne le meurtre condamne le suicide.

Mais à quoi me servirait la vie, si je n'ai pas la faculté de l'employer à la fin pour laquelle elle m'a été donnée, si elle appartient non pas à moi, mais à autrui, non pas à l'accomplissement de ma destinée, de mes devoirs, mais à la satisfaction de la cupidité ou de l'orgueil d'un ou de plusieurs de mes semblables? A quoi me servirait la vie, sans la liberté individuelle? Le droit qui consacre la liberté de mes actions et de mes mouvements est donc aussi inviolable que celui qui consacre ma vie, je dirais même plus inviolable, si cette expression n'excluait pas toute inégalité, et s'il y avait du plus et du moins dans l'absolu. En tout cas l'on comprend que la vie sans la liberté individuelle a perdu tout son prix, parce que ce n'est plus la vie d'un homme, mais la vie d'une brute ou d'une plante. Oter la liberté à une créature humaine est donc une action aussi coupable que de l'assassiner, quoiqu'elle décèle un moindre degré d'abrutissement et de violence. Que m'importe maintenant l'inégalité des races humaines? Le nègre, dites-vous, ne s'élèvera jamais au niveau de notre civilisation et de notre intelligence? Eh bien! laissez-lui les fonctions les plus humbles de la société; mais laissez-lui la liberté. Faites-en, si vous voulez, votre mercenaire et votre domestique; n'en faites pas votre esclave; car c'est un homme, il a le don de la parole, il a dans une humble mesure le don de la raison, il a des sentiments humains, il entend la voix de la conscience et, pourvu que vous ne lui défendiez pas le seuil de vos temples, il est capable de connaître Dieu. Le nègre, dites-vous encore, quand il est livré à lui-même, au milieu des siens, ne parvient jamais à secouer les ténèbres de la barbarie et même de la vie sauvage. Eh bien ! apportez-lui quelques-uns des bienfaits de notre ordre social, partagez avec lui les dons de la foi, enseignez-lui par votre exemple à maîtriser ses passions, à être humble et doux ; mais sous prétexte d'en faire autre chose qu'un barbare, ne lui enlevez pas son nom et sa qualité d'homme, ne le réduisez pas à la condition de la bête de somme. D'ailleurs cette infériorité que vous lui attribuez est loin d'être irrémédiable. On a vu des races nègres passer du fétichisme à l'islamisme : pourquoi désespérer de les conquérir à la morale de l'Évangile ?

Peut-on être libre si l'on ne possède rien en propre, si l'on n'a pas ou si l'on ne peut pas se procurer par son industrie et son travail les choses nécessaires à notre subsistance ? Assurément non. L'esclave, sous toutes les législations qui tolèrent ou consacrent son existence, ne peut rien posséder, ne peut rien produire pour lui-même, ne peut pas dépenser les fruits de son labeur pour son propre usage ; et réciproquement celui qui est placé dans cette condition soit par rapport à un individu, soit par rapport à l'Etat, celui-là ne s'appartient pas à lui-même, il ne dispose pas de lui-même, quelque nom qu'on lui donne, c'est un esclave. L'histoire des sociétés humaines, d'accord avec la raison, nous enseigne que la liberté et la propriété se sont presque développées dans les mêmes proportions et sous l'influence des mêmes faits, qu'elles ont toujours existé ou ont été opprimées ensemble. La propriété est donc un nouveau droit qui vient s'ajouter à la liberté et à la vie, et qui est revêtu du même caractère. Non seulement elle est la condition de la liberté, elle en est encore un des usages les plus essentiels, les plus incontestables ; car le droit que je possède sur ma volonté s'étend nécessairement jusqu'à mon corps qui est l'instrument de ma volonté, et aux objets que tous les deux ensemble se sont soumis par le travail, ou par toute action qui n'a pas fait obstacle à la liberté d'autrui. Ce n'est là certainement qu'une des faces de la propriété ; car elle doit être considérée tout à la fois par rapport à la volonté de l'homme et par rapport à la nature des choses, ou à l'état de communauté dans lequel nous les trouvons d'abord. Nous ne pouvons l'étudier de ce nouveau point de vue et dans tous ses détails que lorsque nous aurons posé les bases de la famille; mais rien ne nous empêche de la considérer dès à présent comme un corollaire inséparable de la liberté individuelle.

Nous venons de parler de la liberté individuelle comme d'un droit, sinon plus inviolable, au moins plus précieux que la vie elle-même; de la propriété, comme d'une de ses conditions les plus essentielles. Mais conçoit-on un être libre à qui l'on interdit d'agir suivant ses principes, suivant ses convictions, suivant ses croyances, quand il ne fait rien d'ailleurs qui soit contraire aux droits naturels de ses semblables? bien plus, à qui l'on interdit ses convictions mêmes, ses croyances mêmes, en s'arrogeant sur son âme, sur sa pensée intime, un pouvoir d'autant plus violent dans ses effets qu'il est plus insensé et plus chimérique dans ses prétentions ? La liberté de conscience, car c'est ainsi qu'on appelle la faculté de croire ce qui nous paraît vrai et d'agir suivant nos convictions ; la liberté de conscience n'est donc pas moins sacrée que la liberté individuelle et la vie même ; elle a pour ceux qui ont une foi dans l'âme mille fois plus de prix que la vie ; car ils n'hésitent pas à sacrifier leur vie à leur foi, et l'on ne peut pas citer une croyance assez durable et assez forte pour tenir une place dans l'histoire, qui n'ait eu ses héros et ses martyrs. Elle est la liberté même, la liberté individuelle dans ses attributions les plus importantes, la première condition de notre personnalité. La personne humaine, en effet, c'est avant tout l'être moral, c'est la volonté dirigée par la conscience ; tout le reste, corps et biens, mouvements et forces, sécurité et bien-être, lui doit être subordonné, et n'est possible qu'à la condition qu'elle ne reçoive aucune atteinte.

Enfin, la conviction qui nous fait agir, les principes qui dirigent notre vie, et même les mouvements de notre corps, sont inséparables de l'exercice de l'intelligence, de la pensée qui les a produits, qui les justifie, qui les éclaire, qui les développe, qui les contrôle. L'exercice de la pensée n'est pas moins nécessaire à la conservation de notre vie, à la création de nos moyens de subsistance, à la défense et à l'usage de notre liberté individuelle, à notre existence tout entière ; car l'homme est par sa nature un être pensant, et sans autre but que la connaissance de la vérité, sans autre résultat que celui de la chercher, sans autre besoin que celui de donner l'essor à cette noble faculté, il faut que son intelligence se développe à l'abri de toute contrainte, il faut qu'elle puisse porter ses regards sur tout ce qu'elle peut atteindre, sans reconnaître d'autres limites, sans recevoir d'autres lois que celles que lui impose sa propre nature. La liberté de penser, la liberté intellectuelle est donc tout à la fois un complément indispensable de tous nos autres droits, et un droit original, un droit primitif qui porte sa consécration en lui-même.

Mais qu'est-ce que nous représente dans la science du droit, et par suite dans la législation, la liberté de penser? Est-ce que notre intelligence est accessible à la violence et à la contrainte? Est-ce qu'il est au pouvoir d'un homme de nous défendre ces opérations intérieures et insaisissables qu'on appelle le jugement, la comparaison, la mémoire, le raisonnement, la réflexion, le doute? Non, la liberté de penser, c'est la liberté de la parole, car la parole est la condition nécessaire de l'exercice et du développement de nos facultés intellectuelles, comme la libre profession de notre symbole de foi, de nos principes de morale et de religion, est la consécration indispensable de la liberté de conscience. Laissez un homme livré à lui-même, défendez-lui de communiquer avec ses semblables, défendez-lui, en un mot, l'usage de la parole, vous le condamnez par là-même à la plus irrémédiable ignorance, vous comprimez son esprit, vous l'enfermez, vous l'enchaînez dans un cercle de fer, sans compter que vous portez atteinte à sa liberté individuelle, à sa liberté d'action; car la parole est une action outre qu'elle est l'instrument de l'intelligence. La liberté de penser, encore une fois, c'est donc la liberté de communiquer sa pensée, c'est la liberté de penser tout haut, la liberté de parler, de discuter, de raisonner, soit de vive voix, soit au moyen de la plume. La liberté de penser n'est donc pas seulement la liberté de parler, c'est aussi et surtout la liberté d'écrire, la liberté d'imprimer, la liberté de la presse. Supprimez cette liberté, que devient un des plus chers et des plus impérieux de nos devoirs, le devoir pour mes semblables et pour moi de chercher ensemble la vérité?

Tous les droits dont nous venons de parler sont sans

doute des droits naturels, puisqu'ils répondent à autant de facultés constitutives, à autant de lois essentielles de notre être, à autant de devoirs absolument inséparables de la fin générale de notre existence. Mais ils ne supposent en aucune manière ce qu'on a appelé l'état de nature. L'état de nature, tel que l'ont imaginé certains philosophes sur la foi de quelques poètes de l'antiquité, non seulement n'a jamais existé, mais est absolument irréalisable, et en tout cas incompatible avec l'accomplissement de nos devoirs et l'exercice de nos droits. Nos droits, en effet, ne peuvent être maintenus qu'à une condition, c'est qu'ils resteront enfermés dans la limite qui leur est propre, qui leur est imposée par le principe même d'où ils découlent. Le droit de chacun de nous doit s'arrêter devant le droit d'autrui. La liberté, — car ils se résument tous dans la liberté, — la liberté qui nous appartient doit s'accorder avec celle de nos semblables. Or, cet accord n'est possible que dans l'ordre social, sous la protection de la loi et d'une autorité quelconque qui commande en son nom. De là résultent deux conséquences importantes qui déterminent d'avance le caractère de la société et de la législation positive.

En premier lieu, la société est faite pour protéger, développer et perfectionner la personne humaine, c'est-à-dire la liberté, non pour l'absorber et pour l'éteindre. Tout ordre social qui aboutit à ce résultat, tout État qui absorbe l'individu et paralyse ses facultés, est simplement la consécration de l'iniquité, de la tyrannie, de la force, de la violence, quelle que soit d'ailleurs la forme du gouvernement auquel cet État obéit, qu'il s'appelle une démocratie, une monarchie, une théocratie. Cette vérité a été reconnue par la Constituante, lorsqu'elle a admis dans la Déclaration des droits cette proposition : « Le but de toute association politique est la conservation des droits naturels et imprescriptibles de l'homme. »

De même que le droit ou la liberté de chacun doit s'arrêter devant la liberté de tous, elle doit s'arrêter aussi devant les limites et les sacrifices que la société est obligée de lui imposer pour subsister, pour se défendre, pour être en état d'exercer cette protection commune indispensable à notre conservation et au légitime développement de nos facultés. Ainsi notre vie est sacrée, mais quand la société nous la demande afin de pouvoir vivre elle-même, il faut la lui donner. Notre propriété doit être respectée, mais les sacrifices que la société juge nécessaires pour la défendre et se défendre elle-même, il faut les faire. La liberté individuelle est inviolable, excepté pour les fonctions et les services qui sont indispensables à la chose publique. On peut même dire que, lorsque nous usons de la liberté de conscience ou de la liberté de penser, de nos facultés, de nos talents, de notre parole, de notre influence, pour renverser les fondements mêmes de l'ordre social, pour exciter à la spoliation ou à la violence, la société a le droit et le devoir d'intervenir pour nous imposer les restrictions et les limites sans lesquelles elle ne peut subsister et qui ne portent aucune atteinte à nos droits véritables.

Les principes que nous venons de développer ne doivent donc effrayer personne, ils ne mettent en péril aucun intérêt et sont propres à les protéger tous; ils font la part légitime de l'individu et de l'Etat, de la liberté et de l'autorité. Ils ne sont incompatibles qu'avec l'utopie et la tyrannie; l'utopie qui rêve l'impossible, la tyrannie qui veut tout absorber en elle et appliquer à son usage l'œuvre de Dieu, les droits inaliénables de la liberté.

CHAPITRE III

LE MARIAGE

Union de l'amour et du devoir. — Respect de la personne humaine dans la femme. — Diversité des opinions sur la femme et différentes sortes de mariages. — L'Orient, la Grèce, Rome, la société moderne.

Après avoir énuméré tous les droits qui résultent de notre nature et dans l'exercice desquels consiste la personnalité humaine, nous nous sommes convaincus que ces droits ne pouvaient exister, être reconnus, se développer, se conserver que dans la société; que l'état de nature est une abstraction ou une chimère. Or, la société commence par la famille, sans laquelle tout chancelle et tout s'écroule dans l'ordre social. La famille a pour base le mariage.

Pour connaitre les devoirs et par conséquent les droits qui résultent du mariage, il faut étudier les rapports sur lesquels repose cette société, la plus simple de toutes et la plus naturelle; il faut se faire une idée des facultés tout à la fois identiques et distinctes, semblables et différentes, que la nature a données à l'homme et à la femme, et qui font que l'un ne peut se passer de l'autre, ou du moins ne peut être heureux sans l'autre dans la sphère des relations purement humaines ; qui ne leur permettent pas de vivre séparés sans un effort violent et, durant quelques années, sans un cruel sacrifice.

La société conjugale est sans doute la condition des liens plus étendus et plus compliqués de la famille, et tous les titres sacrés que peut invoquer celle-ci protègent également celle-là. Cependant le mariage se conçoit et a sa raison d'être sans la paternité. Le mariage porte en lui-même sa consécration et forme par lui-même une société complète, qui se suffit et a ses lois particulières ; autrement il faudrait déclarer que tous les mariages stériles doivent être dissous, et punir par l'isolement et la séparation une faute qui est celle de la nature, un malheur qui réclame non des châtiments, mais des consolations et un redoublement de tendresse. Autrement il faudrait exiger de la femme qu'on appelle à son foyer la force plutôt que la vertu ; il faudrait exclure du titre et de la dignité d'épouse toutes celles qui pourraient inspirer le plus léger doute sur leur maternité future. Et pourquoi seulement parler de la femme ? L'homme serait soumis à la même condition. La société civile serait obligée d'accepter la loi que lui propose dans son catéchisme le fondateur de la religion positiviste : elle devrait interdire le mariage à tous ceux qui ne sont pas assez forts ou assez bien conformés pour laisser espérer que leur union sera profitable à l'espèce humaine.

Mais sur quoi repose, dans l'ordre naturel, le mariage ainsi compris, le mariage considéré uniquement en lui-même, sans égard pour ses conséquences, sans égard pour les devoirs et les droits de la paternité ? Il repose sur deux choses qui, ainsi qu'on le verra bientôt, ne peuvent pas subsister séparées et dont l'une est toujours obligée d'appeler l'autre à son secours. Il repose sur l'amour et sur le devoir, ou sur l'amour sanctifié par le devoir, sur le devoir paré de toutes les grâces et armé de toute la puissance de l'amour. Ni le mariage d'intérêt, ni le mariage de vanité, ni le mariage d'ambition ne sont dans la nature. Le seul mariage naturel, nous allions dire le seul mariage légitime, le seul qui restera toujours dans notre imagination et dans notre cœur comme l'idéal du mariage ; le mariage, tel que l'a rêvé au moins une fois dans sa vie toute âme généreuse, c'est celui qui, d'accord avec le respect de nous-même et celui de la personne aimée, commence avec l'amour et se confond avec l'amour jusqu'au moment du divorce inévitable, du divorce éternel.

Mais l'amour lui-même, pour être digne de nous, pour tenir envers nous les promesses qu'il nous fait, pour donner au mariage la dignité qui lui appartient, et, avant tout, pour le rendre possible, doit remplir certaines conditions qui presque toutes se ramènent à une seule : l'opinion que nous avons de la nature de la femme et du rôle qu'elle doit jouer dans notre existence.

Autant vaut cette opinion, autant vaut l'amour, autant vaut la famille et avec elle la société tout entière. Cette proposition morale est tout aussi incontestable et ne souffre pas plus d'exception que les propositions mathématiques. Quand la femme, comme en Orient, n'est à nos yeux qu'une esclave, ou un instrument passif dont la nature ou Dieu nous ont rendus maîtres pour conserver notre nom et notre race, alors l'amour n'est que le désir ou le calcul de l'orgueil, le mariage n'est qu'une forme de la propriété, dont le fort exerce tous les droits au préjudice du faible, la famille a pour base le despotisme, et sur le modèle de la famille on voit se former l'Etat.

Quand la femme n'est pour ainsi dire qu'un objet d'art, comme elle l'a été chez les Grecs aux plus beaux jours de leur civilisation ; quand, prisée seulement pour sa beauté et ses perfections extérieures, elle ne représente qu'une statue inanimée, alors on peut bien lui dresser des autels, multiplier son image dans les temples et dans les édifices publics, lui donner place dans l'Olympe à côté de Jupiter : elle restera reléguée dans l'intérieur du gynécée, parmi les enfants et les esclaves, presque au même rang que la femme orientale. Son mari ne fera pas d'elle sa compagne, il ne vivra pas pour elle et avec elle, il ira vivre dans les gymnases, dans les théâtres, dans les camps, sur les places publiques. Il lui préférera dans son admiration et dans son amour les créatures qui font de la beauté un art, qui ont appris à Lesbos comment on la relève par la poésie et par la danse, et qui nulle part n'ont recueilli autant de scandaleux honneurs que dans la patrie de Phidias et d'Apelle. Ces mœurs nous blessent à juste titre, mais nous sommes obligés de les trouver d'accord avec le principe qui les a produites. Là où la beauté est élevée au-dessus de tout et tient lieu de tout, elle remplace aussi la vertu. D'ailleurs la beauté est impersonnelle ; l'admiration qu'elle excite peut donc et doit être partagée. Il y a plus, la beauté n'est pas exclusivement le privilège de la femme ; la femme n'est donc pas seule en possession du sentiment qu'elle nous inspire. De là un degré de corruption dont la Grèce ne songeait même pas à rougir et dont elle nous a montré la trace dans toutes ses œuvres.

Platon lui-même, dans la *République*, n'a pas cherché à s'y soustraire.

Quand la femme est, comme à Rome, la gardienne de la race, quand sa mission se borne à conserver dans sa pureté le sang patricien, une sorte de majesté peut s'attacher à son rang; la matrone imposera au peuple le respect par son titre et sa grandeur apparente, par le pouvoir même, par l'autorité privilégiée que son père ou son mari exerce sur elle. Mais suivez-la dans l'intérieur de son austère demeure, vous verrez sa personnalité s'évanouir, vous la verrez condamnée aux plus humbles fonctions, assimilée par la loi aux enfants mêmes qui sont confiés à ses soins, à moins que, sous le poids du déshonneur et de la violence, elle n'accomplisse quelque trait de sauvage héroïsme, ou qu'affranchie par la licence des mœurs au lieu de l'être par la libéralité des lois, elle ne se venge de sa longue oppression par tous les genres de débordements. Son rôle dans les temps ordinaires ne change pas et ne peut inspirer autre chose qu'une froide estime dont les femmes du peuple sont exclues parce qu'elles ne comptent pour rien. Nous dirions volontiers que son rôle est impersonnel comme la beauté de la femme grecque. Aussi l'épitaphe d'une matrone romaine peut-elle servir indistinctement à toutes les autres : *Elle a été fidèle, son fuseau n'est pas resté oisif entre ses doigts, elle a été la gardienne de la maison* : « *Casta vixit, lanam fecit, domum servavit.* »

Enfin, quand la femme, par la licence des mœurs et l'égoïsme des caractères, est simplement une dot, alors elle n'excite plus que la convoitise, non celle du désir, mais une autre encore plus basse peut-être, celle de la cupidité, et le mariage devient une affaire. N'est-ce point, hélas! le caractère qu'il revêt souvent, non seulement dans la vie réelle, mais dans le domaine de l'imagination, sur le théâtre et dans le roman, partout où devrait se montrer la divine poésie pour nous consoler ou nous réveiller de la triste existence que nous nous sommes faite? Qui n'a entendu agiter la question d'argent? Qui ne l'a rencontrée quelque part sous une forme ou sous une autre? Vous désertez, pour lui échapper, au moins pendant quelques instants, votre cabinet de travail, votre salon, votre maison, le salon et la maison de vos amis; vous la trouvez installée sur la scène, plus âpre, plus pressante, plus implacable que jamais. Elle est entrée si profondément dans l'esprit et dans le cœur de notre génération que ceux-là même qui s'efforcent de l'éloigner comme un lugubre fantôme, pour laisser respirer à l'aise la poésie, l'amour, la jeunesse, subissent encore à leur insu sa fatale influence.

Pourquoi la question d'argent garderait-elle cette prépondérance? Le bonheur n'est pas aussi cher qu'on pense quand on sait le chercher où il est et qu'on s'en est d'avance rendu digne par une vie laborieuse et pure. Apprenez d'abord à payer votre dette à la société par une profession honorable, puis, quand vous aurez prouvé à vous-même et aux autres que vous la savez et que vous l'exercez en honnête homme, ne craignez pas d'appeler à votre foyer une compagne digne de vous et que vous puissiez nommer avec l'Écriture « l'épouse de votre jeunesse ». Associez à votre existence une chaste et tendre jeune fille dont le cœur bat à l'unisson de votre cœur, dont la pensée répond à votre pensée, qui ne vous demande pas si le chemin de la fortune vous est ouvert, et que vous n'avez pas interrogée sur le chiffre de ses espérances, mais qui est décidée à ne vivre que par vous et pour vous. Aussitôt vous sentirez croître vos forces, grandir votre talent, s'élever votre âme. Vous serez soutenu, protégé, inspiré au dehors par cette même puissance qui fait la joie et la force, la lumière et la grâce de votre intérieur. Les tapis pourront manquer sous vos pieds, les bronzes sur votre cheminée, la vaisselle plate sur vos étagères; mais vous ne voudrez pas échanger votre sort contre celui des grands de la terre.

N'ajoutez pas foi à ceux qui vous annoncent que l'expérience tôt ou tard viendra chasser ces illusions et vous faire repentir d'avoir écouté ces beaux rêves. Non, ces prophètes de malheur sont eux-mêmes le jouet d'un triste cauchemar. L'expérience, quand elle coule d'une noble source, quand elle vient à la suite d'une existence bien remplie, nous apprend au contraire que là est le capital de la vie, qu'on a d'autant plus vécu qu'on a plus et mieux aimé.

Combien nos mœurs sont éloignées de cet idéal qui n'est cependant que l'expression fidèle d'une des plus impérieuses lois de notre nature! « Épouser une veuve, a dit La Bruyère, cela veut dire, en bon français, faire sa fortune. » Bientôt, nous le craignons, on en dira autant de tout mariage. Cependant, comme les passions, dans cet état de choses, n'ont pas donné leur démission, elles prennent leur revanche de la contrainte que l'égoïsme leur impose, et se montrent d'autant moins difficiles qu'elles cherchent leur satisfaction en dehors ou au-dessous du mariage. De là, à côté de la littérature d'agent de change dont nous parlions tout à l'heure, une autre littérature plus honteuse encore, où sous le nom de l'amour n'apparaissent que la fièvre des sens et la licence de l'imagination. De là, sur nos théâtres et dans nos romans, ces héroïnes qu'on n'ose pas nommer, et tout un monde dont l'impure exhibition est un outrage aux familles aussi bien qu'un attentat contre le goût.

C'est contre les idées et les mœurs révélées par tous ces symptômes, qu'un historien qui est en même temps un poète d'un immense talent a écrit le livre de l'*Amour*. Mais il est lui-même tombé dans une dangereuse erreur. En confondant l'amour avec la pitié, il lui a ôté toute grandeur et toute noblesse, il l'a dépouillé de son caractère le plus sacré, de ses plus mâles et plus généreuses inspirations. En nous montrant la femme comme un être infirme, blessé, malade, dont l'existence est entièrement dans nos mains et que nous façonnons à notre volonté, que nous pétrissons à notre image, dont les facultés ne se développent que sous notre inspiration ou sous la pression fatale de la maladie, il lui a ôté la responsabilité morale, il lui a enlevé les attributs essentiels de la personne humaine, il l'a avilie dans notre pensée et dégradée à ses propres yeux.

CHAPITRE IV

La femme considérée comme une malade ; le livre de Michelet qui a pour titre : *l'Amour* ; la dignité morale de la femme méconnue, le mariage compromis.

Le livre de Michelet sur l'*Amour*, quand il parut pour la première fois en 1858, produisit une sensation profonde chez les hommes et chez les femmes, chez les jeunes gens et chez les hommes déjà mûrs. Il s'en fallut de peu qu'il ne fût considéré comme un événement public. Le retentissement qu'eut ce petit volume s'explique en partie par la forme sous laquelle l'auteur y développe ses paradoxes. On citerait difficilement une œuvre récente qui réunisse plus de grâce, plus de jeunesse, plus de vie, plus de scènes dramatiques et de descriptions charmantes, plus d'esprit et de passion tout ensemble. Michelet dont tous les autres ouvrages tiennent du pamphlet et de la légende, car c'est le pamphlet et la légende qu'il a mis à la place de l'histoire, a rassemblé ici ce qu'il y a de plus tendre dans son cœur plein de mystiques aspirations et de plus riches couleurs dans son imagination poétique. On n'y reconnaît pas seulement « l'artiste érudit », comme il s'appelle lui-même, mais aussi le poète, l'amant et le père, car il est tout cela pour sa belle protégée.

Je donnerai à l'auteur de l'*Amour* un éloge auquel j'attache plus de prix qu'à tous les autres et qui l'eût peut-être flatté davantage s'il l'eût connu. Je crois que rien n'est plus élevé que le but qu'il se propose, que la pensée générale qui a inspiré son livre : « L'affranchissement moral de la femme par le véritable amour ». Combien ce but est supérieur à celui que Rousseau poursuit dans sa *Nouvelle Héloïse!* Rousseau voulait seulement nous guérir de la débauche par la peinture de la volupté. Michelet veut nous détacher de la volupté elle-même, de la volupté égoïste par l'amour chaste, fondement du mariage et de la famille. « La famille, dit-il, s'appuie sur l'amour, et la société sur la famille. » Rien n'est plus vrai ; pourvu que l'amour soit purifié et suppléé par le devoir. « Dans un monde, dit encore Michelet, où tout remue, il faut avoir un point fixe où l'on puisse bien s'appuyer. Or, ce point, c'est le foyer. Le foyer n'est pas une pierre, comme on le dit souvent, c'est un cœur et c'est le cœur d'une femme. »

Ces paroles émues sont la consécration du mariage tel qu'il doit exister et renferment la condamnation de ces utopies immondes qui croient affranchir l'homme en l'abaissant au niveau de la bête, qui croient affranchir la femme en la livrant sans défense, sans protection, sans avenir, aux plus brutales passions, aux plus fugitifs caprices. Michelet démontre très bien que les auteurs de ces prétendues nouveautés ne sont que les apologistes du fait dans son plus hideux caractère et les restaurateurs de la barbarie.

C'est là qu'est sans contredit la meilleure partie, la partie irréprochable de son livre. Je veux dire qu'elle est dans les intentions. Mais l'exécution est-elle conforme aux intentions, ou, pour parler plus clairement, la manière dont Michelet comprend et définit l'amour est-elle d'accord avec les salutaires effets qu'il attend de ce sentiment, avec la mission régénératrice qu'il lui confie et avec la réhabilitation future, si toutefois elle était nécessaire, avec la dignité actuelle du mariage? Il est de toute impossibilité de le croire.

L'amour, tel que le comprend Michelet et tel qu'il le décrit dans son livre, est sans doute un sentiment noble et généreux, durable, désintéressé, propre à attendrir les cœurs les plus endurcis, à répandre dans la vie, même la plus simple, un certain reflet de vague poésie, une certaine harmonie pleine de douceur. Mais, quand on remonte à son principe, quand on le suit dans ses effets les plus puissants, quand on l'analyse dans ses formes les plus séduisantes, on n'y trouve pas autre chose que la pitié. La pitié pour qui? la pitié de l'homme pour la femme; car Michelet n'insiste guère que sur ce point, laissant aux femmes toute liberté de nous donner ce qu'elles veulent ou ce qu'elles peuvent. Or, pourquoi l'homme doit-il être pénétré de pitié pour la femme, d'une pitié immense, ardente, sans relâche, sans interruption et sans bornes? Michelet nous le dit avec une liberté que je n'oserais pas imiter et nous l'explique par des causes que je n'oserais pas reproduire : parce que la femme est une malade. « La femme est une blessée », ce sont les termes mêmes dont il se sert.

Entendons-nous bien. La femme est digne de notre pitié, d'une pitié qui va, si on veut, jusqu'à l'émotion la plus vive et à l'attendrissement le plus profond, non parce qu'elle est, comme un enfant, confiée à une raison insuffisante, emportée par une imagination mobile, par un cœur prompt à se troubler, par une âme ouverte à toutes les passions; non, rien de tout cela, ou tout cela ne vient qu'en seconde ligne, comme la conséquence vient après le principe. La femme est digne de notre pitié parce qu'elle est réellement malade, parce qu'elle est réellement blessée, malade et blessée physiquement.

La première conséquence de cette étrange proposition, mais une conséquence devant laquelle Michelet ne recule pas, qu'il accepte, au contraire, avec une prédilection marquée, c'est une manière de parler de l'amour qui, parmi des flots de poésie et des élévations tout à fait mystiques dans la forme, fait intervenir à chaque instant tout l'arsenal de la médecine et de la chirurgie, la langue de l'obstétrique et de la clinique, les planches sanglantes et horribles à regarder qui garnissent les amphithéâtres d'anatomie, tous les appareils de la pharmacie et de l'hôpital. Pas un seul de ces détails n'est assez humble pour mériter son indifférence et à plus forte raison son dédain. La souffrance, la maladie ne veulent-elles pas avant tout être soulagées? Aussi toute sa morale conjugale semble-t-elle se résumer dans ce précepte que je cite textuellement : « Aimez-la et soignez-la ». Pour la soigner, il faut l'aimer, et pour l'aimer, il suffit de savoir ce qu'elle souffre depuis qu'elle devient femme jusqu'au moment où elle cesse de l'être. C'est dans ce but que l'auteur nous fait assister au drame terrible de l'accouchement qu'il décrit, qu'il raconte, ou plutôt dont il nous donne le spectacle avec un incomparable, et je ne crains pas de le dire, avec un regrettable talent. C'est dans le même dessein qu'il étale devant nos yeux les planches du docteur Gerbes, comme la peinture la plus propre à nous faire comprendre ce que nos mères ont enduré de tortures pour nous mettre au monde. Il les appelle dans son lyrisme étrange « un *temple* de l'avenir qui, plus tard, dans un temps meilleur, remplira tous les cœurs de religion » (1).

Je ne nie pas que ces élans de pitié, que ces tableaux énergiques de la faiblesse et de la douleur ne soient propres à briser dans le cœur de l'homme les instincts pervers, les passions brutales, les exigences féroces; qu'ils n'aient pour effet de le rendre dans son intérieur plus humain, plus patient et plus doux et ne puissent contribuer, de concert avec un principe plus élevé, à corriger la licence des mœurs. Mais nous font-ils aimer la femme comme elle est digne, comme elle a certainement l'ambition d'être aimée, comme on aime une personne humaine, une âme, un être moral, une volonté libre qui donne autant qu'elle reçoit et bien au delà, qui donne parce qu'elle y trouve son bonheur, sa dignité, son droit, le charme de son existence, qui partage avec nous et allège pour nous les obligations de la société et de la vie? Nous font-ils estimer, respecter la femme en même temps qu'ils nous la font aimer? Lui font-ils accorder la place qu'elle est si digne d'occuper non seulement dans nos affections, mais dans nos pensées, dans notre tâche de chaque jour, dans l'œuvre de notre vie entière? Cela, je le nie, je dirai même que c'est aux effets contraires qu'il faudra s'attendre, et en soutenant cette accusation contre Michelet, je n'aurai pas de peine à la justifier; car il y entre, pour ainsi dire, enseignes déployées comme un homme qui en serait fier.

D'abord il livre entièrement à notre discrétion, à la

(1) P. 178.

discrétion de l'homme, à la discrétion du mari la personne morale de la femme. C'est le mari qui est son législateur, son grand-prêtre, son prophète, sa religion, que dis-je? il fait plus pour elle que n'avait fait avant lui Dieu lui-même, il est son créateur, le créateur de sa beauté par l'amour qu'il lui inspire, par la protection dont il l'enveloppe, le créateur de son intelligence qui n'existait pas avant qu'il en eût pris les rênes, avant qu'il l'eût initiée à la science et à l'expérience de la vie, le créateur de son cœur et de son âme. Tout ce qu'il veut qu'elle soit, elle l'est; elle n'est jamais autre chose. Et encore quels moments doit-il choisir pour accomplir en elle cette œuvre de transformation, de régénération, d'initiation complète? Ceux où le cours de la maladie se prête parfaitement au cours des idées et des sentiments qu'on veut lui inculquer, ceux où son imagination et sa sensibilité se prêtent le mieux à notre influence; il faut choisir le jour, l'heure, la température, la situation, le meuble convenables, car on aura beau l'instruire, la former, la pénétrer des principes de notre être, elle ne sera jamais une créature semblable à nous ; elle sera toujours livrée aux caprices, aux contradictions, aux soubresauts, aux mouvements désordonnés qui tiennent au cours des humeurs et du sang et à la pression des objets extérieurs les plus indifférents en apparence. Je voudrais citer bien des passages qui me sont restés dans la mémoire, mais il n'y a que le latin et la langue de Michelet qui puissent dans les mots braver l'honnêteté. Au reste, à quoi serviraient les citations quand les conséquences se pressent devant nous?

D'abord, puisque la femme est si faible, si mobile, si accessible à toutes les influences, si ouverte à toutes les impressions, si prompte à être entraînée par tous les vents, il faut que le mari, pour la faire véritablement sienne et pour la garder, après l'avoir créée à son image, vive avec elle dans un isolement complet, à la campagne, s'il le peut, dans une maison solitaire, dans la maison du berger. Il faut qu'il l'enlève et la séquestre avec une précaution jalouse de son père et de sa mère, de son frère et de ses sœurs, de ses compagnes et surtout de la femme de chambre dévouée, de la nourrice qui l'a servie dans son enfance. Qu'a-t-elle besoin d'être ainsi entourée? Lui-même ne sera-t-il pas là? Ne sera-t-il pas tout pour elle? Ne doit-elle pas lui dire, comme Andromaque à Hector : « Tu es mon père et ma mère, mes frères et mes sœurs ? » C'est la réalisation la plus complète de ce que l'on a appelé l'égoïsme à deux. Il est même permis de dire que c'est l'égoïsme à un, puisque la femme n'est en quelque sorte qu'une émanation du mari, l'écho de sa voix, la respiration de son esprit et de son cœur. « Que peut-on sur la femme dans la société? rien; dans la solitude? tout. » Telles sont les propres paroles de Michelet et cette maxime ne reste pas sous sa plume à l'état d'abstraction, il en fait la base même de son code conjugal. En vain nous dit-il qu'il n'en agit ainsi que dans la société actuelle, mais qu'il en sera autrement dans la société à venir où la femme, couronnée de roses, tiendra partout le premier rang. Je ne sais si cette société idéale, cette république de Platon, se réalisera jamais ; je sais seulement qu'on veut séquestrer les femmes comme dans les affreux harems de l'Orient.

A l'isolement, c'est-à-dire à l'égoïsme, vient se joindre une autre conséquence non moins énervante, non moins funeste pour l'âme des femmes : je veux parler de l'oisiveté. Michelet ne veut pas que la femme travaille, ou, si elle le fait, que ce soit à ces petits ouvrages qui font valoir sa grâce et ses charmes et encore aux heures et aux jours qu'elle voudra choisir. Et cependant il ne veut pas qu'elle s'ennuie ; il pense avec raison que l'ennui est l'ennemi le plus redoutable de la paix de l'âme et de la maison. Mais il s'agit bien d'exiler l'ennui. Il faut trouver une société qui puisse dispenser la femme de payer son tribut aux impérieux besoins de la vie. Il faut nous créer des maisons de commerce, de petites boutiques comme de grands magasins où la femme n'ait absolument rien à faire pour aider son mari. Il faut nous créer des ménages d'ouvriers où le travail du mari suffise toujours pour deux et ne réclame pas le supplément du travail de la femme. Il faut nous créer des campagnes où la main d'une femme n'ait jamais besoin de tenir le râteau de la faneuse ou la faucille du moissonneur. Tout cela existe dès aujourd'hui, mais en quel pays ? En Orient, au détriment de la femme, au détriment de sa liberté et de ses facultés morales, au détriment de son mari, de ses enfants et de la société tout entière.

Mais voici une nouvelle application du même principe devant laquelle doit s'effacer tout ce que j'ai dit. La femme, même après avoir été régénérée par le nouveau système que Michelet nous propose, restera toujours exposée au souffle impur, aux ruses et aux violences, aux nécessités implacables de la société. Elle est la mouche ; la société, surtout celle des hommes, est l'araignée qui l'enveloppe de ses toiles. Un jour ou l'autre elle finira par faillir. Si son mari est puissant, elle a une cour de jeunes protégés, et l'un d'entre eux, vanté, exalté par tous, saura tirer parti de sa beauté et de sa protection même. Si son mari appartient à une condition modeste, s'il a lui-même besoin d'appui, de crédit, d'influence, elle sera exposée aux obsessions des protecteurs. Ceux-ci qui, naturellement, sont tous dépourvus des plus vulgaires sentiments d'honneur, useront pour la souiller, non seulement de ruses et de séductions, mais de violences. Elle succombera par excès même d'amour conjugal. L'amour conjugal lui persuadera de taire sa honte et alors elle sera au pouvoir de son bourreau. Ce premier bourreau la livrera à un autre et celui-ci à un troisième, sans que désormais la violence soit nécessaire et qu'elle cesse, en se laissant entraîner par le torrent d'infamie, d'être un seul instant innocente et pure. Que vous semble de cette innocence ?

Ici du moins, au début, il y a une certaine excuse à la faiblesse, dans la force et dans la ruse par lesquelles elle se trouve assaillie. Mais les choses ne se passent pas toujours ainsi, selon Michelet. Une femme tendre et dévouée, comme il l'a formée pour nous, attend son mari absent. Elle lui a préparé un bon feu et un délicat festin. Le mari ne vient pas, il est retenu par un obstacle imprévu, mais il envoie un de ses amis rassurer la tendre reine de son foyer. L'ami est beau, il est aimable, il a de l'esprit, on le réconforte avec le vin, avec les mets préparés pour le mari, on le réchauffe à son feu. Enfin, que dirai-je ? Dans cette substitution imprévue, une seule limite subsiste encore entre l'ami et le mari, et elle finit par être franchie. Cette femme est-elle coupable dans l'opinion de Michelet ? Non, la femme n'est jamais coupable ; et comment le serait-elle ? Elle n'est pas une personne, ou du moins une personne saine, une personne valide et adulte ; elle est une blessée, une malade, abandonnée au cours fatal, aux mouvements déréglés de la maladie. Aucun tribunal n'est compétent pour la juger, elle relève uniquement, selon l'expression de Michelet, d'un jury médical.

Maintenant je demande, non pas quelle est la société qui puisse accepter de telles maximes, non pas quel est l'homme un peu jaloux de son repos et de sa dignité qui puisse se confier à une telle compagne et qui se sente capable de l'aimer, mais quelle est la femme de cœur qui, au prix de l'indulgence et de l'impunité qu'on lui promet, consentirait à descendre à ce degré d'avilissement? Quelle est la femme de cœur qui n'aimerait pas mieux être notre égale, sauf à partager nos labeurs et nos périls, sauf à subir la rigueur et l'injustice même de nos lois, sauf à être l'objet de nos plus dures exigences, que de ressembler à cette momie embaumée dans tous les parfums, à cette poupée comblée de caresses et chargée de parures, à qui l'on pardonne tout parce qu'on pense qu'elle n'a ni pouvoir, ni volonté, ni raison, ni force, parce qu'on la regarde comme un jouet fabriqué de nos mains et non comme une créature humaine, comme une âme immortelle sortie des mains de Dieu. Pourquoi cet étalage de souffrances physiques, de crises imposées par la maladie à nos mères et à nos femmes? Ces crises n'ont rien de personnel, rien de volontaire, elles sont le commun partage de la femme criminelle qui détruit le fruit de ses entrailles et de la mère la plus tendre et la plus dévouée. Je suis plus ému d'un acte de résignation et d'amour, d'une marque de prévoyance, de dévouement, de bonté vigilante que de toutes ces tragédies empruntées à la médecine et à l'histoire naturelle. La femme, dites-vous, aime du fond de ses entrailles. Non, la femme aime du fond de son âme avec les forces réunies de sa volonté et de son cœur, et c'est pour cela que je l'aime à mon tour et qu'en lui prodiguant tous les soins de ma tendresse j'y joins le sentiment d'un inaltérable respect.

Ah! que je préfère à ce fragile roseau sur lequel Michelet appelle notre pitié, la femme forte de l'Écriture sainte qui répand autour d'elle le bonheur et l'abondance, qui est pour nous un objet d'amour et de respect, en qui le cœur de son mari se repose avec sécurité, qui sourit avec confiance aux rigueurs des saisons que sa prévoyance a déjà conjurées, qui a les reins ceints de force et les bras armés de vigueur, et qui, sans permettre qu'on mange dans sa main le pain de l'oisiveté, tend cependant les deux bras vers les nécessiteux. Sans s'arrêter aux héroïnes de l'antiquité païenne et aux martyrs du christianisme qui certainement n'auraient pas vu le jour avec la théorie de Michelet, combien je préfère à la femme telle qu'il la comprend, Mme d'Aguesseau, qui dit à son mari partant pour la cour de Louis XIV avec une mission périlleuse : « Allez, Monsieur, et quand vous serez devant le roi, oubliez femme, enfants, tout, excepté l'honneur. » Combien je lui préfère cette noble fille du peuple, cette Jenny, représentée par Walter Scott qui, plutôt que de faillir à la vérité, accepte tous les périls pour sa sœur bien-aimée, sauf à les conjurer par son actif dévouement. Combien je lui préfère même la femme du petit marchand assise à côté de lui dans son humble boutique et s'associant à toutes les vicissitudes de son obscure existence. Combien je lui préfère la femme de l'ouvrier partageant avec son mari, dans le même atelier, les plus grossiers labeurs et se rendant ensuite avec lui dans le nid commun pour apporter la pâture et ses baisers maternels aux petits enfants délaissés pendant toute une journée. Michelet, je le dis à regret, n'a pas compris le rôle, les devoirs et les droits de la femme ; et c'est pour cela qu'il s'est trompé sur la nature de l'amour.

CHAPITRE V

De l'égalité morale de l'homme et de la femme ; diversité de leurs facultés et de leurs rôles.

La femme est comme nous éclairée intérieurement par la lumière de la conscience, et souvent cette lumière brille dans son âme plus inaltérable et plus pure que dans la nôtre. La femme est un être libre, une personne comme nous, et cela suffit pour que nous voyions en elle notre compagne, notre égale, au moins dans la partie la plus essentielle de notre vie, celle qui relève des lois de la morale. Mais il y a plus : les mêmes facultés que nous observons en nous existent aussi en elle, seulement elles se manifestent par d'autres effets, elles s'exercent dans une autre sphère, elles s'appliquent à d'autres fonctions, comme il convient à deux êtres que la nature a associés à la même tâche et dont l'union est d'autant plus étroite que leurs aptitudes et leurs talents sont plus divers.

A l'homme, la hardiesse et la force, les rudes labeurs de l'industrie et de la science, le courage qui attaque ou qui repousse, nous voulons dire le courage actif, les mâles vertus, les idées abstraites, les austères méditations. A la femme, la douceur et la patience, l'espérance mêlée de résignation, et ce que l'on peut appeler le courage passif, les travaux délicats qui ornent et qui polissent, l'esprit d'ordre, de prévoyance, de conservation et de sage économie, les sentiments tendres qui font le charme, la consolation et la poésie de l'existence, la finesse de l'esprit et ce tact merveilleux, cette intuition soudaine qui ressemble à de la divination. De là vient que chez presque tous les peuples de l'antiquité on lui a demandé les secrets de l'avenir. Elle montait à Delphes sur le trépied de la pythonisse, elle rendait des oracles dans les forêts vierges de la Gaule, elle rivalisait chez les Juifs avec les prophètes. Chacun des deux a été paré par l'auteur de la nature des perfections et des attributs dont l'autre se voit privé, et cette différence de leurs âmes se réfléchit dans leurs formes extérieures et dans les traits de leur visage. De là l'amour qui les attire l'un à l'autre à tous les instants et dans toutes les sphères de leur existence. Aussi, rien de plus profond et de plus vrai que l'allégorie des androgynes empruntée par Platon à l'antiquité orientale. L'être humain, le type idéal de notre nature, était un dans la pensée divine, représentée par l'âge d'or ou le Paradis terrestre; mais il s'est divisé en entrant en contact avec le mal, c'est-à-dire avec la matière; et pour qu'il retrouve son unité perdue, sa perfection première, il faut la réunion des qualités partagées entre les deux moitiés.

Mais une pensée exprimée sous une forme aussi générale pourrait laisser quelques doutes et donner lieu à des applications exagérées. A Dieu ne plaise que nous veuillions renouveler cette grossière erreur que tous les utopistes, depuis la *République* de Platon ou depuis les lois de Lycurgue, se sont passée de main en main. A Dieu ne plaise que nous invitions les femmes à parcourir les mêmes carrières que les hommes. Elles auraient tout à y perdre par la comparaison, et nous ne perdrions pas moins qu'elles en les trouvant ailleurs qu'à la place où elles nous sont supérieures et nécessaires. Les femmes, quoiqu'elles aient dit et écrit elles-mêmes sur ce sujet, ne sont destinées ni à commander des armées, ni à rendre la justice, ni à délibérer sur les affaires publiques, ni à haranguer la multitude, ni à prêcher dans les temples et à servir d'interprètes à la religion. La nature leur a refusé tout ce qui est nécessaire à l'accomplissement de ces rudes et austères fonctions : la force, le courage, le geste, la voix, la volonté inflexible, l'intelligence toujours tendue vers des abstractions, les fougueux entraînements de l'éloquence politique et les passions ardentes de la lutte des partis. D'autres à notre place ne manqueront pas de se demander ce que deviendrait avec de tels auxiliaires le secret des délibérations, où serait le terme des plaidoiries, la fin des harangues, et ce que serait dans l'avenir, le gouvernement parlementaire. Mais il faut traiter avec gravité une des questions les plus graves de la morale et du droit naturel. La place de la femme est au foyer domestique. C'est là qu'elle est souveraine, c'est là qu'elle règne sur les cœurs, c'est là qu'elle est notre consolation, notre ornement, notre providence et notre force. C'est là, comme dit Joseph de Maistre dans sa charmante correspondance, qu'elle remplit la tâche la plus auguste et la plus sainte : qu'elle forme des hommes ; car c'est sur ses genoux et sur son cœur que nous devenons tout ce que nous sommes. Mais, du fond de ce sanctuaire, sa bienfaisante influence peut pénétrer toutes les sphères de l'ordre social. De ce doux foyer les rayons vivifiants peuvent se répandre partout.

Associée à la vie d'un souverain, d'un homme d'Etat, elle pourra donner des entrailles même à la politique, elle pourra rallumer dans un cœur affaibli, énervé, l'amour de la liberté, de la patrie, de la gloire, le sentiment de l'honneur, de l'humanité, de la clémence. J'ai toujours été jaloux, pour les honnêtes femmes, de l'influence qu'a exercée Agnès Sorel sur Charles VII.

Associée à un magistrat, elle saura tempérer la rigueur de la justice, adoucir l'orgueil que donne la puissance, faire naître la modestie et la prudence qui doivent inspirer en tout temps les jugements prononcés par les hommes.

Associée à la vie d'un philosophe, elle l'empêchera de s'égarer dans le désert des abstractions et de prendre un syllogisme pour une raison ; elle lui fera entendre la voix du cœur, la voix du sentiment et le forcera à croire, malgré ses hypothèses, à un Dieu créateur et père du genre humain providence du monde.

Associée à la vie d'un artiste, elle lui ouvrira la source de la véritable beauté, elle lui fera sentir la flamme divine qui purifie et qui anime les formes dont il est épris.

Enfin, associée à la vie du marchand, de l'artisan, du laboureur, elle fera pénétrer un peu d'amour, un peu de poésie, un peu d'espérance, dans ces humbles demeures et dans ces âmes affaissées ; elle y allumera le flambeau de l'idéal, de la vie morale et religieuse.

Partout donc la femme a sa place, partout sa douce influence peut se faire sentir, mais sans qu'elle paraisse elle-même sur la scène du monde, comme ces souverains de l'Orient d'autant plus respectés qu'ils sont plus invisibles, comme cette nymphe antique à qui le plus grand législateur de Rome empruntait ses inspirations, comme la divinité cachée dans le Saint des Saints.

Voilà ce qui explique, voilà ce qui fait naître le véritable amour, mêlé de respect, accompagné d'admiration, de dévouement, de reconnaissance, l'amour qui de deux âmes et de deux existences n'en fait qu'une seule, l'amour qui a pour conséquence une fidélité réciproque et absolue, l'égalité des droits et des devoirs; l'amour tel qu'il est nécessaire pour donner naissance à la sainte institution du mariage.

CHAPITRE VI

Le mariage dans ses rapports avec la société. — Le mariage civil. — Les droits respectifs du mari et de la femme.

Nous n'avons jusqu'ici considéré le mariage que du double point de vue du sentiment et du devoir, des lois générales de notre nature et des lois rigoureuses de la morale, et nous nous sommes convaincu qu'il est le seul état capable de satisfaire les unes et les autres, le seul conforme aux conditions de l'amour et à la dignité humaine. Il nous reste à l'examiner sous un troisième aspect qui a aussi son importance et qui peut nous présenter un intérêt, non pas plus grand, mais plus direct que les deux précédents ; nous voulons parler des rapports du mariage avec le droit proprement dit, avec le droit civil, avec le pouvoir effectif qu'il donne ou doit donner dans la société à chacun des deux époux, avec les lois qui doivent garantir ce pouvoir quand elles se proposent l'ordre et la justice.

Il y a déjà un premier point que nous croyons avoir établi, mais sur lequel il faut revenir brièvement :

c'est que le mariage ne doit pas reposer uniquement sur l'amour et sur le devoir, sur les besoins généraux de l'homme et sur les obligations de sa conscience ; il faut encore qu'il soit un contrat régulier, positif, que la société et la loi prennent sous leur protection, et qui, une fois accepté librement, comme tout contrat doit l'être, par les deux parties, emporte avec lui la faculté de contraindre ou donne lieu à une action judiciaire. En un mot, le mariage, sans préjudice du caractère qu'il emprunte à la religion, doit être soutenu et défendu comme une institution civile. Pourquoi cela? Parce que l'ordre établi dans la société doit approcher autant que possible de l'ordre établi dans la nature et dans la conscience ; parce que la société doit protéger tous les engagements pris en vue de ce but salutaire; parce que la société doit veiller sur l'observation de la foi jurée ; parce que la société a le droit et le devoir d'intervenir pour empêcher la dégradation et l'avilissement de la personne humaine, source inévitable de sa propre dissolution. D'ailleurs le mariage, là même où il n'existe que par l'autorité et la consécration de la religion, a toujours été par le fait une institution civile, car ce sont les lois et les pouvoirs civils qui l'empêchent de se dissoudre. Ce sont les lois et les pouvoirs civils qui, prêtant force à l'autorité religieuse, en maintiennent tous les effets, en garantissent toutes les conséquences.

Il faut cependant prendre garde de tomber ici dans une confusion dangereuse. La loi civile, quand elle veut respecter notre liberté et notre responsabilité, ne peut pas nous tenir le même langage que la loi morale. Elle ne peut pas interdire à un homme et à une femme de se donner l'un à l'autre à un titre différent du titre d'époux. Elle n'a aucune autorité à exercer ni aucune mission à remplir à l'égard de la conduite que chacun de nous tient envers lui-même. S'il en était autrement, la société serait l'esclavage ; la contrainte et l'inquisition, par conséquent la dissimulation et le mensonge, l'hypocrisie et la ruse, empoisonneraient tous les rapports de la vie, amèneraient le dernier degré de la perversité et de l'impuissance. Mais à deux cœurs qui ont conçu l'un pour l'autre un amour légitime, à deux existences qui veulent se lier par des liens dignes de respect, elle doit être prête à offrir un appui, une sauvegarde, une publique et solennelle consécration ; elle doit ouvrir un refuge contre leur propre faiblesse, contre l'inconstance de la passion, contre la mobilité de l'amour et les défaillances de la conscience. Sans doute, cet asile est bien insuffisant pour les besoins de l'âme, il est bien glacial et bien sombre, comparé au palais enchanté de l'amour, aux splendeurs entrevues dans un élan de passion et de jeunesse ; mais enfin il garantit la condition des personnes, il est une barrière contre l'insulte, le mépris et l'abandon, il épargne à la vieillesse et au déclin de l'âge, à la laideur et à la maladie, surtout chez le sexe le plus faible, les outrages de l'égoïsme et de l'ingratitude.

Le mariage, considéré comme une institution civile, comme un contrat solennel entouré de la protection des lois, se recommande par un autre titre encore. Il est la barrière infranchissable qui s'élève devant tout esprit sensé entre l'amour accompagné de respect et de dévouement, l'amour par lequel se trouvent honorés à la fois celui qui l'éprouve et celui qui en est l'objet, et la passion ou plutôt la fantaisie qui tend à les avilir tous deux. Nous pourrions dire tout simplement qu'il sert à distinguer l'amour de l'égoïsme. — « Quoi ! vous m'aimez, dites-vous ! Vous m'aimez comme je dois et comme je veux être aimée, comme doit être aimée une âme et une personne humaine sans qu'il en coûte aucun sacrifice à sa dignité et à son honneur. Vous êtes prêt à tout sacrifier pour moi, et non seulement pour moi, pour ma vie, pour l'honneur, qui m'est plus cher que la vie, mais pour le seul bonheur de me plaire, d'être payé de retour ; et vous refusez de me donner votre nom, de me reconnaître solennellement pour votre compagne devant votre famille, devant vos amis, devant la société entière ! Non, vous n'aimez rien que vous-même ; vos hommages sont une insulte qui me couvre de confusion ! » — L'on se demande ce qu'un homme pourrait répondre à une femme qui lui tiendrait ce langage ? Mais c'est déjà une grave injure d'attendre qu'elle le tienne. Et quant à celles dont la pensée ne s'élève pas jusque-là, ne dites pas qu'elles aiment ; elles s'abandonnent, et une personne humaine qui s'abandonne est une créature déchue ; elle met son appui dans la pitié plutôt que dans l'amour.

Aussi n'avons-nous jamais compris qu'on ose présenter aux femmes l'abolition du mariage comme un moyen d'émancipation. Le mariage, au point de vue moral, consacre l'égalité des deux sexes. Mais à le considérer comme une institution civile, il ne semble exister que dans l'intérêt de la femme, c'est à elle seule qu'il assure une protection dont l'homme peut toujours se passer.

Ce caractère du mariage et toutes les conditions que nous lui avons déjà imposées au nom de l'amour, au nom du devoir et des facultés les plus élevées de notre nature, sont-ils incompatibles avec le rang que la loi et l'opinion universelle du genre humain accordent à chacun des deux époux, ou, pour ne laisser aucun nuage sur notre pensée, avec la qualité de chef de la communauté attribuée au mari? Nous ne le croyons pas. L'affirmation contraire, si elle pouvait prévaloir, serait aussi désastreuse à l'une qu'à l'autre partie et amènerait la ruine de la famille, par conséquent de la société, puisque la société repose sur la famille. Nous nous déclarons le défenseur et le partisan de l'article 213 du Code civil : « Le mari doit protection à sa femme, la femme obéissance à son mari. »

Nous dirons d'abord que dans le mariage, comme dans la vie entière de l'homme, il faut poursuivre l'idéal, mais éviter le romanesque et l'utopie. Plaçons aussi haut que possible le but que nous voulons poursuivre, mais ne le plaçons pas au-dessus de nos facultés et en dehors de la nature même des choses; car alors, au lieu de nous élever, nous risquerions de déchoir.

Remarquons en outre qu'il ne s'agit pas ici de la loi morale, mais de la loi civile. La loi morale n'est complètement satisfaite que lorsqu'elle a atteint la perfection. La loi civile se contente d'exiger ce qui est strictement nécessaire, soit pour la défense de la liberté individuelle, soit pour la conservation des différents degrés et des différentes institutions de la société. Or, est-il nécessaire, oui ou non, que la société conjugale, de même que la société politique, ait un chef qui décide en dernier ressort, sans appel, et qui exécute de sa personne, sous sa responsabilité, toutes les mesures réclamées par la défense ou l'intérêt de la communauté? Toute la question est là.

Sans doute, toutes nos facultés et tous nos soins,

tous les efforts de notre amour et de notre intelligence doivent tendre à ce but de ne faire qu'une seule âme, une seule vie, une seule personne et, comme dit la Genèse, une seule chair, des deux existences dont se compose la société conjugale. C'est à ce prix que le mariage est compatible avec l'égalité absolue. C'est à cette condition qu'on obtiendra la perfection dans le mariage. L'on admet que c'est le cas le plus fréquent et que la plupart des mariages rappellent le souvenir de nos premiers parents dans le Paradis terrestre, bien entendu avant l'apparition du serpent. Mais supposons que cette condition ne soit pas remplie, et que les deux personnes restent distinctes, que les deux volontés inclinent de deux côtés opposés, alors qu'arrivera-t-il dans une circonstance importante, quand il faudra non seulement prendre un parti, mais le prendre promptement? Se rendra-t-on à la pluralité des voix? Il n'y en a que deux. Il est donc indispensable que l'une ou l'autre ait la prépondérance, qu'à l'une ou à l'autre appartienne le droit de décider. Mais à qui ce droit sera-t-il accordé? Au mari ou à la femme? La femme, comme on l'a démontré, ne peut déployer que dans le sanctuaire de la vie domestique les dons charmants, les facultés précieuses, la puissance à la fois douce et irrésistible que Dieu lui a départie. Qu'on la fasse sortir de ce modeste et gracieux empire, elle aura cessé d'être elle-même. Enlevez la mère abeille du centre de la ruche, les rayons n'auront plus de miel, l'essaim sera dispersé. L'homme, au contraire, est dans la nécessité et a pour devoir de vivre au dehors, d'aller chercher au dehors sa subsistance, la place qui lui appartient au milieu de ses semblables, les obligations qu'il a à remplir envers eux, la puissance et l'honneur dont il doit entourer les siens. C'est lui qui représente aux yeux de la société, aux yeux de chacun de ses membres, non seulement le foyer conjugal, mais la famille entière, comme le gouvernement représente la nation aux yeux des puissances étrangères. C'est lui qui est appelé à la nourrir, à la soutenir, à l'honorer, à la défendre. C'est donc à lui de décider en dernier ressort de tout ce qui importe à sa conservation, à son bien-être, à sa prospérité, à son honneur. Or, comment le pourrait-il, si, excepté dans les cas extrêmes où la prépondérance pourrait dégénérer en tyrannie, et où l'intervention de la société deviendrait légitime et nécessaire, l'autre moitié de la communauté était autorisée à lui résister, à lui refuser son concours? L'article du Code que l'on a cité, cet article si incriminé, si redouté, si odieux aux saints-simoniens, aux fourriéristes, aux romanciers de notre temps, ne dit donc rien de plus et rien de moins que ce qu'il doit dire : « Le mari doit protection à sa femme, la femme obéissance à son mari. » Ces deux propositions forment comme les deux moitiés d'un enthymème. Il est impossible de concevoir la première sans la seconde et la seconde sans la première. Mais encore une fois, ce ne sont là que les conditions civiles et strictement nécessaires, non les conditions morales du mariage.

Telles qu'elles sont, si on essaie de les intervertir, si l'on donne pour un instant la prépondérance à la femme et le rôle de l'obéissance au mari, l'on a sous les yeux un triste spectacle, quand même on ne devrait le voir qu'avec les yeux de l'imagination. Le tyran qui abuse de son autorité, le lâche qui abuse de sa force contre un être faible et livré à sa merci, nous inspire de l'indignation et quelque chose qui ressemble à de la haine. Cependant nous comprenons les abus dont il se rend coupable. Condamnés par tous les instincts élevés de l'âme humaine, ils s'expliquent par la grossièreté de nos instincts et de nos passions. On assure même qu'il y a des femmes qui y trouvent un certain charme et dont le cœur ne s'attendrit que pour un maître impérieux et implacable. Mais quel mépris, quelle honte ne s'attache pas à celui qui a perdu, dans l'ordre moral, les attributs de la virilité ! Quel objet étrange et ridicule nous offre celle qui les a usurpés ! C'est bien autre chose que l'excès d'un instinct ou d'une passion naturelle : c'est le renversement même des lois auxquelles notre sensibilité comme notre raison, auxquelles notre existence même est soumise ; c'est quelque chose comme un vice ou un crime contre nature. La fable qui nous représente Hercule filant aux pieds d'Omphale inspire un invincible dégoût, et l'on ne pardonne guère à Omphale d'avoir supporté un pareil hommage. Encore faut-il remarquer qu'Hercule n'était que l'amant d'Omphale. Quand on songe qu'il y a des maris qui descendent aussi bas, on n'est pas loin de se représenter un gynécée ou un harem composé d'hommes.

Le mari est appelé à décider en dernier ressort toute mesure utile ou nécessaire à la communauté, comme les différents pouvoirs qui représentent un pays au dedans et au dehors sont appelés à décider ce qui importe à sa dignité, à son salut et à son repos. Mais de même que ces pouvoirs, loin d'être les maîtres du pays qu'ils gouvernent, doivent se pénétrer de sa pensée et de ses légitimes besoins, ainsi le mari, au lieu d'agir comme le maître de sa femme, au lieu de lui commander comme à une sujette ou à une servante, est tenu de la consulter sur toutes les choses qui les intéressent l'un et l'autre, et, en cas de dissentiment, d'agir sur elle par la persuasion, d'obtenir son approbation et son concours volontaire avant de faire usage de son autorité. Il ne faut pas qu'il oublie que les intérêts de la communauté sont indivisibles et que la communauté se compose de deux personnes, non d'une seule. Il ne faut pas qu'il dise, comme un certain souverain en parlant d'une puissance voisine : Ce qui me convient lui convient. La femme dans son intérieur, et pour tout ce qui concerne la vie commune, doit être nécessairement admise à donner son avis. Seulement, comme il faut une décision en cas de partage, elle ne peut avoir qu'une voix consultative. D'ailleurs, la puissance de la femme n'est pas dans son droit, nous voulons dire dans le droit que lui reconnait la loi ; elle est toute dans son ascendant et dans son influence morale. Malheur à elle, si elle est obligée d'invoquer le code ou si le code vient trop souvent à son aide. Car, dès ce moment, elle cesse d'être le génie du foyer, la divinité du sanctuaire, la grâce mystérieuse qui incline les volontés sans agir sur elles d'une manière visible. Le mari ne voit plus en elle qu'un pouvoir rival dont il faut qu'il ait raison par une lutte sans trève et sans fin. Sur ce terrain aride de la loi et du droit, elle finira toujours par succomber, tandis que dans le domaine du sentiment et même de la pensée, son pouvoir est infini. On peut dire que la femme est dans la maison ce que le prêtre est dans la société. Le pouvoir temporel, au-delà d'une certaine mesure, ne lui convient pas. Le pouvoir temporel placé dans ses mains anéantit le pouvoir spirituel.

Cependant à Dieu ne plaise que nous prétendions que notre code, en ce qui concerne la condition des femmes, ne laisse rien à désirer. Il y a des situations où la loi pourrait leur donner plus de pouvoir : par exemple, dans l'état de séparation de biens ou de corps, ou quand le mari a encouru une condamnation qui lui ôte la considération et l'honneur, qui le rend indigne, n'ayant pu se gouverner lui-même, de gouverner les affaires de la communauté. Il est vraiment étrange que la femme séparée de biens, — sans aucun doute parce que le mari a été incapable de les gérer, — ne puisse en disposer d'une manière quelconque, ne puisse même pas les augmenter, ou, comme dit la loi, acquérir à titre gratuit, sans le consentement de ce chef indigne ou incapable de la société conjugale. Il est vrai que sur le refus de celui-ci, elle peut recourir au tribunal civil qui prononce d'autorité, s'il ne trouve pas la résistance suffisamment fondée. Mais pourquoi lui infliger cette humiliation ? pourquoi refuser de reconnaitre en elle, quand elle est livrée à elle-même, une personne civile, comme nous reconnaissons en elle une personne morale ? Quoi ! on lui attribue, dès qu'elle est arrivée à l'âge de vingt et un ans, la faculté de disposer de sa personne et, par conséquent, de ses biens ; on lui donne le droit de tester avant de mourir; et lorsqu'elle est dans la maturité de l'âge, quand elle n'a qu'elle-même pour soutien, avec la charge, sans l'appui du mariage, on lui interdit non seulement de gérer, mais d'augmenter sa fortune ! — Mais ce ne sont là que des imperfections de détail. Le code qui depuis quatre-vingts ans gouverne la société française et qui, loin d'être sorti de la Révolution, comme Minerve de la tête de Jupiter, est le fruit de l'expérience et de la science des siècles passés, n'en a pas moins tracé les grandes lignes de la société conjugale, celles qui mettent un frein à la tyrannie du mari et qui protègent la femme contre sa propre faiblesse.

———

CHAPITRE VII

LE MARIAGE CIVIL ET LE MARIAGE RELIGIEUX.

Nous croyons avoir démontré que l'homme et la femme, quoique différents par la direction et l'usage réciproque de leurs facultés, sont égaux en droit. Cette égalité en droit, conséquence de leur unité de nature, est la source de leurs mutuels devoirs. Cela veut dire qu'il n'est pas permis à l'un d'être l'instrument ou l'esclave, à l'autre d'être le maître, mais qu'ils ne peuvent être unis que sous la condition d'un mutuel dévouement, d'une mutuelle donation qui les consacre l'un à l'autre pour toute la durée de leur existence.

Cette donation est un véritable contrat. L'amour peut s'éteindre, le sentiment du devoir peut s'affaiblir, le contrat n'en subsiste pas moins et n'en doit pas moins produire tous ses effets.

Qu'un tel lien soit contracté devant Dieu, que la religion soit appelée à le bénir, rien de plus désirable et de plus légitime pour ceux qui ont une foi religieuse. Mais le mariage ainsi conçu n'existe que dans les régions du sentiment et de la conscience ; à la société il faut autre chose. Il faut que tout mariage contracté le soit, en quelque sorte, devant elle sous une forme et dans des conditions déterminées par la loi; il faut qu'elle garantisse les droits de ceux qui y sont engagés; il faut qu'elle offre son recours à celui des deux qui se verra trahi ou abandonné; il faut qu'elle assure les droits des enfants à naître. Voilà le mariage civil.

Quoi ! la société prendrait sous sa garantie un acte de donation qui n'intéresse que les biens, et elle resterait étrangère, indifférente à un acte de donation qui atteint les personnes? elle prendrait sous sa garantie un contrat d'achat et de vente, et elle s'abstiendrait d'intervenir dans le mariage, c'est-à-dire dans un engagement qui n'a pas moins d'importance pour l'ordre social que pour les personnes privées?

Les raisons qu'a la société d'intervenir dans le mariage et d'en faire un acte civil, sans préjudice du caractère religieux qu'il emprunte aux différents cultes, sont de plusieurs espèces : l'intérêt de la femme, l'intérêt du mari, l'intérêt des enfants, celui de la société elle-même considérée dans sa généralité.

L'intérêt de la femme se présente le premier; car il est évident que c'est à elle que l'abandon serait le plus préjudiciable. N'ayant plus à compter que sur elle-même après avoir perdu sa beauté, sa jeunesse, ses forces et quelquefois sa fortune, que deviendrait-elle? Quelles sont les hontes et les misères qui lui seront épargnées après l'injure que lui aura fait souffrir l'abandon lui-même? Le mari quitté par sa femme sera sans doute moins à plaindre matériellement. Mais s'il a un cœur, s'il a une âme, s'il a pris au sérieux le lien qu'il a contracté et qui est maintenant rompu publiquement sans espérance de retour, ses souffrances morales peuvent égaler celles de l'épouse délaissée. Mais ni l'abandon de la femme par le mari, ni l'abandon du mari par la femme ne peuvent se comparer à l'abandon des enfants par l'un des deux ou par tous les deux à la fois. C'est sans doute ce qui arrive trop souvent dans l'état actuel du mariage, nous voulons dire avec le mariage protégé par la loi civile; mais le même fait serait incomparablement plus fréquent si la société n'intervenait d'aucune façon, pas même pour prêter main-forte au mariage religieux.

Enfin que la société civile, dans l'intérêt de sa propre conservation et de sa dignité morale, n'ait pas moins d'intérêt à s'occuper du mariage que la société religieuse, c'est une vérité difficile à contester. Il y a peu d'espérances à fonder sur un peuple chez qui les liens de la famille sont méprisés ou dénaturés, chez qui la femme est le jouet et l'esclave de l'homme, tandis que l'homme est l'esclave de ses passions. Ajoutez à cela que toutes les obligations que la famille refuse de remplir, la société est dans la nécessité de les prendre à sa charge.

Comment la société pourrait-elle garantir par ses lois les effets du contrat matrimonial, si ce contrat n'avait pas lieu en présence de ses représentants sous la forme et les conditions qu'elle-même a fixées, par exemple la condition de la publicité, la condition de l'âge, celle du respect dû aux parents?

Supposons le mariage purement religieux, il arriverait de deux choses l'une: ou les ministres de la religion seraient obligés d'intervenir dans les choses civiles, ils prononceraient sur les cas de séparation, sur les cas de légitimité ou d'héritage; ou la société serait obligée d'intervenir dans les choses religieuses, elle serait forcée de s'informer des dogmes, des rites de chaque religion et de la manière dont ils ont été célébrés.

En fait, la société ne s'est jamais désintéressée des affaires matrimoniales ; et lorsque, en apparence, elles ont été remises entre les mains de la religion, en réalité l'État les a prises sous sa protection et leur a imprimé la marque de son autorité.

Notre vieux Droit français en fournit de mémorables exemples. Ainsi lorsqu'une ordonnance royale, celle de 1579, rendit obligatoire en France le décret du concile de Trente qui exige, pour la validité des mariages, la bénédiction donnée à l'Église, elle y ajouta des dispositions nouvelles que le Concile de Trente avait omises ou formellement rejetées ; par exemple l'obligation pour les mariés d'avoir obtenu le consentement de leurs parents, et le droit de recours devant le Parlement dans le cas où l'Église refuserait abusivement de procéder à la bénédiction nuptiale. Les dispenses accordées par le pape contrairement aux ordonnances du roi étaient considérées comme nulles et non avenues. Le prêtre était considéré en partie comme un délégué de l'autorité civile et un double de l'acte de mariage était déposé au greffe du Parlement.

Le mariage civil, outre les raisons morales par lesquelles il se justifie, est une conséquence nécessaire de ces deux principes de la société moderne : la séparation de l'Église et de l'État, et la liberté de conscience. Du moment que l'Église n'est plus confondue ou étroitement mêlée avec l'État, le mariage civil doit avoir une existence distincte et indépendante du mariage religieux. Si, d'un autre côté, le mariage religieux était imposé, soit par l'État, soit par l'Église, même avec le droit laissé aux mariés de faire consacrer leur union par le culte dans lequel ils seraient nés, la conscience ne serait plus libre.

Aussi faut-il remarquer que le mariage civil existe aujourd'hui, sous une forme ou sous une autre, dans presque tous les États de l'Europe. Il est en Belgique et en Italie ce qu'il est en France. En Angleterre on est libre de choisir entre le mariage civil contracté devant le *registrer* et le mariage religieux célébré par le ministre d'un culte. Le mariage civil existe en Autriche, mais seulement pour les personnes qui ne professent aucun des cultes reconnus par l'État, *confessionslose*. Une loi fédérale du 23 mai 1876 l'a introduit, sans restriction, dans tous les cantons de la Suisse. Il a été même, par une loi de 1870, renouvelée par un décret royal de 1875, introduit en Espagne. Établi d'abord dans les provinces rhénanes de la Prusse, le mariage civil, en 1874, a été étendu à tous les États de l'Allemagne.

CHAPITRE VIII

LE DIVORCE

A la question du mariage civil se lie étroitement une question encore plus délicate, celle du divorce.

Comme le mariage lui-même, le divorce présente un caractère religieux et un caractère civil. A ceux qui considèrent le mariage comme un sacrement dont les effets sont indestructibles, personne ne peut imposer le divorce, leur conscience reste libre, même si le divorce est admis par les lois. Mais ceux qui n'ont pas cette conviction et pour qui le mariage est devenu une tyrannie, une chaîne intolérable, un outrage, une violation des droits les plus sacrés, sont-ils obligés de se soumettre à ceux qui considèrent le mariage comme un sacrement?

La question religieuse mérite cependant de fixer l'attention, car elle intéresse non seulement les croyants, mais les philosophes et les législateurs. Les Livres saints, soit l'Ancien, soit le Nouveau Testament, ne connaissent pas le divorce; il n'y est question que de la répudiation de la femme par le mari. La répudiation, autorisée par la loi, finit cependant par exciter l'indignation des prophètes et des écrivains hébreux les plus récents. Le portrait de la *femme forte*, tel que nous le présente le livre des *Proverbes*, peut être considéré comme une protestation contre l'avilissement de la femme par la répudiation et la polygamie ; car la *femme forte* n'est pas autre chose que la maîtresse de maison, l'épouse et la mère comme la comprennent les sociétés modernes. La vigilance et l'activité qu'elle met au service du bien-être de sa famille ne l'empêchent pas d'être charitable et pieuse, « d'avoir sur les lèvres la parole de Dieu et la main tendue vers le pauvre ». Le prophète Malachie condamne la répudiation comme une trahison et comme un parjure. Jéhovah lui-même, à ce qu'il assure, prend parti pour la femme délaissée, « la femme de notre jeunesse », contre l'époux ingrat qui la chasse du toit conjugal. L'Évangile adopte cette doctrine. Le texte de saint Mathieu (ch. v, 31 et 32 et ch. xix) n'autorise la répudiation qu'en cas d'adultère. Le texte de saint Marc (ch. x, 11) et celui de saint Luc (ch. xvi, 18) semblent la proscrire absolument. Si l'on consulte le sentiment des Pères de l'Église, on voit qu'il n'est pas unanime. Tertullien (*Contre Marcien*, l. IV), et saint Épiphane (*Adversus hæreses*, n° 59) admettent le texte de saint Mathieu. Saint Augustin, dans son traité spécial, se prononce pour saint Marc et saint Luc ; il proscrit absolument le divorce et la répudiation, et son opinion est adoptée par l'Église. Voilà donc le divorce condamné par la religion catholique ; ceux qui acceptent les dogmes de cette religion ne divorcent pas, cela est incontestable. Mais la loi civile est-elle autorisée, au nom de la raison, du droit, de la justice, à faire de cette abstention une obligation universelle ? Nous ne le croyons pas.

Le divorce ne peut être admis que dans des situations extrêmes, quand le mariage en fait n'existe pas, et qu'au lieu de relever la nature humaine, il la déshonore et l'opprime. La loi du 20 septembre 1792, ne considérant le mariage que comme un acte de la liberté individuelle, et ne tenant aucun compte de la loi morale sur laquelle il est fondé, permettait le divorce dans sept cas différents. Il suffisait, pour le faire prononcer, que l'un des conjoints eût émigré, ou fût absent depuis cinq ans sans avoir donné de ses nouvelles. Mais aucun grief sérieux n'était nécessaire pour amener ce résultat. La loi accordait la dissolution du mariage aux époux qui la demandaient par consentement mutuel, et même sans consentement mutuel, à la demande d'un seul, « sur la simple allégation d'incompatibilité d'humeur ou de caractère ».

Cette loi funeste, négligée dans les campagnes, où les mœurs sont plus fortes que les lois, produisit dans les villes, surtout dans les grandes villes, des effets désastreux. A Paris seulement, dans l'espace de vingt-sept mois, les tribunaux prononcèrent 5,994 divorces et en l'an VI (1798), le nombre des divorces dépassa celui des mariages. C'est que, en réalité, le mariage, le mariage civil, le seul qui fût conservé, descendu au rang d'un contrat temporaire, révocable à volonté, avait cessé d'exister. Il était entré dans la catégorie de ce qu'on appelle aujourd'hui les *unions libres*. C'est le divorce ainsi compris qui autorisa Théodore de Bèze à le définir « une polygamie successive », et qui donna raison à de Bonald lorsqu'il dit : « Le divorce est l'état dans lequel un homme peut avoir plusieurs femmes et n'en entretenir qu'une seule. »

Mais les scandaleux abus et les lois immorales

auxquels il a donné lieu n'empêchent pas le divorce d'être légitime quand le mariage, en réalité dissous, n'est plus qu'une fiction légale, devenue un déshonneur ou un danger pour l'un ou l'autre des deux époux. C'est ce qui arrive infailliblement dans les circonstances suivantes : 1° en cas d'adultère avéré de la part de la femme ; 2° en cas d'adultère scandaleux de la part du mari ; 3° en cas d'excès, sévices ou injures graves de l'un des époux à l'égard de l'autre ; 4° en cas de condamnation de l'un des époux à une peine infamante. Ce sont précisément les motifs pour lesquels la loi des 21 et 31 mars 1803 a admis le divorce. Rien de plus juste ; car dans aucun de ces cas les rapports de confiance, de mutuelle estime, de dévouement réciproque qui sont, avec la communauté des intérêts, des vues et des espérances, les conditions indispensables du mariage, ne peuvent être rétablis. La réconciliation, si elle se produit, n'existera jamais qu'à la surface, et nous ne craignons pas de dire qu'elle ne doit pas se produire, car elle serait d'un mauvais exemple pour les mœurs publiques. Nous admettons volontiers le pardon de la part de l'époux outragé, non la réconciliation, par laquelle nous entendons la réintégration de la société conjugale et, par suite, la réhabilitation de l'époux criminel.

La loi de 1803 avait pourtant deux vices. Elle conservait le divorce par consentement mutuel, tout en le rendant à peu près impossible par la rigueur des formalités qu'elle lui imposait. Elle ne reconnaissait l'adultère du mari que lorsque celui-ci entretenait sa concubine dans la maison commune. Mais lorsqu'on en a effacé ces deux erreurs, comme l'a fait la loi de 1884, l'œuvre des législateurs de 1803, devenue le *titre sixième* du Code civil, n'est pas loin d'être irréprochable. Si elle a été abolie par la loi de 1816, ce n'est pas qu'elle eût contre elle l'opinion publique; mais, la charte de 1815 ayant fait de la religion catholique la religion de l'État, la loi de 1816 n'a été que logique en rendant le mariage indissoluble.

La loi du 28 juillet 1884, en corrigeant celle de 1803, est peut-être elle-même tombée dans un excès en assimilant complètement l'adultère du mari à celui de la femme. En morale cette assimilation est facile à soutenir; mais, introduite dans la loi, elle est pleine de dangers. Si l'on n'a pas soin d'indiquer les circonstances aggravantes dont il doit être accompagné pour justifier la dissolution du lien conjugal, l'adultère du mari peut donner lieu à des investigations imprudentes et à des plaintes multipliées dont l'effet serait de déconsidérer le divorce ou de compromettre le mariage.

Tel que nous venons de le définir et de le circonscrire, le divorce, à ce qu'il nous semble, échappe à toutes les objections qu'il a soulevées contre lui. Il n'est pas la destruction du mariage, mais tout au contraire, là où il n'y a plus de mariage, où le mariage, est rompu d'une façon irrémédiable et présente plus d'inconvénients que le célibat, il permet d'en reconstituer un. Il ne fait pas violence aux croyances religieuses qui le condamnent, car il n'est pas obligatoire. Les époux pour lesquels la vie commune est devenue impossible, peuvent avoir recours à la séparation de corps, que nos lois ont conservée.

Il est injuste de dire que le divorce est surtout préjudiciable à la femme qu'il laisse sans protection et sans appui. La femme non divorcée serait la femme séparée, puisque les deux situations sont amenées par les mêmes faits. Or, nous demandons si la femme séparée est plus protégée que la femme divorcée ? C'est le contraire qui est la vérité. D'ailleurs la femme séparée peut se conduire de telle sorte qu'elle déshonore le nom de son mari et celui de ses enfants. Le mari et les enfants méritent bien aussi que la loi les protège.

Mari et femme séparés sont exposés à des fautes plus graves qu'un homme et une femme restés libres, car ils sont exposés à donner le jour à des enfants adultérins, qui, ne pouvant jamais être reconnus, sont voués à une honte éternelle.

C'est pourtant dans l'intérêt des enfants que s'élèvent contre le divorce les réclamations les plus fréquentes et les plus fortes. On remarquera que cette objection n'atteint pas tous les cas de divorce. Ensuite, si elle était fondée, elle conduirait à interdire les seconds mariages. Enfin, c'est dans l'intérêt même des enfants que nous serions tenté de préférer le divorce à l'état de séparation de corps. Quand le mari ou la femme séparés, ou tous les deux, comme il arrive souvent, vivent dans un état irrégulier, est-ce là un bon exemple à mettre sous les yeux des enfants ?

Il y a d'autres objections que nous passons sous silence parce qu'elles ne méritent pas d'être discutées ; mais en voici une qu'il nous est impossible de négliger. Elle a été produite dans un livre justement remarqué par un jurisconsulte de grande valeur (1). « Nulle part, écrit M. Glasson, nous n'avons pu trouver la réfutation de l'argument capital, décisif, qui condamne le

---

(1) *Le Mariage et le Divorce*, par M. Glasson, 2ᵉ édition, in-18. Paris, 1880.

divorce. Cet argument, le voici : Les statistiques constatent que, dans tous les pays présentant des affinités de race et de mœurs avec la France, le nombre des divorces tend sans cesse à augmenter et suit une progression très rapide. On en est même arrivé à s'inquiéter de cet état de choses. Il est donc certain que le divorce produit fatalement l'abus du divorce, et l'abus du divorce compromet l'existence même de la famille. »

Ce formidable argument est loin d'être irréfutable, comme on le suppose. D'abord, si l'on n'abuse du divorce que dans les pays de race latine, cela prouve qu'on n'en abuse pas ailleurs, par exemple en Angleterre, en Allemagne, en Russie, aux États-Unis, c'est-à-dire dans une population de plusieurs centaines de millions. Si le divorce produit des abus dans les pays de race latine, il faut le régler par de meilleures lois et lui opposer un frein plus efficace. De plus, à cette statistique qui constate l'accroissement du nombre des divorces, il faudrait opposer la statistique qui constate une diminution proportionnelle du nombre des victimes de l'indissolubilité absolue du mariage, du nombre des unions libres, de celui des enfants naturels et des enfants adultérins dont le mariage indissoluble, avec l'état de séparation de corps, était la cause. Qui pourrait faire ce calcul ? Qui pourrait assurer aussi que ces abus du divorce ne sont pas le rachat de l'indissolubilité absolue ?

Au reste, il ne s'agit pas ici d'une question de chiffres et de race, mais d'une question de droit naturel. Les principes de droit naturel sont valables pour tous les nombres, pour tous les climats et pour toutes les races.

CHAPITRE IX

LA PATERNITÉ

La vie humaine est une chose si sainte, elle nous représente une tâche à la fois si grave et si élevée, si difficile à remplir, qu'on n'est presque pas plus coupable de l'ôter sans justice et sans droit à celui qui la possède, que de la donner dans des conditions où elle ne saurait atteindre son but, où elle est privée des moyens de se conserver et de se développer selon sa loi, où elle devient fatalement un tissu d'afflictions, de misères, de désordres et de hontes. C'est sur ce principe que sont fondés tous les devoirs de la paternité, c'est-à-dire tous les devoirs des parents envers leurs enfants, car ils sont communs au père et à la mère. Ceux-ci sont obligés de les connaître et de les accepter avant la naissance, et même avant la conception de l'enfant; et si puissant, si sacré que soit le lien conjugal, ils établissent entre eux un lien plus puissant encore et plus vénérable. Ils donnent au mariage une nouvelle raison d'être, ajoutée à celles que nous connaissons déjà, et le font reposer sur un fondement inébranlable. Unis par le besoin d'une mutuelle affection, par la promesse d'un mutuel dévouement et par un engagement solennel placé sous la sauvegarde de la société, le mari et la femme le sont bien plus encore par la tâche indivisible que leur ont imposée d'avance les enfants qui leur devront le jour. Considérons ce que fait la nature par la puissance irrésistible de l'instinct; observons avec quelle sollicitude, avec quelle intelligence délicate, avec quelle maternelle tendresse elle a tout préparé, elle a pourvu à tout, lorsqu'il s'agit seulement de la naissance d'un oiseau. Quand la chaude haleine du printemps, renouvelant les fleurs et les feuilles, a annoncé aux habitants de l'air qu'eux aussi devront céder la place à une jeune génération, que des fleurs harmonieuses et des bourgeons animés s'épanouiront bientôt à l'ombre de leurs ailes, aussitôt les couples se forment, chacun d'eux va choisir sa retraite, les nids sont construits, en dehors avec des matières solides, intérieurement avec des tissus délicats et de moelleux duvets. C'est le berceau destiné à recevoir la frêle enveloppe d'où sortira ensuite une créature faible, infirme et nue. Enfin, quand la couvée est là, récompense du passé et espérance de l'avenir, avec quel amour, quelle patience, quel courage, n'est-elle pas réchauffée, abritée, défendue par la mère, et nourrie par le père! Car ici c'est la mère qui a le rôle le plus dangereux et le plus difficile. C'est elle qui est chargée de protéger la famille contre les attaques de l'ennemi et les invasions de l'étranger.

Et l'homme ferait moins pour ses enfants que la brute pour ses petits! L'homme se croirait permis de les appeler à la vie, sans avoir pourvu à leurs besoins et même quand il se verrait absolument hors d'état de les satisfaire! L'homme avec sa raison, avec sa conscience, avec sa liberté, se montrerait inférieur aux animaux qui n'obéissent qu'à la force de l'instinct et à l'attrait du désir! C'est cependant pour avoir exprimé la pensée que l'homme, devant le danger de produire une existence nouvelle dépourvue de tout abri, de tout appui et de toute ressource, devait rester maitre de lui-même, savoir accomplir un sacrifice, et obéir aux lois de sa raison et de sa conscience plutôt qu'aux entrainements de sa passion, qu'un homme de bien, Malthus, mort au commencement de ce siècle, a vu son nom, livré à la haine et à l'outrage, devenir une sorte d'épouvantail pour l'esprit ignorant des masses. Malthus n'a fait que transporter dans l'économie politique un des principes les plus élémentaires de la morale et du droit naturel. Nous regardons comme des êtres pervers et dignes non seulement de l'indignation publique, mais du châtiment des lois, les femmes qui abandonnent leurs enfants, qui les livrent sans pitié aux vicissitudes du sort et à la commisération des autres. Rien de plus juste que cette opinion. Mais si elle est juste, faut-il considérer comme un homme absolument innocent celui qui se marie dans une condition où il est incapable de se suffire et qui unit, comme on dit, la faim avec la soif; celui qui donne le jour à des enfants qu'il se voit d'avance hors d'état d'élever et de nourrir, et qui les abandonne en quelque sorte avant même qu'ils soient nés; qui leur inflige sciemment, autant qu'il dépend de lui, une vie de hasards et de misères, fatalement condamnée au vice et au crime, à moins que les autres, se substituant à sa place, n'accomplissent les devoirs qu'il a négligés? Il y a sans doute une énorme différence entre ces deux situations. Dans la première, le mal est positif, il y a des êtres réels, de pauvres créatures humaines directement blessées dans leurs droits et dans les droits généraux de l'humanité. La société aussi est lésée, puisqu'on met à sa charge des obligations qui n'appartiennent qu'à la famille. Aussi nous hâtons-nous d'ajouter que là seulement la répression des lois peut être admise comme légitime. Dans la seconde situation, le mal, quoique très probable et inévitable même jusqu'à un certain point, n'est cependant qu'éventuel. Il n'existe que dans l'avenir et doit échapper par cette raison à l'action de la société; autrement l'ordre social serait la suppression du libre arbitre. Il faudrait, pour se marier, passer un examen comme avant de se faire recevoir bachelier ou docteur. Il faudrait payer le cens du mariage comme autrefois le cens électoral.

Mais le mal n'en existe pas moins dans la coupable imprudence de celui qui contracte une dette qu'il ne peut acquitter, des devoirs qu'il ne peut remplir, prenant cette responsabilité envers d'innocentes créatures sans défense, pour qui l'accomplissement de ces devoirs est absolument tout, et qui, destituées de cet appui nécessaire, sont livrées en proie à toutes les tortures de l'âme et du corps. Combien est plus coupable encore, combien est plus lâche celui qui ne veut pas même connaître son sang, ni donner son nom au fruit de ses entrailles; qui, après lui avoir infligé la souillure du sein déshonoré qui l'a conçu, le condamne à l'abandon, le repousse loin de lui comme un fardeau importun, comme un souvenir immonde. Ce jugement, qu'on trouvera peut-être sévère, répond à une conviction réfléchie. Nous ne le prononçons pas au nom d'un principe mystique, mais au nom du droit, au nom de l'humanité, au nom de la pitié, au nom du respect que nous devons à la nature humaine. L'homme, — nous parlons de celui qui reçoit le jour dans ces conditions, — l'homme ne devrait pas connaître ce degré d'avilissement, et si la charité est toujours là, prête à couvrir de ses ailes d'ange les pauvres petits délaissés, elle est impuissante à remplacer pour eux les tendres caresses et les chastes mamelles d'une mère, et ce point d'appui sans lequel on se sent repoussé par la société, le nom et la protection d'un père. Ce n'est que sur le théâtre, de nos jours, que cet état d'isolement est un moyen de devenir millionnaire, ambassadeur ou ministre ; la vie réelle nous offre un tout autre enseignement.

Nous savons ce qu'on allègue contre les principes que nous venons d'exposer, surtout quand ils s'appliquent à l'état de mariage. Il faut que l'homme, dans toutes les conditions de la vie, sache compter sur la divine Providence. Il faut que les nations et le genre humain tout entier, il faut que les races, pour garder leur rang dans le monde, ne rencontrent point de limites dans leur accroissement; car de leur accroissement dépendent leur puissance, leur force et leur durée. La première de ces deux propositions vient de la théologie, ou plutôt d'une certaine théologie, d'un sentiment religieux pris à contre-sens, d'une piété dépourvue d'âme et de lumière ; la seconde vient d'une fausse doctrine politique et économique. Toutes deux sont pleines de périls.

D'abord il faudrait perdre l'habitude de faire intervenir la Providence d'une manière directe dans les affaires humaines, de peur de lui imputer nos folies ou nos crimes, ou pour éviter de la mettre en contradiction avec elle-même. Voici par exemple deux nations qui adorent le même Dieu, qui professent la même morale, qui appartiennent à une même civilisation ; elles sont en guerre l'une avec l'autre pour une cause plus ou moins futile, pour une ambition plus ou moins coupable. Naturellement la nation victorieuse, si injuste que soit sa cause, prendra Dieu pour complice et lui fera hommage de son triomphe. C'est précisément ce que fait Bossuet, quand il rend grâce au Dieu des armées d'avoir abattu les ennemis de Dieu et du roi, oubliant, dans son zèle plus monarchique que religieux, que ces ennemis de Dieu sont non seulement des hommes, des Européens, des chrétiens, mais des catholiques pleins de foi et les plus zélés défenseurs du trône pontifical. Ici du moins nous voyons une action accomplie, un succès éclatant dont il y a quelque mérite à décliner l'honneur ; il s'agit d'un de ces grands événements qui décident de la destinée de deux peuples, quelquefois de la destinée du monde, et dans lesquels il est permis de réduire la part de la liberté humaine. Qu'est-ce donc quand nous rendons la Providence responsable de notre lâcheté, de l'imprévoyance dont nous nous sommes rendus coupables dans notre vie privée, et quand nous comptons uniquement sur elle, sur son intervention presque miraculeuse pour conjurer les maux que nous avons déchaînés contre nous comme à plaisir ? N'est-ce pas cela que l'Ecriture sainte appelle *tenter Dieu* ? N'est-ce point cela qu'elle condamne comme une impiété ?. N'est-ce point exactement ce fatalisme aveugle de l'Orient qui, sous prétexte que nos années sont comptées et que pas un cheveu ne peut tomber de notre tête sans un décret particulier de Dieu, ne prend aucun soin de conjurer la famine et la peste ? Dieu intervient dans notre existence, plus que dans celle d'aucun autre être de la création, par les précieuses facultés dont il nous a pourvus, par la raison, par la liberté, par la conscience, par le discernement du bien et du mal. Ces facultés, il ne nous les a pas données en vain; il veut que nous les exercions dans toute leur étendue et que nous nous considérions comme responsables devant lui de l'usage que nous en aurons fait. C'est à cette condition seulement que nous sommes des hommes. Or, s'il en est ainsi, qu'est-ce qui pourra nous excuser d'avoir appelé sur nous le fardeau pesant, quoique vénérable et cher, de la paternité, sans pouvoir le porter, sans avoir rien fait pour nous y préparer, et avec le dessein de le rejeter, aussitôt qu'il nous gênerait, sur nos parents, sur nos amis, sur la société entière, avec le parti pris d'accroître le nombre des victimes de l'imprévoyance et de nous dégrader nous-mêmes en attendant des autres l'accomplissement de nos devoirs les plus étroits? En vain nous dira-t-on que Dieu a donné à l'homme un instinct qui lui est commun avec la nature entière. Les instincts de l'homme sont au pouvoir de sa liberté et ne doivent être satisfaits que lorsqu'ils sont d'accord avec ses obligations.

Par ce seul principe se trouve déjà écartée la proposition politique et économique que nous citions tout à l'heure. Ce n'est pas à la politique de commander à la morale; c'est au contraire à la morale de commander à la politique. La dernière de ces deux sciences, ainsi que l'a dit Kant, doit être aux genoux de la première. Mais nous avons un autre moyen de défense qui s'adresse plus particulièrement aux économistes et aux hommes d'État. La population ne gagne rien, elle a tout à perdre au contraire à la négligence du devoir que nous défendons. C'est un fait démontré par la statistique que, dans les États où l'on se marie jeune, sans prévoyance, et où les mariages sont les plus féconds, la mortalité est beaucoup plus grande et les limites de la vie moyenne plus circonscrites que dans ceux où l'on se marie relativement tard et où les familles sont moins nombreuses. Un plus grand nombre reçoivent le don de la vie, beaucoup moins la conservent parce que la conservation n'est possible que dans certaines conditions de sagesse et de bien-être. La misère, fille de l'imprévoyance et mère de toutes les infirmités, est un principe de destruction beaucoup plus actif que la peste et la guerre; elle moissonne les générations humaines dans leur première fleur, elle les flétrit et les étiole sans leur permettre d'arriver au point où les attend, l'on ne dit pas le moraliste, mais l'homme politique. N'a-t-il pas fallu tout récemment, en France, recourir à une loi pour porter remède à la mortalité effrayante des enfants abandonnés ou placés sans précautions par leurs parents même mariés chez des nourrices mercenaires ?

Peu importe, d'ailleurs, que les hommes soient nombreux, quand, par leur nombre même, ils sont condamnés à l'avilissement, à la dégradation, à la misère, à la dépendance. Rappelons-nous ce qu'étaient à Rome les prolétaires, les *capite censi*, qui ne comptaient que par leur nombre* et qu'on élevait comme un vil bétail chargé de remplacer le sang perdu à la guerre, la *chair à canon* de ces temps-là. Rappelons-nous ce qu'était l'Irlande, il y a à peine quelques années, avant que l'émigration eût dispersé ses enfants aux quatre points de l'horizon : un peuple de mendiants, demandant dans les rues et sur les grandes routes, non du pain, mais des pommes de terre, entassé dans de sordides huttes pêle-mêle avec de maigres pourceaux, se disputant de misérables lambeaux de terre où il trouvait avec peine quelques pieds de la plante dont il se nourrissait, toujours trop pauvre pour acquitter le loyer de ses tristes métairies et ne le payant guère autrement que par la saisie de sa chaumière et de son lit; un peuple abandonné à toutes les ignorances, à toutes les superstitions, à toutes les fureurs que la misère inspire, et dont les colonies innombrables ne quittaient la terre natale que pour aller remplir, au sein de la race conquérante, de la race victorieuse, les plus viles et les plus dures fonctions. Rappelons-nous ce qu'a été, avant et pendant la Révolution française, le populeux pays de Hesse, dont le prince vendait ses sujets, à beaux deniers comptants, aux souverains étrangers, comme font les rois nègres de la côte d'Afrique. Qui donc oserait soutenir que le nombre fait la puissance? La presqu'île de l'Indoustan ne renferme-t-elle pas plusieurs centaines de millions d'habitants? Et cependant quelques milliers d'Anglais suffisent pour les tenir sous le joug. L'empereur de Chine ne règne-t-il pas sur trois ou quatre cent millions d'âmes? Et cependant à peine quelques milliers de soldats de la marine française et anglaise ont pu, il y a moins d'un demi-siècle, prendre une ville qui contient à elle seule plusieurs millions d'habitants, ont pu s'avancer sans coup férir jusqu'à la porte de la capitale, jusqu'au siège de l'empire, et imposer par la terreur de leurs armes un traité jusque-là repoussé avec un incroyable orgueil. Non, ce qui fait la force d'un État, ce n'est pas le nombre, mais la qualité de ses citoyens, le développement de leur intelligence, l'énergie de leur courage et la fierté de leurs âmes. Ce qui est vrai des États l'est aussi de l'humanité entière. L'humanité ne saurait être plus tristement représentée que par les masses ignorantes, abruties, affamées, couvertes de haillons, ouvertes à toutes les corruptions, accessibles à toutes les erreurs, parce que la faim et la soif ne connaissent pas la voix de la raison; elles sont le levier terrible dont la tyrannie et l'anarchie se servent tour à tour pour ébranler la société ou pour l'asservir.

On a imaginé encore un autre moyen de soustraire les hommes aux devoirs et aux soucis de la paternité. C'est de mettre ces devoirs à la charge de la société, c'est de déclarer que tous les enfants appartiennent à la patrie et qu'elle est obligée, par conséquent, de les nourrir et de les élever, de leur donner une profession et une place. Cette doctrine remonte jusqu'à Platon qui lui a prêté, dans sa *République*, tous les charmes de son éloquence et de sa poétique imagination. Elle a trouvé des partisans dans certaines sectes religieuses du moyen âge qui appliquaient à la vie civile le principe des institutions monacales. Elle a été défendue au XVIe et au XVIIe siècle avec beaucoup d'originalité et de verve par Thomas Morus et Campanella. Elle fait le fond commun du communisme, du fouriérisme et de la doctrine saint-simonienne. Mais elle n'est pas tenue, comme ces deux derniers systèmes, de demander ouvertement l'abolition de la famille et du mariage; elle peut se contenter de propositions plus générales, de celles-ci par exemple: que l'assistance n'est pas seulement un devoir pour celui qui la donne, mais qu'elle est aussi un droit pour celui qui la reçoit; ou bien, que tout homme a droit au travail, c'est-à-dire que tous les membres de la société doivent être appelés par l'Etat à une fonction rétribuée qui leur permette de vivre commodément.

Le premier défaut de cette opinion, c'est d'être en contradiction avec le principe fondamental de la morale et du droit. La société, quand même elle le pourrait, n'est pas autorisée à se substituer à la place de la famille, à la place du père et de la mère, pour élever leurs enfants. Le père et la mère, de leur côté, ne sont pas libres d'abandonner leur premier devoir. Mais la société peut-elle accomplir la tâche qu'on veut lui imposer ; et, si elle le peut, n'y a-t-il pas à ce pouvoir des conditions ? Ces conditions ne sont-elles pas des restrictions qui menacent les droits de la famille, les droits du père, les droits de l'enfant, les droits de la nature humaine ?

La société, prise en elle-même, est une abstraction ; elle n'a rien que ce qu'on lui donne, que ce que lui donnent les individus dont elle se compose. Chargez la des devoirs et des soucis de la paternité, consommez, si vous le voulez, cette œuvre de votre déchéance et de votre honte, au profit de sa toute-puissance ; elle sera obligée d'observer précisément les règles de prudence que vous observeriez vous-même si vous étiez resté à votre place. Elle sera obligée de calculer ses moyens et ses forces ; et alors de deux choses l'une : elle aura recours à des restrictions préventives ou à des restrictions répressives. Nous appelons restrictions répressives celles qu'employaient les républiques et les familles de l'antiquité, mettant impitoyablement à mort les enfants qu'elle prévoyait ne pouvoir nourrir, les enfants qui excédaient le chiffre légal de la population, ou les enfants faibles et infirmes qui ne pouvaient pas payer les frais de leur éducation.

Cette abominable pratique, consacrée par les lois de Sparte, est aussi recommandée et justifiée par le doux Platon. Les avortements et les infanticides entrent dans les prévisions de sa politique et de son économie. Qu'on le blâme si on veut ; mais on lui accordera qu'il est conséquent avec son principe. Vous ne voulez pas de restrictions répressives ; elles font souffrir vos nerfs et les fibres délicates de votre cœur. Eh ! bien, acceptez les restrictions préventives. Voici en quoi elles consistent. La société, l'État, se chargeant de l'éducation et de l'avenir de vos enfants, il est parfaitement juste qu'il détermine les conditions dans lesquelles il vous est permis d'en avoir. Alors nous retrouvons la conception sublime de ce bon M. Auguste Comte. Nul ne pourra se marier s'il n'apporte un certificat, non pas de bonnes vie et mœurs, mais de bonne constitution ; et l'œuvre une fois accomplie dans une mesure déterminée, la séparation devient nécessaire, elle est imposée par la loi. Ne parlez pas des souffrances de votre cœur : vous avez renoncé à avoir un cœur ; de vos affections : vous les avez données en échange de votre repos matériel ; de votre libre arbitre, de votre dignité d'homme : vous les avez sacrifiés en répudiant vos devoirs. Il y aurait une combinaison plus savante encore : c'est celle qu'a imaginée Campanella dans la *Cité du Soleil* ; elle consiste à créer un ministre d'État au département de l'amour, ou (comment s'exprimer ?) des affaires du cœur, ayant sa police particulière, police secrète s'il en fut, chargée de veiller à ce qu'il n'y ait dans l'État ni vide, ni trop-plein, et que les produits soient d'une bonne venue.

Toutes ces chimères, sans doute, si conséquentes qu'elles puissent être, sont aujourd'hui loin de notre pensée, de nos mœurs et de nos lois. Aussi que peut-il subsister de la substitution de l'État à la sollicitude et à la conscience des familles? D'abord l'abâtardissement de la race humaine, une stupidité héréditaire et une effrayante mortalité : car ces conséquences ne sont point hypothétiques, elles existent, elles s'attachent, quoi qu'on fasse, à la jeune population des établissements hospitaliers ; or la société tout entière, avec le système que nous combattons, ne serait qu'un établissement de cette nature. On en connaît le nom, sans qu'il soit besoin de le dire. Un autre effet de l'application de ce système, un effet qu'il est à peine besoin d'indiquer, c'est la suppression complète de la liberté individuelle, de la responsabilité, et par conséquent de la moralité humaine. L'État se trouvant être un père de famille, et un père de famille dont les obligations n'ont point de terme, qui est chargé de veiller à tout, de pourvoir aux besoins de tous, pendant toute la durée de leur existence, il lui faut aussi l'autorité du père de famille, c'est-à-dire l'autorité absolue. Au lieu de citoyens il n'y aura que des enfants et des mineurs. Mais l'État lui-même n'est qu'un mot, une abstraction. L'État, hors des conditions de la liberté, c'est toujours quelqu'un. Le despotisme que nous signalons n'aura pas même le triste avantage d'être un despotisme collectif. Ce sera un despotisme personnel.

Voilà pourtant où peut nous conduire l'abandon d'un seul de nos devoirs. Les sévères obligations de la paternité ne sont pas seulement le salut de nos propres enfants, elles sont la sauvegarde de notre liberté, de notre dignité morale, des droits les plus sacrés et des attributs les plus précieux de la nature humaine.

CHAPITRE X

La famille, l'éducation; le rôle du père et de la mère dans l'éducation; l'éducation publique et l'éducation privée.

La société civile, quelle que soit la forme de son gouvernement, ne vaut ni plus ni moins que les familles dont elle se compose, et la famille à son tour dépend des mœurs et du caractère de son chef et du rôle qu'il fait à sa compagne. Aussi nous arrêterons-nous quelque temps sur ce grave sujet. La science du droit naturel n'en a pas de plus important ni qui soit digne au même degré d'exciter notre intérêt. Si l'on sait quel est dans un pays quelconque l'état de la famille, on connait celui de la société tout entière, on se fait une idée de sa force ou de sa faiblesse, des éléments d'ordre et d'anarchie, de grandeur et de bassesse, de liberté et de servitude qu'elle renferme dans son sein. Dans les républiques de l'antiquité, qui se réduisaient le plus souvent aux proportions d'une seule ville, les sentiments patriotiques avaient d'autant plus d'énergie que les affections naturelles du cœur humain étaient plus faibles. La famille était détrônée et remplacée par l'État. Sous le régime féodal du moyen âge et sous les lois de l'ancienne monarchie, une foule de corporations indépendantes, justement détruites par la Révolution française, parce qu'elles étaient un obstacle à la liberté individuelle et aux progrès de la civilisation, avaient pourtant ce mérite de donner à l'ordre social un point d'appui solide, un lest de marbre et de fer. Mais la société moderne, constituée comme elle l'est ou comme elle le sera, et dans les vastes États qu'elle occupe, ne peut se défendre que par la valeur morale de l'individu et le sentiment éclairé, régénéré, de la famille, qui ne manque pas de devenir à son tour un principe de lumière et de régénération. Celui qui aime ses enfants et qui connaît les devoirs qu'il a à remplir envers eux, s'intéresse à la chose publique, non plus seulement pour son propre compte, mais parce qu'il la considère comme leur patrimoine, comme la source de leur sécurité, de leur honneur, de leur avenir. Autant que cela est en son pouvoir, il s'efforcera avec une égale sollicitude de leur épargner les agitations stériles de l'anarchie et les honteux stigmates du despotisme. C'est à la famille seule qu'il faut demander désormais ces gages de l'esprit d'ordre et d'indépendance que des esprits chagrins s'obstinent à n'apercevoir que dans les débris impuissants des vieilles aristocraties.

On a dit précédemment quel est le principe sur lequel reposent les obligations des parents envers leurs enfants, c'est-à-dire quel est, dans l'ordre naturel, le principe même de la famille. Maintenant, nous allons essayer de le suivre dans quelques-unes de ses applications et de ses conséquences les plus importantes.

D'abord, si avant la naissance et avant même la conception de l'enfant, nous devons avoir déjà pris la résolution et nous être assuré les moyens de subvenir à ses besoins, à plus forte raison, quand il est là, doit-il être pour nous l'objet de la plus constante et de la plus active sollicitude. Ce n'est plus le temps de laisser défaillir nos forces et notre courage, ce n'est plus le temps de céder aux attraits du repos ou bien aux caprices de notre imagination ; il y a une voix, outre celle de la conscience, non moins impérieuse et plus irrésistible peut-être dans sa faiblesse et dans sa grâce, qui a le droit de nous demander compte de l'emploi de notre talent ou de nos bras, quand ce sont nos bras ou notre talent qui nous font vivre ; de l'emploi de notre fortune, quand elle est déjà faite par notre travail ou par le travail de nos pères. C'est ainsi que l'amour paternel, que les saintes affections de la famille concourent à la fois à purifier notre vie, à élever notre âme, à doubler notre empire sur nos passions et à accroître la somme du bien-être général : car les richesses que nous créons pour notre usage servent immanquablement à l'usage des autres ; tout capital acquis par un labeur honnête, et destiné à être conservé par le même moyen, est un levier ajouté aux forces publiques.

Nul n'est obligé de donner à son enfant une condition supérieure à celle qu'il occupe lui-même et qui suffit à son bonheur, pourvu qu'elle s'accorde avec l'honneur et le devoir. Montesquieu dit : « Le père est obligé de nourrir et d'élever son enfant ; il n'est pas obligé de le faire héritier. » Ces paroles sont vraies dans leur sens général, quoique l'auteur de l'*Esprit des Lois* en ait tiré une conséquence erronée, favorable à un de ses préjugés les plus chers : l'institution du droit d'aînesse. La création d'un patrimoine à l'abri duquel on puisse se reposer toute sa vie ou qui rende le travail moins nécessaire, voilà, en effet, qui va au-delà du principe que nous avons invoqué, du principe qui impose au père l'obligation de pourvoir aux besoins de son enfant, tant que celui-ci est hors d'état d'y pourvoir lui-même. L'humble artisan qui subsiste par le labeur de ses mains, quand il a conduit son fils à l'âge adulte et lui a enseigné le métier qui le fait vivre, a rempli son devoir aussi bien et mieux peut-être que le financier qui laisse après lui des châteaux et des millions : nous disons, mieux peut-être, car tout en réprouvant avec énergie les haines qu'on a voulu inspirer au pauvre contre le riche, ou, comme on dit en termes plus abstraits, au salaire contre le capital, nous ne pouvons cependant nous empêcher de reconnaitre qu'il est plus difficile et plus honorable de suffire à sa subsistance et à celle de sa famille par un travail sans relâche, par l'exercice d'une rude et utile profession, que d'arriver par quelque coup de bourse à une immense fortune. Mais heureusement, il y a d'autres moyens de s'enrichir. Le jeu ne crée pas, il ne fait que bouleverser et déplacer les capitaux créés par l'industrie. Ce que nous disons de l'artisan s'applique également à l'artiste, au savant, à l'homme de lettres. Eux aussi sont quittes envers leur cœur et envers leur conscience, quand ils ont introduit leur enfant dans l'arène de la vie, muni de toutes les armes indispensables à sa défense, ou, pour parler sans métaphore, quand ils lui ont choisi une carrière conforme à ses facultés et au rang qu'ils tiennent eux-mêmes : car le rang dans lequel on a été élevé et l'éducation qui en est la suite, les habitudes qui en résultent, sont en quelque sorte une promesse, un engagement tacite, auquel il faut se garder de faillir. Malheur à celui qui s'engage au-delà de ses forces ou qui nourrit sa jeune famille de chimériques espérances : car ces illusions, venant un jour à s'évanouir, ne laisseront après elles que le découragement, l'ingratitude et l'impuissance. Telles sont les limites que la raison et le droit tracent à la prévoyance paternelle. Vouloir aller beaucoup au-delà, subordonner les générations humaines et la continuation des familles à des rêves d'ambition ou de fortune qu'on n'est pas sûr de réaliser, c'est sacrifier les plus saintes lois de la société et de la nature aux calculs de l'égoïsme, aux convoitises insatiables de la vanité et de l'orgueil.

Mais le père ne doit pas seulement à ses enfants l'éducation physique et une profession ; il leur doit aussi l'éducation morale, c'est-à-dire l'art de se gouverner soi-même sans lequel on n'est guère capable d'être utile aux autres ; l'art de se conduire, de sentir, de penser, de vivre comme un homme. Fortune, honneurs, bien-être, habileté consommée dans les sciences et les arts qui assurent notre subsistance, tout cela n'est rien et tourne à notre détriment aussi bien qu'à celui de la société, si l'on ne sait pas qu'on a une âme, si l'on n'a pas conscience de ses devoirs, de ses droits, des facultés divines et des besoins sublimes qui distinguent l'espèce humaine de tous les autres êtres de la création. Cet autre devoir de la paternité peut être, comme le premier, accompli d'une manière plus ou moins parfaite ; mais tous peuvent le remplir dans une mesure indispensable, tandis que la perfection absolue n'existe nulle part. Tous, pourvu qu'ils soient dignes d'avoir une famille, et qu'ils se soient pénétrés des obligations qu'elle impose, sont capables de former les jeunes âmes dont ils sont responsables devant Dieu, à la probité, aux bonnes mœurs, à l'amour du prochain, à une piété pratique assez forte pour les soutenir, les encourager au bien, les détourner du mal, sans subtilité et sans exagération. L'œuvre de l'éducation est bien différente, en effet, de celle de l'instruction. Pour celle-ci il faut des connaissances positives ; pour celle-là il suffit du bon exemple, du simple langage de l'honnêteté et du bon sens, de leçons et de conseils partis du cœur. Moins on y apporte d'étude et d'apprêt, plus on est sûr d'y réussir. Mais il faut que la science soit remplacée par la prudence et l'entier empire de soi. Les emportements de la colère ou de la tendresse offrent un égal danger.

C'est ici que nous apparait de nouveau, comme une condition nécessaire de la vie humaine, comme le salut de l'enfance et le plus solide fondement de la famille, le concours harmonieux des facultés diverses que la nature a réparties entre l'homme et la femme. Le père s'adressera surtout à la raison de l'enfant, dès qu'il en verra poindre les premières lueurs, la mère à sa sensibilité. Le père lui parlera au nom du devoir, au nom de l'honneur, au nom des lois divines et humaines ; la mère au nom de la tendresse, de l'affection, de la pitié, de la loi du cœur. Le père demandera et obtiendra sans peine des actes d'obéissance, de soumission, de respect ; la mère, des preuves de dévouement et des sacrifices. Le premier exercera son influence par la fermeté, la seconde par la patience et la douceur ; et il est rare que ces deux moyens employés tour à tour ou simultanément ne finissent point par triompher. Le plus souvent, c'est la patience et la douceur qui remportent la victoire. Au reste, s'il y a excès d'un côté, le côté opposé prendra sa revanche. Mais la pondération et l'harmonie sont de beaucoup préférables à ces

alternatives également nuisibles aux parents et aux
enfants; car, outre qu'elles détruisent l'unité du gouvernement domestique, elles enlèvent au père l'affection de la famille et à la mère son respect.

La conséquence qui sort de là, c'est qu'il n'y a de
véritable éducation qu'au sein et par le ministère de la
famille. Rien au monde ne peut remplacer cette autorité tutélaire, vénérable, incontestée, qu'on subit et
qu'on accepte aussi naturellement, avec le même
charme et le même bonheur, que l'action de l'air, de
la chaleur, de la lumière et des autres agents de la vie,
pourvu qu'elle reste fidèle aux inspirations de la nature,
pourvu qu'elle ne se tourne pas contre le but même
qu'elle doit atteindre. Rien au monde ne peut remplacer cette puissance double et cependant une dans
son essence, qui s'exerce à la fois sur la raison et sur
le cœur, sur les idées et sur les sentiments, sur la
volonté et sur les affections, qui pénètre l'homme par
tous les points, qui s'empare de toutes ses facultés et
le marque à cette empreinte ineffaçable qu'on appelle
le caractère. Le caractère, partout ailleurs, tend à
s'effacer sous la pression d'une discipline commune et
par cela même aveugle ; ici il se forme et se développe,
comme un arbre ou une fleur sur le sol qui lui a donné
naissance. Rien au monde ne peut remplacer, pour l'épanouissement du cœur, pour l'expérience de la vie, pour
l'apprentissage du dévouement et l'exercice des plus
nobles forces de l'âme, ces péripéties de la vie de
famille, maladies, deuils, succès, revers, séparations,
réunions, qui relient tous les cœurs en un même faisceau
par tous les liens à la fois : ceux de la joie et de la
douleur, de la crainte et de l'espérance, aussi bien que
de l'amour et du respect. Pour savoir à quel degré il

est aimé de ses parents, et pour qu'il leur paye leur amour en piété et en reconnaissance, il faut que l'enfant sache, il faut que l'enfant voie de ses yeux ce qu'ils souffrent pour lui, ce que pour lui ils supportent d'agitations, de soucis, de privations, de labeurs ; et que par la pensée au moins, par le désir de les soulager et de les affranchir, son existence se confonde avec la leur.

Le père et la mère ont, sans contredit, ou du moins doivent avoir le premier rôle dans l'œuvre de l'éducation ; mais il y a dans la famille encore une autre influence qu'il faut se garder de mépriser : c'est celle de la sœur sur le frère et du frère sur la sœur. Quel charme pénétrant et indéfinissable, quel divin parfum, quel air embaumé descendu du ciel comme un signe avant-coureur des célestes harmonies, dans ce commerce plus tendre que l'amitié, pur des orages et des convoitises de l'amour, entre ces deux êtres de sexe différent qui ne se touchent et ne s'attachent l'un à l'autre que par les affinités de leur âme !

Il arrive ordinairement que les parents ou tout au moins le père n'aime dans ses enfants que son sang, que son avenir, que le but de ses espérances et le fruit de ses sacrifices, son nom et son existence même continués au-delà du tombeau ; que les enfants n'aiment dans leurs parents que leurs bienfaiteurs, les auteurs de leur vie et de leur fortune, les protecteurs de leur ignorance et de leur faiblesse. Les frères sont liés entre eux par la communauté de leurs goûts, de leurs travaux, et trop souvent, hélas! de leurs passions. Mais entre le frère et la sœur, il n'y a de place que pour un dévouement aussi tendre que désintéressé. C'est comme une épuration anticipée des passions qui les poursuivront un jour, un frein imposé d'avance à l'ardeur des sens et un idéal pour leur imagination. Heureux le jeune homme qui connait ce doux et pur attachement! Il préparera son cœur à éprouver, quand il en sera temps, le véritable amour; il le tiendra à l'abri de ces profanations et de ce mépris superbe qu'on professe dans un certain monde envers le sexe qui nous a donné notre mère et dans lequel nous choisirons la mère de nos enfants. Nous avons entendu un homme, qui a un nom dans les lettres, déclarer, dans une réunion composée en grande parties de femmes, que la femme n'était pas la compagne de l'homme, mais qu'elle appartenait à une espèce inférieure, anneau intermédiaire entre le genre humain et la brute. Nous voulûmes remonter à l'origine de cet orgueil tout oriental, et nous apprîmes que celui qui venait de parler de la sorte avait passé son enfance hors de la maison paternelle et sa jeunesse dans les coulisses des théâtres.

Quelle est la conséquence que nous voulons tirer de ces observations? qu'il faut dissoudre le corps enseignant et fermer les collèges? Non. D'abord l'éducation ou la culture morale n'est pas tout, il faut aussi faire une grande place à la culture intellectuelle, à l'instruction qui sera d'autant plus parfaite qu'elle sera organisée sur une plus large base. Sous ce rapport, rien ne peut lutter contre les institutions publiques, contre les établissements de l'Etat, s'ils laissent la carrière ouverte à la concurrence des établissements libres. Puis l'éducation elle-même, à la limite d'un certain âge, et quand il s'agit des hommes, doit être nécessairement publique. Ce serait une épreuve critique et même fatale de quitter le doux abri de la famille, où la rigueur même prend les accents et les traits de

Franck. — Droit civil. 7

l'amour, où l'on se voit le centre de toutes les affections, l'objet constant de la commune sollicitude, pour se trouver perdu brusquement dans ce vaste monde, comme dit un ouvrage américain, pour se trouver abandonné à soi-même, à son inexpérience et à sa faiblesse, obligé de tenir bon non seulement contre l'indifférence, mais contre la concurrence et trop souvent contre l'injustice des autres, obligé de se tracer sa voie à travers mille dangers, mille obstacles, mille rivalités, sans compter les coups du sort et les malheurs inséparables de notre nature. Il faut faire l'apprentissage de cette dure nécessité pendant qu'on est jeune encore, avec les encouragements et les consolations du foyer paternel, sous la contrainte d'une discipline commune, sous une règle inflexible qui s'adresse également à tous, qui ne connait ni distinction, ni ménagement, ni faiblesse, qui ne tient compte que des œuvres, du labeur accompli et des succès incontestés. L'éducation publique est d'ailleurs celle qui convient le mieux aux nations libres, aux états démocratiques; elle est la plus propre à former des citoyens, à faire entrer dans les mœurs le principe de l'égalité devant la loi, c'est-à-dire le principe même de la justice et du droit. C'est elle qui, sous l'ancien régime, a préparé lentement l'œuvre de la Révolution ; et tant qu'elle demeurera debout, l'œuvre de la Révolution, dans ses principes les plus essentiels, restera assurée. C'est ce que reconnaissent parfaitement les ennemis de la Révolution quand, sous le nom et sous le prétexte de la liberté d'enseignement, qui d'ailleurs est un droit véritable, ils cherchent à livrer la jeunesse à une corporation fameuse, instrument de desseins rétrogrades et créée dans le seul but, dans le but ostensible et avoué d'étouffer la liberté. Cette association aura beau faire, elle subira la loi commune ainsi qu'elle l'a déjà fait dans le passé : car c'est elle qui a fait l'éducation des esprits les plus audacieux du dernier siècle, et pour n'en citer que deux qui en valent beaucoup d'autres, de Voltaire et de Diderot.

L'éducation publique doit former des citoyens, l'éducation domestique doit former des hommes ; à chacune sa tâche ; il ne faut pas que l'une absorbe l'autre et ait la prétention de la remplacer. Mais comme l'ordre moral précède l'ordre civil et lui est de beaucoup supérieur, ainsi la famille doit avoir accompli son œuvre quand la société commence la sienne. D'ailleurs, c'est avec des hommes qu'on fait des citoyens, et, lorsqu'on tente de renverser ce rapport, les deux termes nous échappent à la fois : les sentiments humains, les affections humaines sont singulièrement affaiblis, sinon effacés ; et à la place des vertus civiles, des sentiments patriotiques, on est exposé à ne rencontrer que ces rêves d'associations contre nature, que ces utopies despotiques et abrutissantes qui ont fait tant de mal à notre pays et qui ont compromis dans toute l'Europe la cause de la liberté.

Si l'éducation publique ne convient aux hommes qu'à partir d'un certain âge, c'est-à-dire depuis les années de l'adolescence, à aucune époque de leur enfance et de leur jeunesse, elle ne convient aux femmes. C'est un contre-sens moral périlleux pour un pays, périlleux pour son caractère et pour ses mœurs, d'entasser ensemble des jeunes filles de tout âge pour les livrer à l'autorité d'une femme qui n'est pas leur mère et qui, n'ayant pas de prise sur leur cœur, est obligée de le gouverner par la rigueur ou par la vanité, de leur imposer une discipline étrangère à leur sexe, incompatible avec leur nature, avec les mouvements spontanés de leur âme et avec la fraicheur de leurs impressions, avec l'élasticité de leurs facultés, avec la délicatesse de leurs sentiments, ou d'exciter en elles dans des proportions dangereuses l'amour des distinctions, des honneurs, des éloges et, ce qu'il y a de pis, des distinctions et des éloges décernés en public, par conséquent le sentiment de la rivalité, très improprement appelé l'émulation et si voisin dans une âme féminine de la jalousie et de l'envie. Nous n'avons jamais compris les distributions de prix dans les maisons d'éducation pour les femmes; nous n'avons jamais compris ces exhibitions publiques de leurs vers et de leur prose, de leurs dessins, de leurs ouvrages, de leur voix, quand on les a élevées pour la famille et non pour le théâtre. La jeune fille doit être élevée sous les ailes de sa mère, et, autant que cela est possible, elle ne doit recevoir d'autres leçons que les siennes. Elle saura peut-être un peu moins de mythologie, moins de musique, moins de géométrie et de cosmographie, mais qu'importe si elle doit connaitre mieux un jour les doux et saints devoirs que la nature lui prépare. Nous avons sous les yeux un livre publié récemment par un médecin américain (1), qui signale comme un grand danger pour la société, comme une cause de ruine et de dissolution pour la famille, comme une source de maladies pour la femme, le développement excessif donné, depuis quelques années, de l'autre côté de l'Atlantique, à l'instruction des jeunes filles.

---

(1) *Perils of american Women*, in-18, Boston, 1883.

Si cependant la mère est absolument incapable de suffire à la double tâche que nous lui imposons, eh bien ! que l'instruction vienne du dehors, mais que l'éducation vienne d'elle-même, qu'elle n'ait confiance dans nulle autre main que dans la sienne pour cultiver cette plante délicate dont l'atmosphère naturelle est le foyer domestique et à laquelle la parole maternelle tient lieu de rosée et de soleil. La mère seule aussi pourra la préparer à la condition qui l'attend ; elle seule pourra savoir s'il est nécessaire de l'armer d'avance contre les dangers extérieurs ou si elle peut lui conserver l'ignorance paisible et charmante de l'innocence.

CHAPITRE XI

LA PUISSANCE PATERNELLE

Toute la science du droit naturel et de la morale est fondée sur ces deux propositions : point de droits sans devoirs ; point de devoirs sans droits. Les exceptions qui ont été opposées à ce dernier principe sont purement illusoires ; elles ont pour cause la confusion qui s'est introduite dans les esprits entre deux mobiles très différents de l'activité humaine et de la vie morale : le devoir et l'amour, l'idée d'une obligation à remplir et le sacrifice absolument volontaire.

Par conséquent, si les parents ont des devoirs à remplir envers leurs enfants, ils ont aussi sur eux des droits ; et si ces devoirs sont d'une telle nature qu'aucune loi, aucune puissance, aucune nécessité, aucune autorité supérieure ne peut les en dispenser, leurs droits sont revêtus des mêmes caractères et aucun pouvoir, sous aucun prétexte, n'est autorisé à les leur enlever, si ce n'est pour les causes qui les font déchoir de leurs droits civils en général, ou pour les actions qui les mettent en révolte contre la société, qui donnent à la société un juste motif de les exclure de son sein ou de les placer sous l'empire d'une contrainte pénale. C'est la totalité de ces droits, bien qu'ils appartiennent en commun au père et à la mère, que le langage des lois appelle ordinairement l'autorité, et plus souvent encore la puissance paternelle. A présent que nous en avons expliqué le sens, rien ne nous empêche d'accepter cette dénomination consacrée par l'usage.

La puissance paternelle, ainsi que nous l'apprend déjà le nom qui lui est resté, s'est trouvée d'abord tout entière entre les mains du père, et, concentrée dans ces limites, elle n'a été pendant longtemps, comme le pouvoir du mari sur la femme et du roi sur ses sujets, que le droit du plus fort, c'est-à-dire l'arbitraire le plus absolu. Le père se considérait comme le propriétaire de son enfant, à plus juste titre encore que le mari celui de sa femme et le maitre celui de son esclave, sous prétexte qu'il lui avait donné le jour. C'est uniquement sur ce principe que se fonde la puissance paternelle dans l'antiquité, et les restrictions que nous y voyons apporter successivement ont pour cause, non le sentiment du droit, non le respect de la conscience et de la liberté humaines, mais l'intérêt politique représenté par la toute-puissance de l'Etat ou du prince. Il faut d'abord fournir les preuves de cette vérité historique, parce qu'elle nous rendra à la fois plus sensible et plus chère la vérité philosophique. Sachant ce que la puissance paternelle a été dans le passé, nous apprécierons avec plus de justice ce qu'elle est dans le présent et ce qu'elle doit être dans l'avenir. Nous mesurerons les progrès qu'a accomplis sur ce point la raison humaine et nous y trouverons un nouvel argument en faveur de son autorité ; nous nous convaincrons une fois de plus que la raison humaine, quand c'est vraiment elle qui nous éclaire, quand c'est elle qui nous conduit et non la passion ou l'esprit de chimère, n'a pas fait un seul pas qui n'ait été une conquête pour la morale et pour le droit, pour l'accroissement de notre dignité ou de notre bien-être, et que rien n'est plus aveugle, ni plus inique que ces lamentations que nous entendons retentir sur la société moderne, sur la société fondée par la Révolution française, tandis que la société ancienne, répudiée par nos pères en 1789, est un sujet perpétuel d'admiration et de regrets.

Qu'on lise la *Bible*, en commençant par la Genèse, on y voit le père de famille, le patriarche exempté de tout devoir envers ses enfants et investi sur eux d'un pouvoir absolu, d'un droit de vie et de mort, qui s'étend non seulement sur ses fils et sur ses filles, mais sur les femmes et les enfants de ses fils, sur ses petits-enfants et les femmes de ses petits-enfants. Abraham chasse de sa demeure son propre fils Ismaël avec un morceau de pain et une cruche d'eau. Etait-ce la pauvreté qui avait à ce point desséché son cœur? Non, il possédait d'immenses richesses, d'innombrables troupeaux et une armée de serviteurs. Mais Agar, sa seconde femme, lui déplaisait, et avec elle son fils. Il n'hésita pas à les expulser de sa tente, en leur montrant le désert ouvert devant eux. Un peu plus loin (1), dans le même livre, nous voyons Juda, celui qui devait donner naissance à la race royale, condamner à mort, à l'horrible supplice du feu, sa bru Thamar, coupable d'avoir oublié non ses devoirs d'épouse, mais son honneur de veuve. L'arrêt cruel n'est révoqué que lorsque la victime

---

(1) Ch. xxxviii, v. 21.

montre son complice dans le juge même qui l'a condamnée. Plus tard, lorsque, sous l'empire de la loi de Moïse, l'état civil a succédé à l'état patriarcal, le père a le droit de vendre son fils au moins pour le temps dans lequel se renfermait chez les Hébreux la durée de l'esclavage. Il ne peut plus le condamner à mort qu'avec l'assistance des tribunaux, parce qu'il faut bien respecter l'autorité souveraine de l'Etat, de la loi, considérée comme identique à l'autorité de Dieu même, mais sur ses plaintes la peine capitale est prononcée pour les fautes les plus vénielles, pour le simple défaut d'insubordination et d'intempérance.

Le même fait se présente dans tout l'Orient, dans l'Inde, dans la Chaldée, dans la Syrie, en Chine, dans le vaste empire de la Perse. Partout le père a droit de vie et de mort sur ses enfants. Il peut les dépouiller, les vendre, les sacrifier à d'impures idoles, et c'est la coutume, encore aujourd'hui, dans la presqu'île hindoustanique, de tuer, quelques instants après leur naissance, les filles qu'on n'est pas sûr de pouvoir élever sans sacrifice ou marier avec avantage. En Chine, le meurtre est remplacé par l'exposition, qui n'est qu'un meurtre dissimulé sous le masque de l'hypocrisie et que la lâcheté rend peut-être plus odieux. Si l'on se montre en général plus indulgent pour les fils, c'est que d'abord on a la vanité de se survivre en eux, et qu'ensuite un bras viril peut être un secours dans l'adversité et dans la vieillesse. La puissance paternelle n'est limitée que par celle du souverain, non pas au nom et dans l'intérêt de l'enfant, mais au nom et dans l'intérêt du prince, parce qu'il est supérieur au père, parce qu'il est lui-même considéré comme le père, c'est-à-dire comme le maître de ses sujets. Depuis les temps les plus éloignés jusqu'à celui où nous sommes, cette expression, si chère à quelques-uns, de gouvernement paternel, n'a jamais eu d'autre sens.

Cette législation ou plutôt ces mœurs se reproduisent encore au temps des premiers rois, sous la royauté patriarcale de la Grèce. La tradition d'Œdipe exposé par ordre de son père, d'Agamemnon immolant sa fille et d'Idumée sacrifiant son fils, — tradition universellement consacrée chez les peuples helléniques, — nous en fournit la preuve. Il en est autrement dans les républiques qui s'élèvent successivement sur les débris de la royauté. Pourquoi cela ? Par un développement des sentiments d'humanité ? Non, mais parce que la puissance absolue du père est transportée à l'Etat. C'est désormais l'Etat qui dispose, comme il lui plaît, c'est-à-dire selon ses intérêts bien ou mal compris, de la vie et de l'éducation des enfants. C'est lui qui, à Sparte, ordonne leur destruction quand ils sont nés faibles et mal conformés. C'est lui qui brise leur jeune corps sous le joug d'une discipline de fer, afin de posséder en eux des soldats invincibles. C'est lui qui les accoutume à la douleur, fait couler leur sang innocent sur l'autel de Diane, sans qu'il leur soit permis ni à eux, ni à leur mère, de pousser une plainte. C'est lui qui, par un système d'éducation barbare, éteint chez les hommes tous les sentiments d'humanité, chez les femmes le sentiment de la pudeur et de la tendresse maternelle, pour substituer à leur place un patriotisme sauvage, qui est moins l'amour de la liberté que l'orgueil de la domination et la haine de l'étranger. Et voilà pourtant ce qu'à une époque encore peu éloignée on a osé prendre pour la perfection !

A Rome, sous l'empire de la loi des Douze Tables, la puissance paternelle rentre dans la plénitude de ses attributions et retourne à son point de départ oriental. « Le père, dit expressément cette loi barbare, le père ayant droit de vie et de mort sur ses enfants, est par cela même autorisé à les vendre: *endo liberis jus vitæ ac necis, venundandique potestas ei esto.* » Et ce n'est pas seulement sur ses enfants que le patricien romain possédait ce pouvoir exorbitant, mais, de même que le patriarche des temps bibliques, il l'étendait sur la femme de son fils et sur ses petits-enfants. Sans doute les mœurs y apportèrent peu à peu des restrictions importantes. Le droit de vie et de mort n'existait déjà plus que dans la lettre de la loi quand les empereurs le supprimèrent tout à fait en réservant pour l'enfant la tête sauve, *caput, integram personam*. Mais l'usage, et par conséquent le droit de vendre ses enfants, quoique pratiqué seulement dans le cas d'une extrême misère, subsistait encore au temps du jurisconsulte Paul, c'est-à-dire, au IIIe siècle de notre ère. Ce qui n'a jamais disparu de la législation romaine, c'est le droit absolu du père sur les biens de sa famille, de ses fils et de ses petits-fils. Toutes les acquisitions du fils de famille arrivé à l'âge de majorité, même celles qu'il ne devait qu'à son travail et à son industrie propres, échappaient à son pouvoir et se confondaient avec le patrimoine commun. Or, il est à peine besoin de faire remarquer qu'avec cette dépendance absolue des biens, l'indépendance des personnes n'est qu'un mot dépourvu de sens. On peut échapper, si l'on veut, à la mort et aux mauvais traitements, mais on reste dans la main de celui qui dispose de tous nos moyens d'existence et des fruits de nos sueurs et de notre talent. C'était précisément la condition des serfs du moyen âge. C'était, jusqu'à ces dernières années, avant que le tsar Alexandre II eût brisé leurs chaînes, celle des serfs de la Russie.

La législation romaine sur la puissance paternelle a passé avec les armes de César dans les Gaules et s'est maintenue, sous l'ancienne monarchie française, dans tous les pays de droit écrit, jusqu'à la Révolution et à la rédaction du Code civil. Nous parlons des pays de droit écrit, et particulièrement du Midi où le droit romain était honoré presque à l'égal de l'Évangile ; car dans les pays de droit coutumier la puissance paternelle, surtout quant aux biens, était renfermée dans des bornes plus étroites, sans pourtant que ces restrictions, variées à l'infini, puissent s'expliquer par aucun principe de morale et de droit naturel. Elles n'ont leur origine que dans l'intérêt, ou dans la constitution diverse de la propriété pour les différentes conditions de l'ordre social.

Que la puissance paternelle ait connu tous ces excès dans les temps de barbarie, à une époque où le droit se confondait avec la force et où l'autorité, dans toutes les relations des hommes et dans toutes les positions de la vie, au lieu d'être la protection du faible et le recours de l'innocent, n'était qu'un instrument de domination et de tyrannie, on le conçoit sans peine. Mais qu'au milieu d'une des plus brillantes périodes de la civilisation moderne, à la fin du XVIIe siècle, un ministre de l'Évangile, un illustre prélat nourri de la philosophie de Descartes, un homme de génie comme Bossuet se soit déclaré le champion de cette triste cause, ait essayé de relever cette œuvre du paganisme, voilà ce que l'on comprend beaucoup moins, et ce qui est pourtant arrivé. Dans un des derniers ouvrages de sa vie, *la Politique tirée des propres paroles de l'Ecriture sainte* (1), Bossuet s'exprime en ces termes : « Dieu ayant mis dans nos parents, comme étant en quelque sorte les auteurs de notre vie, une image de la puissance par laquelle il a tout fait, il leur a aussi transmis une image de la puissance qu'il a sur ses œuvres. » Il est impossible d'exprimer en quelques mots une doctrine plus dangereuse et plus fausse. Quelle est en effet la puissance de Dieu sur ses œuvres ? la puissance absolue, la puissance infinie : car seul il comprend pourquoi tous ces êtres existent devant lui, seul il les a tirés du néant, seul il peut les y faire rentrer, seul il est l'auteur de leurs facultés comme de leur existen il donne, comme dit l'Ecriture sainte, la vie et la mort, il frappe et il guérit, et personne ne peut échapper à son bras. C'est donc un pouvoir semblable que le père devrait avoir sur ses enfants ! Mais qui oserait, qui a jamais, dans les temps modernes, osé le soutenir ? Aussi la pensée de Bossuet n'est-elle pas là. Elle est un peu plus loin, dans une autre proposition, à laquelle la première sert pour ainsi dire de marchepied. La proposition dont nous voulons parler est celle-ci : « Les hommes naissent tous sujets, et l'empire paternel, qui les accoutume à obéir, les accoutume en même temps à n'avoir qu'un chef. » Bossuet, en d'autres termes, ne reconnaît le despotisme paternel que pour en faire la base du despotisme politique.

Voilà, il faut en convenir, une étrange manière de raisonner chez un aussi grand homme ; mais le génie

---

(1) Liv. 1er, art. 1er, 3e proposition.

ne peut rien pour une mauvaise cause et il n'y en a pas de plus mauvaise que celle de la monarchie absolue. C'est par une assimilation entièrement fausse avec la puissance divine, que Bossuet reconnait au père un pouvoir illimité sur ses enfants. C'est maintenant par assimilation avec la puissance paternelle qu'il demande pour les rois un pouvoir illimité sur les peuples. Mais quand même on admettrait la première assimilation pour vraie, comment la seconde pourrait-elle se soutenir? Qui oserait dire que les sujets tiennent tout de leur roi, comme les enfants de leur père et la nature entière de son créateur? Sont-ce les peuples qui ont existé avant les rois ou les rois avant les peuples? Les nations n'ont-elles jamais connu d'autre gouvernement que la monarchie absolue? Enfin, puisqu'il s'agit de la *Bible*, dans quelle partie de ce livre la monarchie absolue est-elle représentée comme le gouvernement selon Dieu? On y trouve absolument le contraire, à savoir que Dieu est le seul roi digne de son peuple; que le roi, si l'on tient à s'en donner un, ne doit gouverner qu'avec le concours des élus de la nation, chefs de tribus, chefs de familles, anciens d'Israël, et de la nation elle-même réunie en assemblées générales. On y trouve le pouvoir électif des juges établi bien avant le pouvoir héréditaire des rois. Pour savoir ce que pense de ces derniers un homme divinement inspiré, un prophète de Jéhovah, qu'on lise le discours de Samuel aux Hébreux, quand ils se proposent d'élever Saül sur le trône.

Au reste, Bossuet n'a fait que revêtir d'une forme plus éclatante les idées exprimées avant lui par Robert Filmer, un théologien anglais qui voulait faire honte à ses concitoyens de leur liberté naissante. Lui aussi commence par invoquer le pouvoir paternel, et, plus hardi dans son langage que le prélat français, il déclare que le père est à la fois le maître et le propriétaire de ses enfants, qu'il est libre de disposer de leur vie et de leur liberté comme d'une chose qui lui appartient, et que telle doit être aussi l'autorité du roi sur le peuple ; qu'il n'y a de monarchie qu'à cette condition et qu'il n'y a pour la société de salut que dans la monarchie. Les Anglais ne voulurent pas écouter ce conseil, et nous doutons fort qu'en hérétiques obstinés qu'ils sont, ils en aient jamais conçu le moindre repentir.

A la rigueur, on s'explique la doctrine de Bossuet et de Filmer. Le premier se trouvait en face d'un des plus grands rois dont l'histoire ait gardé le souvenir, et ce roi était un monarque absolu. Le second, en haine d'une révolution dont il ne prévoyait pas le terme et qu'il ne connaissait que par ses excès, glorifiait le despotisme. Mais comment comprendre qu'il y ait, de nos jours, des esprits assez désespérés pour revenir à la même erreur, par le même chemin, c'est-à-dire par l'exagération de la puissance paternelle? Comment comprendre que d'autres invoquent le même principe, c'est-à-dire l'autorité presque illimitée du père sur ses enfants, au nom de la liberté, au nom des droits de l'individu, au nom de la propriété, par cette raison que le père qui ne peut déshériter ses enfants n'est pas maître de ses biens et ne jouit pas de la plénitude de son autorité? Puisque malgré les leçons de l'histoire et en dépit de nos lois ces tyranniques prétentions ont pu se renouveler, il faut bien en faire justice.

Les hommes qui nous tiennent ce langage ne semblent pas se douter que l'autorité dont ils sont si jaloux est nécessairement partagée, qu'elle appartient à la mère de l'enfant aussi bien qu'au père. Quelle raison pourrait-on alléguer contre cette communauté? Est-ce que la mère ne l'a pas acquise au prix de sa santé, de sa beauté, de sa jeunesse, d'une partie de sa vie et de ce qui est plus que sa vie, de sa tendresse ? Est-ce que sans tous ces sacrifices la frêle créature qu'elle a mise au monde aurait pu naitre et subsister ? Or, interrogeons la mère sur l'usage qu'elle veut faire de son autorité. Nous apprendrons qu'elle veut l'employer tout entière pour l'éducation, pour la conservation, pour le bonheur de ceux qui lui doivent le jour et qu'elle ne comprend pas qu'on puisse l'employer à un autre usage. Déshériter son enfant, le dépouiller, le tenir toute sa vie en tutelle, le soumettre à l'orgueil et à la domination d'un père, lui paraitra une prétention monstrueuse et inintelligible, celle d'un ennemi, non celle d'un père. Elle ne comprendra pas que l'autorité, c'est-à-dire que la tutelle, que l'éducation puisse durer encore quand elle cesse d'être nécessaire, quand l'enfant est devenu un homme.

Voilà ce que nous dirait la mère, c'est-à-dire le cœur, le sentiment, si on daignait l'interroger. Eh! bien, la raison, la conscience, le droit manifesté sous sa forme la plus sévère, ne nous tiennent pas un autre langage. Les droits des parents sur leurs enfants n'ont pas d'autre fondement que leurs devoirs; en sorte que, si l'on supprime les uns, on a du même coup supprimé les autres. L'étendue de leurs devoirs nous donne nécessairement et nous donne seule l'étendue de leurs droits. Ceux-ci, à proprement parler, ne sont pas autre chose que la liberté, que le pouvoir dont ils ont besoin pour accomplir ceux-là. Aussi, honte à celui qui, sous un prétexte quelconque, et surtout qui, au nom de la Divinité, de l'Auteur des lois de la nature, de l'Auteur de la sainte loi du devoir, enlève au père son fils, à la mère son enfant, pour l'élever en étranger et en ennemi de son propre sang, pour lui inspirer la haine et le mépris de ceux qui l'ont fait naître, qui l'ont fait vivre, qui l'ont réchauffé de leur amour. On n'imagine pas un plus grand crime ni un plus horrible blasphème. Mais, les devoirs des parents une fois remplis, l'enfant est capable de se diriger lui-même ; placé sous la loi commune de la société et de sa propre conscience, quelle serait la raison, quelle serait la base de la puissance paternelle ? C'est ce que nos jurisconsultes ont compris, quand ils ont défini cette puissance : « le droit de gouverner la personne et les biens de ses enfants jusqu'à ce qu'ils soient en âge de se gouverner eux-mêmes ». C'est ce que les auteurs de notre Code ont compris, quand ils ont fixé un âge de majorité où la puissance paternelle expire de droit, et quand ils ont renfermé dans des limites très restreintes et soumis à la surveillance de la justice le droit de correction autrefois presque sans bornes. Nous ne nous occupons pour l'instant que de la puissance des parents sur la personne de leurs enfants ; nous examinerons plus loin, quand nous traiterons de la propriété, jusqu'à quel point, selon le droit naturel, ils peuvent disposer de leurs biens, ou pour exprimer d'un mot toute notre pensée, les déshériter.

La puissance paternelle est donc nécessairement bornée en étendue et en durée. Mais ce qui ne l'est pas, c'est l'amour, c'est le respect, c'est la reconnaissance dont les parents doivent être l'objet pendant toute leur vie. Quels sont donc les êtres que nous pourrions aimer et dont nous serions en droit d'attendre quelque retour d'affection, si nous ne sommes pas pénétrés de l'amour le plus tendre et le plus pieux pour les auteurs de notre éducation et de notre existence ?

Nous oserons aller plus loin. Sur un point, — un point capital de la vie, — il faut peut-être plus que du respect, il faut accorder de l'autorité à notre père et à notre mère, sans que cette autorité puisse jamais devenir un retour à la tutelle de nos premières années. Quand un homme fait choix de sa femme, quand une femme se choisit un mari, ce n'est pas seulement dans leur existence personnelle qu'il se fait un changement considérable. Le même événement agit sur la famille. Il peut en ternir, en augmenter ou en conserver l'honneur. Le père et la mère peuvent se trouver atteints dans les sentiments les plus profonds et les plus délicats de leur âme. Que deviendra non seulement leur considération extérieure, mais que deviendra leur enfant, que deviendront son cœur, ses mœurs, son âme, ses affections sous l'influence de telle personne étrangère entrée dans la famille ? Nous ne voulons pas dire par là qu'il faille se sacrifier à la vanité d'un vieillard, ou à son avarice, à son orgueil, à son amour du luxe, des titres, des pompeuses alliances. Mais il faut d'abord faire un choix qu'on puisse avouer devant lui, que son honneur puisse sanctionner, et si ce choix n'est pas compris alors même qu'il serait digne de nous et de lui, il faut faire intervenir toutes les forces de la raison, de la persuasion, de la prière. Tous ces moyens ont ils échoué ? Il ne faut se décider pour la séparation que lorsqu'elle est devenue la condition absolue, la condition réfléchie de notre bonheur et de notre existence. La loi a fait ce qu'elle a pu en exigeant des sommations respectueuses ; mais c'est là une formalité vaine. Il faut parler au cœur de son père et de sa mère, et ne pas en désespérer quand on a pour soi la raison et l'honneur. La raison et l'honneur, fortifiés par la voix de la prière, finiront à la longue par ébranler une âme qui est toute à nous.

CHAPITRE XII

Le droit de propriété; la propriété est inséparable de la liberté.

A la puissance paternelle dont nous avons traité précédemment et aux devoirs dans lesquels elle prend sa source, aux devoirs des parents envers les enfants, et nous pouvons ajouter aux devoirs et aux droits réciproques des époux, en un mot à toutes les lois naturelles sur lesquelles se règle et se fonde l'existence de la famille, vient se rattacher une autre question qui n'est pas moins digne de notre intérêt et qui ne tient pas une moins grande place dans l'histoire de la société et de la science, dans les méditations des philosophes, des jurisconsultes et des hommes d'Etat : cette question est celle du droit de propriété.

Ceux qui, à l'exemple des philosophes du dernier siècle, particulièrement de Locke et de Kant, reconnaissent dans le droit de propriété un droit naturel, le considèrent uniquement comme une conséquence ou une application de la liberté individuelle. Ce n'est pas assez, et même il est dangereux de s'en tenir à cette seule base. Le droit de propriété n'est pas une conséquence moins évidente et une garantie moins nécessaire de l'institution de la famille. Les successions, les testaments, les donations entre vifs, autant de modes différents d'user de la propriété, autant de conséquences différentes du principe sur lequel elle repose, n'intéressent pas moins le père et les enfants, le mari et la femme, que l'homme en général et la part de liberté qui lui appartient dans la société. Supposons un ordre social où la propriété n'existe pas, où personne n'ayant rien dont il puisse disposer, le sort de chacun se trouve nécessairement réglé par la loi ou par la volonté commune; dans un tel état les parents seront dispensés de leurs devoirs envers leurs enfants et les enfants de toute reconnaissance envers leurs parents. Les époux, ne pouvant rien l'un pour l'autre et par conséquent ne se devant rien, ne seront unis par aucun lien moral; et les devoirs une fois supprimés, comment parler de droits ? Comment parler aussi de dévouement et d'affection quand le sacrifice n'est pas possible ? C'est un des phénomènes les plus curieux à observer et qui font le plus d'honneur à la nature humaine, que le sacrifice, que l'abnégation, l'abnégation volontaire, l'immolation de soi-même au bonheur et au perfectionnement des autres, ne sont pas seulement l'effet, mais la cause et la condition de l'amour. Voulez-vous aimer ceux qui vous entourent, commencez par leur faire du bien et n'attendez pas qu'ils vous en fassent. On s'attache par le bien qu'on fait beaucoup plus sûrement que par celui qu'on reçoit. L'amour qui n'agit pas, qui ne donne rien, et ne peut rien donner, s'éteint comme la vie faute d'air et de mouvement. Mais on ne peut donner que ce qu'on a : voilà pourquoi la propriété importe autant à la famille et à toutes les affections du cœur humain qu'à la liberté individuelle.

Nous la défendrons à la fois par ces deux raisons et par une troisième qui a aussi son importance. Nous voulons parler de l'intérêt général de la civilisation, du secours indispensable que trouvent dans la propriété la culture de toutes nos facultés et le développement de toutes les connaissances dont dépendent à la fois la dignité, le bien-être et l'honneur de l'espèce humaine. Nous essaierons donc de démontrer successivement ces trois propositions : 1° la propriété n'est qu'une forme particulière et tout à la fois une condition indispensable de la liberté individuelle ; 2° la propriété est une des conditions de la famille ; 3° la propriété est une condition de la civilisation et par conséquent de la société elle-même.

Mais là ne s'arrête pas notre tâche. Dans un temps où la propriété a été attaquée de tant de manières différentes et excite encore dans un grand nombre d'esprits des préventions amères qui n'attendent qu'une occasion pour éclater, ce n'est pas assez de l'établir sur les principes les plus évidents de la conscience et les plus chers intérêts de l'humanité ; il faut encore la défendre contre les faux systèmes et les idées malfaisantes qui tendent à la renverser. Mais notre critique ne s'adresse pas à des doctrines surannées, mises depuis longtemps hors de combat ; elle prendra à partie les erreurs les plus vivantes et les plus dangereuses de notre temps, particulièrement celles qui ont été développées avec une si héroïque franchise et un si vigoureux talent dans le fameux mémoire : *Qu'est-ce que la propriété ?*

Après avoir usé de ces deux moyens : la démonstration directe, et ce qu'on appelle en mathématiques la démonstration par l'absurde, c'est-à-dire la réfutation des opinions contraires ; après avoir placé, autant qu'il est en notre pouvoir, le droit de propriété au-dessus de tous les doutes, nous en tirerons les applications qui intéressent le plus directement la famille et la société en général ; nous rechercherons quelles sont les bases et les limites du droit de tester, et si le droit d'ainesse, maintenu encore aujourd'hui dans certains pays, défendu dans le nôtre par certains esprits chagrins au nom même de la justice et de la liberté, repose sur quelque fondement légitime.

Enfin, quand nous aurons étudié sous tous ses aspects la propriété matérielle, la seule que la société ait voulu reconnaitre pendant longtemps, nous nous occuperons aussi de la propriété intellectuelle, ou, comme on l'appelle plus communément, de la propriété littéraire, quoiqu'elle concerne non seulement les productions de la littérature, mais les découvertes de la science et les créations de l'art. Cette grande question, après avoir été agitée à plusieurs reprises par les publicistes, les jurisconsultes et les hommes d'État, ne peut pas rester étrangère à la science du droit naturel.

Commençons par la première des trois propositions énoncées tout à l'heure : le droit de propriété n'est qu'une forme particulière et tout à la fois une condition de la liberté, de la liberté individuelle, et par conséquent de la liberté civile, sans laquelle on espèrerait en vain la liberté politique.

Distinguons d'abord la propriété de la possession. La possession a toujours existé et existera toujours, même dans les Etats où la propriété est détruite ou transportée à la communauté. Car, quelque système qu'on adopte, il faut toujours laisser aux hommes la jouissance actuelle, personnelle, des choses sans lesquelles ils ne pourraient vivre, de leurs aliments, de leurs vêtements, du toit qui les abrite contre les injures de l'air, de la terre qu'ils cultivent, et des instruments dont ils font usage pour accomplir ce labour. La propriété, c'est le droit non seulement de posséder par soi et pour soi, mais d'aliéner, d'échanger, de donner, de transmettre, de prêter à titre onéreux ou à titre gratuit ; nous ne dirons pas, avec les jurisconsultes, le droit d'user et d'abuser, *jus utendi et abutendi*, car tout abus est illégitime; mais le droit de faire d'une chose tous les usages qui ne sont point interdits par le droit d'autrui. De même qu'on a souvent la possession sans avoir la propriété, on a souvent la propriété sans avoir la possession. Je reste le propriétaire de ma maison, de mon champ, de mon or, de mon argent, et je suis le maître d'en disposer pour l'avenir dans l'instant même où je les ai prêtés à autrui.

S'il existe réellement un tel droit, sur quoi repose-t-il ? Sur le travail, nous répondent les économistes. Mais le travail lui-même, qu'est-ce qui le consacre et le rend légitime ? Uniquement la liberté. Car, travailler, c'est une manière d'être libre, et la plus belle, la plus enviable de toutes. Disons-le donc tout de suite : la liberté est le fondement de la propriété. Être libre, en effet, c'est avoir la propriété de soi-même, *esse sui compos*, *esse sui juris*, comme disent les Latins. Avoir la propriété de soi-même, c'est avoir l'usage de ses facultés et de ses forces, de son âme et de son corps, de son intelligence et de ses organes ; c'est avoir le droit de les employer à telle œuvre qu'il nous plait sous la seule condition de ne pas empêcher les autres d'user du même droit ou de tout autre que nous revendiquons pour nous-mêmes. Enfin, si mes facultés, mes forces, mon esprit, mes sens, mon intelligence et mes organes sont à moi, il est évident que l'œuvre à laquelle je les ai employés, que les effets qu'ils ont produits hors de moi et qu'ils ont créés en quelque sorte, m'appartiennent au même titre, c'est-à-dire comme je m'appartiens à moi-même, comme mon âme et mon corps m'appartiennent. Ils ne sont en quelque façon qu'un prolongement de ma personne. J'ai ajouté à moi-même, à mes facultés, à mes organes, tout ce que j'ai tiré de leur activité. Je me retrouve donc avec tous mes droits dans la création de mon industrie, dans l'œuvre sortie de mon intelligence et de mes mains. Essayez un instant de soutenir le contraire, vous serez condamné aussitôt à supprimer la liberté humaine, la personne humaine tout entière, car dès que celle-ci n'a plus de liberté, elle n'existe plus. Vous serez obligé de choisir entre ces deux partis : ou vous m'empêcherez de me servir de mes facultés comme je l'entends, d'agir et de penser comme j'en sens en moi-même le besoin et la force; ou vous me contraindrez, autant que cela est en votre pouvoir, à dépenser mon activité, mon industrie, mon intelligence pour d'autres que pour moi; je ne veux pas dire pour votre avantage personnel. Dans le premier cas, je suis asservi sans profit pour personne, je suis sacrifié au néant, c'est-à-dire à l'orgueil d'un despotisme aveugle qui ne peut régner que sur la misère et sur l'ignorance. Dans le second cas, et quel que soit le tyran qui m'opprime, qu'il ait une seule tête ou qu'il en ait mille, qu'il s'appelle le seigneur féodal ou le peuple, je suis sacrifié à la cupidité et à la paresse de mes semblables. Dans les deux suppositions, je suis esclave, j'ai cessé d'être une personne humaine pour descendre au rang d'une chose, d'une bête de somme.

Cela est si vrai qu'à toutes les époques de l'histoire et dans toutes les contrées du monde, la liberté et la propriété se sont développées en même temps et dans les mêmes proportions. L'esclave possède les choses qu'il consomme, les aliments et les vêtements que lui dispense une main avare ; mais il n'a rien au monde qui lui appartienne en propre, qu'il puisse donner, échanger ou transmettre après lui. Comment cela serait-il possible, puisque lui-même ne s'appartient pas ? Dans les pays où règne l'institution des castes, la propriété, surtout celle du sol, est soumise au même régime, c'est-à-dire qu'elle est collective, qu'elle appartient d'une manière indivise à la caste dominante, tandis que le reste de la nation, dépouillé de tout, est plongé dans le plus honteux servage. C'est le spectacle que nous présentent, dans des limites différentes, l'Inde et l'Egypte. Dans les républiques de l'antiquité où le citoyen appartenait à l'État, où l'État disposait d'une manière absolue de sa personne et de celle de ses enfants, la propriété aussi était à l'État, elle était commune, car les lois en disposaient de telle sorte, la renfermaient dans des limites tellement étroites qu'elle se confondait avec la simple possession. Telle était exactement, moins le prestige des droits politiques et le privilège de combattre pour la patrie, la situation du serf au moyen âge. A mesure que l'esclavage, soit individuel, soit collectif, s'amoindrit et disparait, à mesure que la personne humaine entre dans la plénitude de ses droits, la propriété revêt le même caractère, elle brise de séculaires entraves, elle échappe à la contrainte des majorats, des substitutions, de la mainmorte, elle devient libre, mobile, perfectible, capable à la fois de se diviser et de s'étendre, comme elle l'est parmi nous. Aussi, qu'on le sache bien, toute pensée d'ébranler cette œuvre de nos pères, est une insulte à nos sentiments les plus vivaces, à notre foi la plus énergique et la plus inébranlable, c'est une tentative pour nous ramener aux hontes et aux servitudes des anciens jours. Du reste nous croyons avoir mis cette loi en lumière, dans notre petit traité du *Communisme jugé par l'histoire* (1).

S'il existe des vérités morales absolument inattaquables, ce sont celles que l'on vient de développer; et cependant nous n'y trouvons pas une démonstration complète du droit de propriété. Il faut que nous répondions à une objection qui a intimidé non seulement quelques philosophes, mais des théologiens tels que saint Thomas d'Aquin et François Suarès, des jurisconsultes tels que Hugues Grotius, et qui fait le fond commun de tous les systèmes hostiles à la propriété individuelle. La similitude que nous avons essayé d'établir quant au droit, quant à la liberté, entre les œuvres qui sont le fruit de nos facultés et nos facultés elles-mêmes, n'est pas exacte, peut-on nous dire. Nos facultés sont certainement à nous, elles constituent dans leur unité notre être, notre personne, notre moi, et l'on conçoit que limiter ou gêner leur développement soit une atteinte portée à

---

(1) In-18, 3ᵉ édition, Paris 1871.

la possession de nous-mêmes ou à la liberté. Mais dans les œuvres que nous avons fabriquées de nos mains et avec le secours de notre intelligence, si nobles et si parfaites qu'elles puissent être, il y a toujours deux choses à distinguer : la matière et le travail, ou pour nous servir du langage des économistes, la matière et la façon. Ce n'est pas assez pour faire un vase, une statue, que l'ouvrier ou l'artiste ait le talent d'exprimer la forme conçue par son imagination, il lui faut encore un bloc de marbre ou de bois dans lequel cette forme puisse se réaliser et qui lui donne en quelque sorte un corps. On nous accorde bien que l'artiste, que l'ouvrier sont les maîtres de leur travail et de l'idée, du plan qui en dirige l'exécution ; mais le marbre, mais le bois où l'auraient-ils pris sinon dans le vaste sein de la nature ? Or la nature, le globe sur lequel nous vivons n'appartient-il pas également à tous ceux qui l'habitent ? N'est-il pas le domaine commun de tous les hommes, comme l'air qu'ils respirent, comme la lumière qui les éclaire ? Ce raisonnement, après l'avoir étendu à la matière en général, on l'applique particulièrement au sol, à la terre qui nous nourrit, sur laquelle nous marchons, de laquelle nous tirons également toutes les productions organisées et toutes les matières brutes qui servent à notre usage. Le sol, dit-on, est le patrimoine du genre humain ; nous le possédons tous au même titre et d'une manière indivise. Quiconque s'en attribue exclusivement une partie se rend coupable envers les autres hommes d'un acte de spoliation et peut être exproprié sans scrupules.

Ce n'est pas seulement Rousseau qui a dit : les fruits sont à tous et la terre n'est à personne. Beaucoup d'autres l'ont pensé avant lui et, sans en tirer les mêmes conséquences, ont été conduits par cette idée à donner à la propriété une base chimérique. Les théologiens, après avoir représenté la communauté des biens comme l'état de perfection, ont fait de la propriété une conséquence du péché originel, infligée à l'homme par Dieu lui-même, d'une manière surnaturelle, pour le punir de sa désobéissance. Grotius ne reconnait à la propriété d'autre origine que la foi des traités, que le consentement tacite des hommes ; par conséquent, la communauté est aussi pour lui l'état de nature.

Nous répondrons à saint Thomas d'Aquin et à ses disciples que le péché ne peut pas donner un droit et que si la propriété était simplement une malédiction, il serait permis de se soustraire à ses effets, comme il est permis de se soustraire à la misère et à la maladie. Nous répondrons à Grotius qu'en fait il n'existe aucune trace de la convention dont il parle, et qu'en droit les conventions sont nulles contre les lois de la nature. Si la communauté est de droit naturel, aucun traité, aucun consentement tacite ou écrit n'a pu l'abolir, au moins d'une manière définitive, et, quand les hommes le voudraient, ils pourraient la rétablir. Mais la communauté est-elle de droit naturel ? toute la question est là, et l'on va se convaincre qu'elle ne peut recevoir qu'une solution négative.

Oui, le travail de l'homme suppose une matière, et toute matière est tirée du domaine de la nature. Mais ce domaine, au lieu d'appartenir à tous, n'appartient véritablement à personne, parce qu'il ne sert à l'usage de personne. Ce qui ne sert à l'usage de personne est exactement comme s'il n'existait pas. Celui qui parvient par son travail à en faire quelque chose, à en tirer profit pour lui-même ou pour ceux qui lui sont chers, a fait un légitime usage de son industrie et de sa liberté, il n'a fait aucun tort aux autres; il ne les a pas empêchés et ne les empêche pas de faire comme lui, de s'emparer comme lui pour leur usage de ce qui est resté ou de ce qui reste encore de ce domaine stérile et inoccupé. Voilà des fruits sur un arbre ou amassés à ses pieds. Encore faut-il que quelqu'un les cueille ou les ramasse pour qu'ils servent à notre usage. Maintenant à qui appartiendront-ils ? Évidemment à celui qui s'est donné cette peine, et comme ils ne peuvent pas servir à deux personnes à la fois, ils sont à lui et non pas à un autre. Ce que nous disons des fruits que la terre nous donne d'elle-même, nous pouvons le dire aussi de la chair et de la dépouille des animaux. A qui appartient cet oiseau, cette biche ? Évidemment à ceux qui les ont tués. Il serait absurde de prétendre qu'il faudrait les laisser sur pied, sans usage pour personne, dans l'attente qu'un autre vint les prendre. Et pourquoi un autre plutôt qu'eux ? A ces deux exemples on peut ajouter celui de la pêche ; car le poisson, comme le gibier et comme le fruit, appartient à celui qui l'a pris dans un domaine qui, étant inoccupé, n'appartenait encore à personne.

Pourquoi donc n'irions-nous pas plus loin? Pourquoi ne pas appliquer à des biens durables, à des propriétés permanentes ce que nous disons des biens qui servent immédiatement à notre consommation ? Voilà un morceau de bois, plusieurs troncs d'arbres perdus dans le domaine commun; je m'en fais un arc et des flèches, je m'en bâtis une cabane. Voilà un morceau de fer qui dort dans le sein de la terre. Je m'en fais une épée, une lance, un soc de charrue. A qui ai-je fait tort, à qui ai-je pris quelque chose? Qui peut se plaindre d'avoir été dépouillé par moi? Tout au contraire, avec le surplus du gibier que j'aurai tué, du poisson que j'aurai pêché, du fruit que j'aurai amassé pour la mauvaise saison, je pourrai nourrir les infirmes ou les imprévoyants.

Enfin, nous entrons dans le cœur de la difficulté. Voilà des terres incultes qui ne produisent que des ronces ou des chardons, ou quelques rares arbres fruitiers perdus dans la forêt. Je soumets cette terre à l'action de ma charrue, je lui déchire le sein et je la force à devenir féconde. Il est évident que j'aurai droit non seulement aux fruits de la terre, mais à la terre elle-même qui a changé de nature, qui de stérile qu'elle était est devenue productive, grâce à ma patience et à mon industrie. Il m'est permis de la garder, de l'entourer d'un enclos et de lui faire produire ce que je veux. Ai-je abusé de ma liberté? Ai-je fait tort à quelqu'un? Non, mais j'ai créé dans l'humanité une nouvelle source de richesse, une cause de bien-être, une nouvelle force? Loin d'être un objet d'envie je dois attirer sur moi la reconnaissance de mes semblables. « Autant d'arpents de terre, dit Locke, qu'un homme peut labourer, semer, cultiver, et dont il peut consommer les fruits pour son entretien, autant lui en appartiennent en propre. Par son travail il rend ce bien son bien particulier et le distingue de ce qui est commun à tous. » Voilà la propriété du sol fondée sur la même base que toutes les autres. Que craint-on? qu'il n'y ait plus assez de terres pour tous, si chacun en prend ce qui lui convient? Mais la terre ne fait pas défaut aux hommes, puisqu'il en reste les neuf dixièmes qui ne sont ni cultivés ni même habités.

Ainsi, aucune objection de ce côté. La propriété du sol, comme des biens les plus fugitifs, est fondée sur un usage de ma liberté qui ne porte aucun préjudice à la liberté d'autrui. La communauté est une chimère, puisque avant le travail de la liberté, avant l'appropriation personnelle, il n'y avait que le néant et le vide, c'est-à-dire une matière stérile et abandonnée. Le capital, *l'infâme capital*, comme on l'a appelé, se fonde exactement comme la propriété du sol, comme la propriété des œuvres de l'industrie et de la prévoyance humaine.

CHAPITRE XIII

La propriété est nécessaire à la famille. — Les effets du communisme. — Diverses espèces de communisme.

On a vu que la propriété est une conséquence nécessaire et une condition indispensable de la liberté, qu'elle est la liberté même manifestée par le travail, et qu'on ne peut reconnaître la liberté comme un droit inviolable de la personne humaine ayant pour seule limite le respect du droit d'autrui, sans accorder le même titre et le même rang à la propriété. Nous avons fait justice de l'objection tirée de la communauté primitive des biens de la nature, en signalant cette prétendue communauté comme l'état le plus misérable de l'espèce humaine, s'il a jamais existé, comme un état de dénuement et d'abandon où la terre et toutes ses forces productives, où le sol et tous les matériaux enfouis dans son sein étaient frappés de stérilité, faute d'une volonté qui les fît valoir, faute d'un acte de liberté et d'appropriation personnelle. De là cette conséquence, que la propriété non seulement n'a rien ôté au genre humain pris en masse, mais qu'elle lui a tout donné, nous voulons dire qu'elle a tout mis en valeur, qu'elle a créé les richesses qui servent à ses plaisirs comme à ses besoins. Nous avons cité plusieurs preuves de cette vérité incontestable ; en voici une qui les résume et pour ainsi dire qui les renferme toutes. Il faut à un homme, dans l'état sauvage, pour vivre des produits de la chasse, une lieue carrée de forêts. La même étendue de terres cultivées nourrit sans peine mille habitants. Que devient alors le système de Fourier, avec les droits naturels de chasse, de pêche, de cueillette et de pâture ? Que devient l'obligation imposée à la société de restituer à chacun de ses membres l'équivalent de ces droits chimériques ? La société, comme l'individu, doit avoir des entrailles ; elle est soumise, comme tout ce qui est humain, à la grande loi de la charité ; mais, dans la rigoureuse acception du mot, elle ne doit rien à qui n'a rien fait pour elle ; car elle n'a rien pris à personne. Elle ne subsiste dans l'ordre matériel que par les fruits de son travail et les œuvres de son industrie.

Nous arrivons à la seconde proposition que nous avons entrepris de démontrer. Nous allons essayer d'établir que la propriété, et la seule qui soit digne de ce nom, la propriété individuelle, n'est pas moins nécessaire à l'existence de la famille qu'à celle de la liberté. On connait déjà le principe sur lequel cette opinion repose, un principe qui ne peut guère être contesté que par le matérialisme le plus aveugle, avec l'institution même à laquelle il sert de base : sans la propriété, il n'y a pas de responsabilité, partant pas de devoirs qui obligent les parents envers les enfants et les enfants envers les parents ; sans la propriété, il n'y a pas de sacrifices effectifs, de dévouement durable et par conséquent de fidélité entre le mari et la femme. Sans la propriété, la communauté, même la communauté matérielle et extérieure, la communauté d'habitation et de vie sur laquelle se fonde le mariage, se trouve gravement compromise et est toujours menacée quand elle n'est pas impossible. Mais dans des questions de cette importance, dans la défense de vérités qui intéressent l'ordre social et la dignité de la nature humaine, les principes et les raisonnements ne suffisent pas, il faut y joindre le témoignage de l'expérience, c'est-à-dire de l'histoire, le spectacle de l'abaissement et de la folie que nous offrent tous ceux qui par leurs doctrines ou leurs institutions se sont placés hors des lois de la nature et de la conscience. Nous allons donc passer en revue toutes les variétés du communisme qui ont existé dans le monde et toutes les utopies communistes qui ont prétendu se substituer à la société actuelle, et nous verrons qu'il n'y en a pas une seule qui, restant fidèle à son principe, ait pu ou voulu respecter la famille.

On rencontre chez les différents peuples qui ont joué un rôle dans la civilisation humaine deux sortes d'associations communistes : les unes, fondées sur le principe du renoncement, de l'abnégation, de la pénitence, ne condamnent la propriété que parce qu'elles regardent la vie elle-même, ou tout au moins la société, comme un danger et comme un mal, parce qu'elles méprisent tous les biens, toutes les affections terrestres et ne recherchent la perfection de l'homme que dans la contemplation et dans la prière. Ce sont les communautés ascétiques. Les autres, au contraire, croyant voir dans la propriété la source de tous les maux qui affligent l'espèce humaine, de l'opulence et de la misère, de l'orgueil et de la bassesse, de la cupidité, de l'envie, de l'oisiveté des uns, du travail excessif des autres, se sont formées par le désir d'accroître leur puissance, leur bien-être ou leur force. Ce sont les communautés politiques. Dans la première classe viennent se ranger non seulement les ordres religieux du christianisme, mais les corporations monastiques de l'Orient, telles que les religieux bouddhistes, les esséniens, les thérapeutes. A la seconde classe appartiennent les républiques de la Crète et de Sparte, la République idéale de Platon, l'Etat éphémère des anabaptistes du xvi° siècle, la société des frères moraves et quelques autres institutions du même genre. Ni les unes ni les autres ne sont compatibles avec le mariage et les étroites obligations de la paternité.

Cela est évident pour les communautés ascétiques : car, ayant placé en Dieu toutes leurs affections, toutes leurs espérances et leur existence même ; tous leurs efforts et toutes leurs austérités ayant pour but de les élever au-dessus de la terre, de les délivrer de l'esclavage de la vie longtemps avant l'heure de la mort, comment pourraient-elles s'attacher à de faibles créatures, à une femme, à des enfants ? Comment pourraient-elles se charger du fardeau de ces existences, quand chacun de leurs membres n'aspire qu'à renoncer à sa propre personne, à sa propre volonté, à sa propre responsabilité, et se réfugie avec bonheur sous la tutelle d'autrui ou dans le vœu d'obéissance ? Ces idées, nous les voyons mises en pratique par les religieux bouddhistes de l'Inde aussi bien que par les thérapeutes de l'Egypte, les esséniens de la Palestine et enfin par les monastères chrétiens. Toutes ces associations sont également contraires au mariage, et non seulement au mariage, mais à toutes les affections humaines, même à l'amour de la patrie, même à l'amour de la science qu'elles flétrissent sous le nom de sagesse humaine, et surtout au sentiment de l'indépendance et de la dignité personnelles. Cependant, si l'on veut connaître tout entier, sous sa forme la plus élevée, dans son expression la plus éloquente, l'esprit qui anime ces réunions mystiques et qui leur dicte toutes leurs lois, il faut lire attentivement le livre de l'*Imitation*. Nous citons au hasard : « C'est quelque chose de bien grand que de vivre sous un supérieur dans l'obéissance et de ne pas dépendre de soi-même. Il est beaucoup plus sûr d'obéir que de commander (1). » Voilà pour le sacrifice de la volonté, conséquence inévitable du mépris de soi que l'auteur anonyme enseigne en ces termes : « La science la plus haute et la plus utile, c'est la connaissance exacte et le mépris de soi-même (2). » Celui qui s'abandonne à ce point, pourquoi se chargerait-il de la destinée des autres ? Celui qui veut appartenir tout entier à Dieu et l'aimer uniquement, pourquoi garderait-il quelque reste d'amour pour ses semblables ? Aussi le mépris des hommes en général, le mépris des affections humaines, le mépris des liens les plus sacrés et les plus doux de la vie, n'est-il exprimé nulle part avec plus d'énergie que dans ces pages désolées. On en jugera par un petit nombre de passages. « Rien n'embarrasse et ne souille tant le cœur de l'homme que l'amour impur des

---

(1) Liv. I, ch. IX, v. 1.
(2) Liv. I, ch. II, v. 4.

créatures (1). » « L'âme qui aime Dieu méprise tout ce qui est au-dessous de lui (2). » — « Oh ! qu'il aura de confiance à l'heure de la mort celui que nul attachement ne retient en ce monde. Pour devenir vraiment spirituel, il faut renoncer à ses proches comme aux étrangers, et ne se garder de personne plus que de soi-même (3). »

Qui ne connait cette plaisante sortie d'Orgon ?

> Qui suit bien ses leçons goûte une paix profonde
> Et comme du fumier regarde tout le monde.
> Oui, je deviens tout autre avec son entretien ;
> Il m'enseigne à n'avoir affection pour rien ;
> De toutes amitiés il détache mon âme,
> Et je verrais mourir frère, enfants, mère et femme,
> Que je m'en soucierais autant que de cela.

Ces vers ne renferment pas autre chose que les maximes que nous avons citées tout à l'heure, que le fond même de la doctrine enseignée dans l'*Imitation*. A Dieu ne plaise que nous entreprenions de rabaisser un monument consacré par la piété et l'admiration non interrompue d'une longue suite de générations ! On citerait difficilement un livre où l'amour de Dieu, sous les apparences de la plus austère simplicité, parle un langage plus ardent et plus sublime, qui respire une plus inébranlable confiance dans la justice et la bonté éternelle, dans l'avenir mystérieux et lointain ouvert à nos destinées, qui soit plus propre à pacifier les âmes, à éteindre les haines, à calmer les passions, à étouffer le bruit de la controverse et de la guerre, à faire rentrer en lui-même, devant le spectacle de notre néant, soit l'orgueil de l'intelligence, soit l'orgueil de

---

(1) Liv. II, ch. I, v. 8.
(2) Liv. II, ch. V, v. 3.
(3) Liv. III, ch. LIII, v. 2.

la force, à faire accepter la douleur, même l'humiliation et l'abandon comme une grâce d'en haut. Lorsque apparut pour la première fois cette œuvre de foi et d'amour, au milieu de l'oppression féodale et de l'anarchie intellectuelle, au milieu des querelles des théologiens et des troubles politiques du xiv⁰ siècle, quels effets salutaires ne dut-elle pas produire sur les esprits découragés ! Depuis ce moment elle n'a pas cessé de consoler une foule d'affligés insensibles à toute autre consolation. Comment ne pas lui être reconnaissant de ce bienfait ? Comment chercher à ternir un des plus doux et des plus purs joyaux du diadème qui brille sur le front de l'humanité ? Mais il ne faut pas dénaturer le livre de l'*Imitation* en lui demandant autre chose que ce qu'il peut donner. L'*Imitation* s'adresse à des solitaires, c'est le code de l'ascétisme et de la retraite, en un mot de la morale monastique. Il n'y faut chercher aucune lumière sur les devoirs que nous avons à remplir ou sur les droits que nous avons à exercer dans la vie active et sociale. Les mots droits et devoirs ne s'y rencontrent pas une seule fois, encore moins les noms de la patrie et de la liberté. Tout y est sacrifié à l'amour de Dieu, et ce sacrifice comprend d'abord la famille et la propriété.

Les communautés instituées dans un but politique ou économique, celles qui se proposent, non le renoncement, mais le partage des biens naturels et l'accroissement des jouissances, arrivent par un autre chemin à un résultat tout à fait identique ; elles y arrivent au moyen de la destruction de la liberté, bientôt remplacée par la licence ; elles produisent la dissolution du mariage par la dissolution des mœurs, et la ruine de l'autorité, par conséquent de la responsabilité paternelle, par l'autorité absolue de l'Etat. Ce résultat, déjà démontré par le raisonnement, ne laissera plus de doute dans les esprits quand on le verra confirmé par l'histoire.

La république de Sparte, comme nous l'avons déjà établi précédemment, reposait tout entière sur le principe de la communauté des biens, lequel n'était lui-même qu'une conséquence de la toute-puissance de l'Etat sur l'individu. Il fallait que la propriété fût réduite à de bien minimes proportions pour que le législateur se permît de prescrire à chacun la manière dont il devait en user dans les moindres détails de la vie, et pour que cet usage même dût conserver presque toujours un caractère commun. Vêtement, nourriture, plaisirs, occupations, rien n'échappe à ce régime. De là l'abolition de l'autorité paternelle, l'éducation en commun, et cette odieuse maxime que les enfants appartiennent à l'Etat. Le mariage seul aurait-il échappé à cette pernicieuse influence? Non. L'austérité des mœurs spartiates n'a jamais été qu'une fiction. D'après les lois de Lycurgue, les femmes devaient immoler aux intérêts de l'Etat leur pudeur, comme les hommes devaient leur consacrer leur courage et leur vie, comme les parents devaient leur abandonner leurs enfants. Plutarque nous apprend (1) que Lycurgue se raillait de ceux qui prennent trop au sérieux l'institution du mariage ou qui ne savent pas à propos en faire plier les lois devant les lois supérieures de la patrie. Il recommandait au vieillard, mari d'une femme encore jeune, d'introduire auprès d'elle un homme du même âge, signalé par sa beauté et par ses vertus, afin de

(1) *Vie de Lycurgue.*

féconder son lit par un sang généreux. De même qu'on pouvait prêter sa femme, il était permis d'emprunter celle d'autrui, quand on la jugeait propre à donner à la République de vigoureux défenseurs et des citoyens utiles. Que sont ces exceptions à la fidélité conjugale, sinon la destruction même du mariage et un état voisin de la communauté des femmes ? Ces lois portèrent leur fruit, et, au temps d'Aristote, les femmes de Lacédémone sont signalées à toute la Grèce, qui pourtant n'était pas trop sévère, pour la licence de leurs mœurs.

Il faut cependant rendre cette justice à Lycurgue que la violation des lois du mariage ne doit être, selon lui, qu'une exception. Dans la République imaginaire de Platon, elle devient la règle, sinon du peuple tout entier, au moins de la classe qui lui doit donner l'exemple, à laquelle sont confiés la défense et le gouvernement de l'État. Ce n'est pas assez que les guerriers soient privés de toute propriété, ils sont affranchis aussi de toutes les lois de la famille et par conséquent du mariage, afin que leur existence soit entièrement confondue avec celle de la République, afin qu'ils considèrent comme leurs enfants tous ceux de leurs concitoyens qui sont beaucoup plus jeunes qu'eux, comme leurs frères, leurs sœurs ou leurs femmes tous ceux qui ont le même âge, comme leurs pères et leurs mères tous ceux qui sont d'un âge beaucoup plus avancé. Platon fait de la communauté des femmes le complément nécessaire de la communauté des biens et une des conditions du patriotisme.

Ce que Platon n'a fait que rêver sans s'apercevoir que ses rêves étaient en contradiction avec ses pensées, d'autres l'ont mis en pratique, au moins pendant un temps ; car heureusement ces abominations ne peuvent pas être de longue durée. Nous laissons de côté les sectes gnostiques et hérétiques des premiers siècles de l'Eglise, caïnites, carpocratiens, manichéens et autres; d'abord parce que ces sectes avaient un caractère plutôt théologique que politique; ensuite parce que nous ne les connaissons que par leurs adversaires et que les témoignages mêmes qui nous viennent de cette source sont pleins de lacunes et d'obscurités. Nous arrivons à un fait plus certain et d'autant plus curieux qu'il s'est passé dans un monde que nous croyons à l'abri des révolutions sociales. Dans la Perse, à la fin du v⁰ siècle de notre ère, sous le règne de Kobad, père de Chosrau ou Chosroès, un enthousiaste appelé Mazdek prêcha avec un grand succès la communauté des biens et des femmes. « Toutes choses, disait-il, tant animées qu'inanimées, appartenant à Dieu, il est impie à un homme de vouloir s'approprier ce qui est à son Créateur et ce qui, en cette qualité, doit rester à l'usage de tous. » Ces doctrines trouvèrent un grand nombre de partisans parmi lesquels il faut compter le roi lui-même. On assure que le réformateur osa lui demander comme gage de sa bonne foi de lui abandonner la reine et que ce sacrifice aurait été consommé sans les larmes et les prières de Chosroès. Les disciples de Mazdek, mettant en pratique les principes de leur maître et ne reculant ni devant le rapt ni devant le pillage, jetèrent le pays dans la désolation. Il ne fallut rien moins qu'un soulèvement général pour rétablir l'ordre. C'est à la suite de ces troubles que Chosroès monta sur le trône à la place de son père renversé par l'indignation publique. Quant à Mazdek, il périt dans les supplices avec ses principaux adhérents.

Un événement semblable se produit dans l'Europe chrétienne et en France particulièrement au commencement du XIIIe siècle. C'est la prédication de la doctrine ou plutôt de quelques-unes des conséquences de la doctrine d'Amaury de Bène par l'orfèvre Guillaume. Nous avons peu de détails sur ce prophète du moyen âge, ce Mazdek chrétien ; mais nous savons quel était le fond de ses idées. Il se disait appelé à inaugurer le règne du Paraclet ou du Saint-Esprit. L'ancienne loi, selon lui, depuis longtemps périmée, était l'œuvre de Dieu le père, l'œuvre de la puissance, de la crainte et de la force. L'Évangile était l'œuvre de Dieu le fils, l'œuvre du Verbe ou de l'intelligence. Mais cette loi, avait accompli sa mission, comme la précédente, le temps était venu de prêcher au monde la loi du Saint-Esprit, la loi de l'amour. Or, quelle est la condition et quels sont les effets de l'amour ? C'est la ruine de toute distinction et de toute inégalité entre les hommes; c'est la substitution du dévouement universel aux affections particulières et par conséquent de la communauté des biens à la propriété, de la communauté des femmes au mariage. D'ailleurs, de même que les hommes, l'esprit et la matière doivent être unis entre eux. Car l'union de l'esprit et de la matière, l'union de Dieu et de la nature, c'est la consécration de toutes les passions humaines, c'est la réhabilitation de la chair. Les disciples d'Amaury de Bène et de Guillaume eurent le même sort que ceux du prophète persan, ils furent brûlés et dispersés, exterminés par le fer et par le feu. Mais leur doctrine ressuscita sous mille formes diverses.

Nous ne nous arrêterons point à plusieurs sectes célèbres des XIIIe, XIVe et XVe siècles, telles que les

Lollards ou le tiers-ordre de Saint-François à sa décadence ; car ces associations n'avaient d'abord pour but que le renoncement, et elles sont tombées dans le désordre parce qu'elles avaient entrepris au-delà de leurs forces, et aussi parce qu'elles vivaient dans l'oisiveté la plus complète, ne songeant pas que la mendicité suppose le travail et que, sous une forme déguisée, elle est un vol. Enfin, ce qui avait achevé de les décomposer par la corruption avant qu'elles fussent détruites par l'inquisition, c'est la pensée de concilier ensemble le mariage avec la vie et avec la communauté ascétiques.

Tel n'était point le but des anabaptistes du XVIe siècle, soulevés et commandés par Müncer. Le langage de ce fanatique est exactement le même que celui des communistes les plus célèbres de ces derniers temps. « Nous sommes tous frères, disait-il, et nous n'avons qu'un commun père dans Adam. D'où vient donc cette inégalité de rangs et de biens que la tyrannie a introduite entre nous et les grands du monde ? Pourquoi gémirons-nous dans la pauvreté et serons-nous accablés de maux, tandis qu'ils nagent dans les délices ? N'avons nous pas droit à l'égalité des biens qui, de leur nature, sont faits pour être partagés sans distinction entre tous les hommes ?... Ce n'est pas seulement comme hommes que nous avons droit à une égale distribution des avantages de la fortune, mais aussi comme chrétiens (1). »

Le communisme, encore cette fois, ne tarda pas à produire son effet inévitable. Trente mille anabaptistes, constitués en royaume d'Israël dans la ville de

---

(1) *Histoire des anabaptistes.* — Michelet, Mémoires de Luther.

Mulhausen, sous le sceptre éphémère de Jean de Leyde, ajoutèrent à la communauté des biens une autre communauté bien plus avilissante. Jean de Leyde voulut avoir un sérail comme David et Salomon ; les grands de sa cour et ses principaux sujets l'imitèrent, et bientôt après la communauté des femmes fut ouvertement prêchée et même exigée par l'évêque anabaptiste David Georges, devenu prophète à son tour.

Nous avons prononcé le nom des frères moraves. Assurément, c'est là une association respectable et qui n'a rien de commun avec les bandes de Müncer et de Jean de Leyde. Formée des débris de l'ancienne secte des hussites, puis constituées sur d'autres bases par le comte de Zinzendorf, elle existe encore aujourd'hui, répandue dans le monde entier et entourée de son respect. Elle subsiste en partie par le commerce, en partie par l'industrie exercés de la manière la plus honorable, et n'a jamais connu la communauté des femmes. Pourquoi cela ? Parce qu'elle n'a jamais connu la communauté des biens. Chaque membre de la communauté peut disposer du fruit de son travail, après avoir contribué, dans une proportion définie par les statuts, à l'entretien du fonds commun. Elle nous offre une sorte de compromis entre la liberté individuelle et la communauté, lequel, en laissant subsister le mariage, le subordonne cependant à la volonté des chefs de l'association. Les frères moraves nous offrent donc, sous forme d'une exception mitigée en raison du relâchement des liens de la communauté, une nouvelle preuve de ce principe, que l'abolition de la propriété emporte nécessairement l'abolition de la famille.

C'est le même enseignement qui s'offre à notre esprit, quand nous passons du domaine des expériences à celui des pures utopies. Hors du communisme proprement dit, du communisme avoué que nous connaissons maintenant par ses œuvres et qui essaierait en vain de nous dissimuler ses conséquences en revêtant une forme et en parlant un langage purement économique, la pensée chimérique d'abolir la propriété a donné naissance parmi nous, il y a quelques années, à deux systèmes principaux : le saint-simonisme et le fouriérisme. Il n'entre pas dans notre dessein d'analyser en ce moment ces systèmes aujourd'hui connus de tous, encore moins de discuter leurs principes, soit qu'ils appartiennent à la métaphysique ou à l'économie politique. Nous nous bornerons à signaler la conclusion à laquelle ils sont arrivés par rapport à la famille. L'un et l'autre ont substitué au mariage le libre amour. L'un et l'autre ont aboli les droits et les devoirs de la paternité en étouffant la liberté sous la toute-puissance de l'Etat, représenté ici par un homme à la fois grand prêtre et dictateur politique, pontife et roi, là par une association industrielle qui répartit les jouissances suivant le capital, le travail et le talent de chaque associé. Cela est parfaitement conséquent. Rien ne m'appartient ; je suis moi-même dans la main du souverain qui me classe suivant ma capacité et suivant mes œuvres. Pourquoi donc aurais-je le droit de garder avec moi, de faire participer à mes avantages une femme, des enfants dont la capacité et les œuvres sont inférieures aux miennes ? Le même raisonnement s'applique à l'association fouriériste. J'ai un capital : ma femme, mon fils n'en ont pas. J'ai du talent : ma femme, mon fils n'en ont pas. J'ai travaillé : ma femme, mon fils ont été malades, faibles, infirmes. Comment l'Etat me permettrait-il de violer en leur faveur les règles d'une juste répartition? Il faut d'ailleurs que je fasse la part de la *cabaliste* et de la *papillonne* qui m'obligent à voltiger, comme l'insecte ailé qui se nourrit de fleurs, d'un travail et d'un amour à un autre.

Devant ces conséquences, devant ces utopies, devant ces faits qui épuisent en quelque sorte les forces du communisme et nous le livrent tout entier, la cause que nous voulions soutenir est gagnée : on ne peut toucher à la propriété qu'en touchant à la famille ; on ne peut ébranler la première qu'en renversant la seconde, parce que la propriété c'est la liberté, parce que la liberté c'est la dignité de l'homme, c'est le palladium de l'amour aussi bien que du devoir, c'est la sauvegarde des sentiments et des mœurs. Partout où la liberté est compromise, il ne faut pas plus compter sur les mœurs que sur les caractères.

CHAPITRE XIV

La propriété est nécessaire à la société en général et à la civilisation

Si nous avons prouvé que la cause de la propriété est absolument inséparable de celle de la liberté et de celle de la famille, on comprendra qu'elle n'est pas moins nécessaire à la société en général ou plutôt à la civilisation, sans laquelle la société elle-même est sans force et sans dignité. C'est la dernière des trois propositions dans lesquelles nous avons fait consister la défense de la propriété ou, ce qui est la même chose, du capital, puisque le capital n'est que la propriété conservée, accumulée par le travail, ou le travail accumulé, comme disent les économistes.

Nous ne voulons pas nous appesantir sur le côté matériel de la question. Nous ne voulons pas rappeler ce que les progrès de l'industrie, irréalisables sans les progrès du capital, ont fait pour la satisfaction des besoins physiques de la vie, même dans les régions les plus humbles et les plus dépouillées de la société. Il suffit de faire remarquer combien nous sommes éloignés de cette époque de lugubre mémoire où le magistrat d'une de nos provinces disait à un roi de France : « Sire, une partie de votre peuple est condamnée en ce moment à se repaître, comme les bêtes, de l'herbe des champs. » Grâce à l'impulsion que le capital, aidé par la science, a donnée à l'agriculture, et aux bienfaits de l'agriculture multipliés par la puissance de la navigation et du commerce, la famine, qui reparaissait autrefois en moyenne tous les cinq ans et même, selon quelques-uns, tous les trois ans, n'est plus connue que de nom dans les parties de l'Europe civilisée où le travail est libre, où les capitaux sont libres, où le commerce est libre. La cherté elle-même n'y apparaît qu'à de rares intervalles et pour un temps de plus en plus limité.

L'extension du bien-être ne s'est point arrêtée à la nourriture de l'homme, mais se manifeste aussi dans ses vêtements, dans ses habitations, dans toutes les habitudes de sa vie extérieure; et les industries qui ont produit ce résultat sont elles-mêmes le produit de l'intelligence et du capital. Des vérités aussi sensibles n'ont pas besoin de démonstration. Mais ce qui tient la première place, ce sont les besoins de l'ordre moral et intellectuel, c'est la faim et la soif de l'âme, non moins réelles et plus difficiles à satisfaire que celles du corps. Eh bien ! nous oserons affirmer que ces besoins d'une nature supérieure ne réclament pas moins que les autres l'intervention constante et le concours actif du capital. Il peut sembler étrange, mais c'est une vérité incontestable, qu'en supprimant le capital on se condamne par là même à supprimer la science, à supprimer les arts, à supprimer la poésie, la charité, à dépouiller jusqu'à la religion de sa majesté et de son prestige.

Si l'on passe en revue toutes les sciences les unes après les autres, on voit qu'il n'y en a pas une qui puisse se passer des loisirs nécessaires au travail de la pensée, et que la plupart d'entre elles réclament en outre des instruments, des matériaux souvent rares et précieux et de coûteuses expériences. Pour remplir toutes ces conditions, il faut un capital, il faut le travail accumulé ou l'épargne de plusieurs générations. Ce sont les prêtres égyptiens, propriétaires d'une grande partie du sol de leur pays, qui, dans les loisirs et la solitude des temples, inventent la géométrie. Ce sont des philosophes grecs, assez riches pour voyager dans un temps où les voyages duraient longtemps et coûtaient cher, Thalès, Pythagore, Démocrite, qui vont leur emprunter ces premières et informes découvertes pour les féconder ensuite par l'activité de leur propre génie. Pythagore surtout devait jouir d'une assez belle fortune s'il est vrai, comme le raconte la légende, qu'après avoir trouvé les propriétés du triangle rectangle, il ait, par un élan de pieuse reconnaissance, offert aux dieux une hécatombe, c'est-à-dire un sacrifice de cent bœufs. Mais pourquoi parler des mathématiciens de la vieille Égypte et de l'ancienne Grèce? Ne savons-nous pas que Kepler a mis vingt-deux ans à découvrir les lois mathématiques de l'astronomie? Newton n'en a pas mis moins à créer le système de l'attraction universelle et le calcul infinitésimal, ni Laplace à écrire son *Traité de la mécanique céleste*. De quoi vivaient ces grands hommes sur la terre pendant qu'ils nous expliquaient la structure et les mouvements du ciel? Ils vivaient du travail et de l'épargne des générations qui les avaient précédés, ou des revenus d'un capital formé avant eux et sans eux.

Rien donc de plus barbare et de plus insensé que cette maxime solennellement adoptée par un des congrès de la Société internationale : « Chacun doit produire en raison de ce qu'il consomme. » Supposer qu'on se rend agréable aux populations ouvrières en leur enseignant de pareils principes, c'est supposer qu'elles sont insensibles à tout ce qui honore le nom d'homme, à tout ce qui constate notre puissance et notre grandeur ; c'est contester leur participation aux lumières de la raison et de la conscience, c'est leur infliger le plus sanglant de tous les outrages.

De toutes les sciences, les mathématiques sont celles qui exigent le moins de sacrifices matériels, ou, si l'on nous permet cette expression triviale qu'autorise le sujet, ce sont celles qui occasionnent le moins de frais. Elles ne réclament guère que des loisirs et quelques appareils de facile construction. Il en est autrement de l'astronomie expérimentale, de la physique, de la chimie, de la zoologie, des sciences médicales et surtout des sciences mécaniques. Ici la méditation solitaire ne suffit pas ; il faut un vaste champ d'observation qu'on n'embrasse qu'à force de déplacements et de voyages, il faut des auxiliaires et des associés, il faut des instruments variés et compliqués, il faut de riches laboratoires, il faut une longue série d'expériences, et ces expériences n'ont aucune autorité si elles ne sont faites sur une grande échelle. Aussi l'inventeur, dans cette portion des connaissances humaines, se trouve-t-il réduit à une entière impuissance, si quelque riche capitaliste n'a assez de foi dans son invention et assez de courage pour la mettre à l'épreuve. Qui est-ce qui doit courir les risques de ces essais, dans lesquels on a vu plus d'une fois s'engloutir des millions et dont la plupart n'ont réussi qu'après une ou deux générations de victimes? Evidemment ce n'est pas l'Etat; car l'argent qu'il demande aux contribuables pour la défense de leur liberté et de leur sécurité, il ne lui appartient pas de le dépenser dans des expériences douteuses. C'est bien moins encore une association d'ouvriers qui n'a de capitaux qu'autant qu'il est nécessaire pour alimenter son travail et qui a besoin de son travail pour sa subsistance. Ce sera donc ou un capitaliste assez puissant pour supporter un tel fardeau ou une compagnie de capitalistes. Ce sont précisément des compagnies de cette espèce, placées d'ailleurs sous la surveillance de l'Etat, c'est-à-dire de la société tout entière, qui ont fait construire nos chemins de fer et nos lignes télégraphiques, qui ont fondé et organisé le service de nos bateaux à vapeur. Elles ont mis à la portée de tous l'usage de ces merveilleuses créations qui, en supprimant le temps et la distance, ont plus que doublé la vie humaine. Il est impossible que ces divers agents de communication ne servent pas un jour à réunir dans une même famille toutes les nations civilisées de la terre. Que risquons-nous, d'ailleurs, en accueillant cette pensée consolante?

Le capital ne joue pas un moindre rôle dans la naissance et le développement des arts que dans l'application, les progrès et la formation même des sciences. Les arts ont eu pour berceau les palais des princes et des grands ou les cités républicaines qui l'emportaient sur toutes les autres à la fois par leur génie et par leurs richesses. Telles étaient Athènes dans l'antiquité, Florence et Venise au moyen âge et pendant le siècle de la Renaissance. La même observation s'applique aux princes et aux grands seigneurs. Ce ne sont pas les plus puissants dans l'ordre politique qui se montrent les plus favorables aux artistes et à leurs œuvres ; ce sont ceux qui unissent la culture de l'esprit à l'éclat de la fortune. Les Médicis, les papes Jules II et Léon X ont fait plus pour cette branche de la civilisation que Louis XI, qu'Henri VIII et tous les empereurs d'Allemagne. Il y a des arts, tels que la musique et le dessin, qui se passent de ce concours extérieur et semblent puiser uniquement dans leur propre fonds ; mais les artistes, quels qu'ils soient, demeurent dans tous les cas les pensionnaires du capital. Etrangers aux travaux de l'industrie et aux arts mécaniques, exposés même, quand ils consentent à y prendre part, à appesantir leur esprit et à se gâter la main, ils sont obligés d'attendre leur subsistance de l'épargne d'autrui.

Nous en dirons autant du poète. Sans doute, les chants harmonieux qui tombent de ses lèvres et qui, répétés d'âge en âge, ravissent en extase un nombre infini de générations humaines, sortent tout entiers de son âme inspirée. Ils n'attendent point, pour jaillir de leur source divine, les promesses d'un roi ou la protection d'une république. Ils n'ont pas besoin, pour valoir leur prix, d'être enchâssés dans l'or et les pierres précieuses ; mais celui qui nous a apporté ce présent, avant d'être immortalisé par la gloire, est un homme comme nous ; sa vie est soumise aux mêmes conditions que la nôtre, et qu'est-ce qui y pourvoira sinon l'excédent de nos ressources sur nos dépenses nécessaires, c'est-à-dire notre capital ? Nous nous rappelons un petit poème de Schiller (1), où

---

(1) *Le partage de la terre, Die Theilung der Erde.*

l'on nous montre Jupiter faisant entre les hommes le partage de tous les biens de ce monde. Cette tâche accomplie, arrive le poète qui, perdu dans ses rêveries, se présente quand il ne reste plus rien à donner. Il pleure, il se lamente, il se plaint avec amertume de l'oubli dont il est victime. « Console-toi, lui répond le père des dieux, ta part est encore la meilleure, car toutes les fois que tu auras envie de vivre avec moi dans mon ciel, il te sera ouvert (1). » Cela est facile à dire ; mais dans le ciel des poètes, dans le monde idéal, il n'y a ni à boire, ni à manger ; il n'y a ni vêtements, ni abri. Il n'est pas logeable, tout infini qu'il est. Il faut donc autre chose ; les poètes ne vivent plus d'aumônes aujourd'hui, comme du temps d'Homère ; ils ont besoin d'une pension ou d'une place à l'Académie ; ils ont besoin de la recette des théâtres où se jouent leurs pièces, ou de l'argent avec lequel on paie le recueil de leurs vers ; autant d'effets différents d'une même cause, autant de rémunérations différentes obtenues du capital.

A la poésie et aux arts se rattache étroitement la religion qui leur a donné naissance et dont ils sont restés les plus éloquents interprètes. Enivrés d'orgueil, aveuglés par l'esprit de système, acharnés à la défense d'un paradoxe ou distraits par l'intérêt ou par la passion, emportés par le torrent des affaires ou des plaisirs, soutenus d'ailleurs et protégés contre les conséquences de leur opinion par les lois et les mœurs de la société, des hommes isolés ont pu se laisser glisser sur la pente de l'athéisme en se glorifiant de l'abaissement qu'ils revendiquaient pour eux-

(1) *Willst du in meinem Himmel mit mir leben, — so oft du kommst, soll er dir offen sein.*

mêmes et pour le genre humain. Mais qu'un peuple tout entier, et surtout qu'un peuple libre ou qui aspire à la liberté se passe de croyances religieuses, que la religion ne tienne aucune place dans ses idées, dans ses sentiments, dans son éducation, voilà ce que la raison se refuse à comprendre. Si la sagesse et l'amour, l'intelligence et la volonté n'ont eu aucune part à la formation et ne jouent aucun rôle dans le gouvernement de l'univers, comment interviendraient-ils dans l'organisation et dans le gouvernement des sociétés humaines? Si Dieu et l'âme, le suprême bien, l'éternelle justice ne sont que des mots vides de sens, quel but, quel idéal les hommes proposeront-ils à leurs actions ? Quels freins imposeront-ils à leurs appétits? Si l'homme n'est qu'un produit fatal des forces aveugles de la matière, matière lui-même, corps organisé que le temps seul a revêtu de sa forme actuelle, arrière-petit-fils de l'orang-outang, en quoi consisteront ses droits, puisqu'il est privé de libre arbitre et ne connait pas le devoir ? Entre les individus, entre les partis, entre les peuples il n'y aura qu'une seule question à résoudre, celle de savoir qui sera le plus fort. Le monde se divisera par races au lieu de se diviser par nationalités et, à l'exemple de ce qui se passe dans la nature animale, la race la plus forte ne fera que céder à un instinct irrésistible, et par conséquent légitime, en dévorant ou en détruisant des races plus faibles. C'est précisément la doctrine que soutiennent aujourd'hui certains peuples aveuglés par la fortune. Leur prétention, c'est d'être des hommes de proie dont les appétits implacables et les forces naturelles ont été secondés par la stratégie et la mécanique. Nous saurons, il faut l'espérer, placer notre ambition plus haut, et rien ne contribuera autant à nous y faire réussir que la force vivifiante et bienfaisante des idées morales et religieuses. Mais une religion, si détachée qu'elle soit des choses de la terre, suppose un enseignement, un culte, des temples, des autels, un apostolat, un sacerdoce, toutes choses qui se rattachent à l'ordre économique, toutes choses qui commandent des sacrifices et des dépenses ou qui ne peuvent se passer du capital. Cette relation nécessaire entre la religion et le capital est plus évidente encore dans le système qui est aujourd'hui en faveur chez un grand nombre de publicistes. Si l'Église et l'État doivent désormais se séparer l'un de l'autre, si l'État doit refuser toute subvention et toute protection aux diverses communions religieuses, il en résultera que les fidèles de chaque communion devront supporter toutes les charges de leur culte respectif. Ce ne sera plus seulement le capital public, ce sera le capital individuel qui paiera la rançon de leur foi et de leur indépendance.

Point de religion sans charité. On n'aime pas Dieu, si l'amour qu'on a pour lui ne se répand en bienfaits sur les créatures, et si l'on n'aime les créatures, les créatures humaines à cause de lui, à cause des perfections qu'il a mises en elles. Or, si la charité peut quelquefois, dans la vie privée, s'exercer aux dépens de notre nécessaire, il faut, dans la vie publique, qu'elle puisse compter sur le superflu. Sans provisions, sans ressources durables, sans capitaux assurés, elle ne peut rien fonder d'efficace ni de grand. Ce n'est pas avec rien que l'on crée des hôpitaux, des maisons de secours et de refuge, des asiles de nuit et de jour, des crèches, des salles d'asile, une assistance organisée sur de larges bases. Que ce soit l'État ou de libres associations qui se chargent de cette tâche, les conditions à remplir seront les mêmes.

Nous venons d'exposer tous les principes sur lesquels repose la propriété, avec les faits les plus propres à les mettre en lumière, il nous reste à montrer comment la propriété a été attaquée et quelle est la valeur des arguments au moyen desquels on s'efforce de la détruire.

CHAPITRE XV

Adversaire de la propriété. — Idée générale de la doctrine de Proudhon.

Nous laissons de côté le communisme, le fouriérisme, le saint-simonisme, les doctrines de Grotius, de Rousseau, de Mably, de Brissot; car toutes ces théories, envisagées uniquement par rapport à la propriété, reposent sur la chimère de la communauté primitive, dont nous avons fait justice. Parmi les adversaires de la propriété il y en a un qui mérite particulièrement de fixer notre attention, parce qu'il a apporté dans la question des éléments nouveaux, parce qu'il l'a envisagée d'un point de vue original ou tout au moins personnel, parce qu'il a dépensé autant de talent, de science et de logique que peut en comporter une cause perdue d'avance : nous voulons parler de l'auteur du mémoire : *Qu'est-ce que la propriété ?*

On sera mieux préparé à comprendre les arguments de Proudhon contre la propriété et surtout les moyens par lesquels il s'efforce de la remplacer, si l'on s'est fait une idée générale de sa doctrine, telle qu'elle se développe à travers ses ouvrages, depuis son premier mémoire jusqu'à son livre de *la Justice dans la Révolution et dans l'Eglise* et même son traité de *la Guerre et la Paix*. Nous ne croyons donc pas inutile d'en présenter ici un résumé sommaire.

Dans la plus haute question de la métaphysique et de la religion, celle de Dieu, Proudhon ne se contente pas de nier, il se pose en ennemi ; il se déclare non pas athée, mais *antithéiste*. C'est la qualification dans laquelle il a lui-même résumé sa profession de foi. Tout le monde connait les mots à sensation, mots de rhéteur, non de philosophe, qu'il a écrits dans son *Système des contradictions économiques* : « Dieu, c'est sottise et lâcheté ; Dieu, c'est hypocrisie et mensonge; Dieu, c'est tyrannie et misère ; Dieu, c'est le mal. »

Conformément à cette déclaration, Proudhon, dans un de ses écrits les plus confus et les plus obscurs, *De la création de l'ordre dans l'humanité* (1), supprime à la fois la philosophie et la religion. Il ne traite pas mieux l'économie politique, du moins celle de son temps, et le socialisme, tel qu'il le connaissait, aboutissant sous toutes ses formes au communisme. La première n'est à ses yeux qu'une routine qui autorise la spoliation, et le second une utopie heureusement irréalisable, parce que si elle pouvait se réaliser elle engendrerait la misère. « Retirez-vous de moi, communistes, écrit-il quelque part, vous me dégoûtez. »

Stoïcien en théorie et professant en principe un

---

(1) In-18, Paris, 1843 et 1849.

grand respect pour la dignité humaine, il s'efforce néanmoins de retrancher de la vie tout ce qui l'honore et l'élève, l'art, la poésie, l'amour et, sous quelque nom que ce soit, le culte de l'idéal. Ce culte est pour lui la marque certaine d'une société rétrograde. Il condamne comme un crime un mariage contracté par amour et engage les parents à le punir dans leurs enfants par l'exhérédation. Ennemi de la licence, il ose pourtant dire que les hétaïres qui suivaient les Dix mille de Xénophon étaient plus utiles que ne le sont les vierges consacrées à Dieu, les sœurs de charité.

Sa politique se résume en un seul mot : l'anarchie, qu'il a toujours soin de ramener à sa signification étymologique en l'écrivant de la manière suivante : *An-archie*. Il veut dire par là que toute hiérarchie, que toute subordination, que toute distinction entre gouvernants et gouvernés doit disparaître du sein de la société. Il est le véritable père des anarchistes de notre temps et l'héritier de ceux de la fin du XVIII° siècle. Dans Robespierre, le disciple fanatique de Rousseau, il ne voit qu'un aristocrate et un réactionnaire. Il se déclare pour la Commune de 93, pour Hébert, Anacharsis Clootz, Chaumette et Marat. Toutes ces opinions, Proudhon les soutient dans son grand ouvrage, celui qui l'a fait condamner à trois mois de prison et à 4,000 fr. d'amende : *La Justice dans la Révolution et dans l'Église* (1). Quant au droit international, dans son livre de *la Guerre et la Paix* (2), il l'identifie avec le droit de la force. Le droit de la force, si nous l'en croyons, est aussi évident que le droit du travail, le droit de l'intelligence, le droit

---

(1) 3 volumes in-18, Paris, 1858.
(2) 2 volumes in-18, Paris, 1.

de la conscience. Il justifie la conquête et la guerre. Proudhon va même jusqu'à faire de la guerre « l'idéal de la vertu humaine » ; ce qui ne l'empêche pas de prédire la fin de la guerre. « L'humanité seule est grande, dit-il. Or, je crois pouvoir le dire en son nom, l'humanité ne veut plus la guerre. » (T. II, p. 414.) Pourquoi cela, si la guerre est « l'idéal de la vertu humaine » ?

CHAPITRE XVI

I.

Les arguments de Proudhon contre la propriété.

C'est un grand triomphe pour le droit de propriété, c'est un titre qui le relève singulièrement dans le respect et dans l'attachement des hommes, que ses adversaires les plus redoutables se croient obligés, pour en avoir raison, d'attaquer en même temps tout ce qui nous honore à nos propres yeux, tout ce qui ennoblit notre existence et nous rend les uns pour les autres un objet de respect et d'amour : la religion, la philosophie, la poésie, le devoir, l'amour, et jusqu'au culte artistique de la beauté, jusqu'au sentiment de l'idéal. Tel est le spectacle que nous offre la pensée générale de Proudhon, ce qu'on peut appeler, à défaut d'une expression plus exacte, son système philosophique.

La théorie de la propriété, selon lui, ce n'est rien moins que la science même du droit et de l'économie politique tout ensemble, la science de la justice, la science de la société, la science sans laquelle toutes les autres, au lieu de nous éclairer et de nous servir, nous conduisent à l'esclavage et à la ruine. Jusqu'à la Révolution française, elle a été complètement ignorée, car le monde était au pouvoir de la superstition et de la force. Ce sont nos assemblées politiques de 89 et de 93 qui en ont posé les premiers fondements ; enfin le temps est venu de la constituer et de l'appliquer, de la faire entrer avec toutes ses conséquences dans les idées et dans les faits. Telle est la tâche à laquelle Proudhon s'est consacré, et en nous confiant son dessein, il n'a nullement l'intention de faire preuve de modestie. « La terre, écrit-il, qui a tourné jusqu'ici d'occident en orient, mue par l'impulsion d'un homme de génie, tournera d'orient en occident. »

Il ne s'agit pas, dans la doctrine de Proudhon, qu'on le remarque bien, de constituer la propriété sur d'autres bases, de la faire passer en d'autres mains, de la rendre commune au lieu de lui conserver son caractère individuel, de la rendre hypothécaire au lieu de la laisser subsister en nature ; il s'agit de tout autre chose : il est question de détruire la propriété de fond en comble et de mettre à sa place la simple possession ou la jouissance des objets qui servent à notre usage. Il faut prendre dans toute sa rigueur cette proposition fameuse à laquelle Proudhon a attaché son nom et qu'il nous offre lui-même comme le résumé de sa doctrine : « La propriété c'est le vol. »

À ceux qui seraient tentés de n'y voir qu'une boutade passagère, une de ces violences de langage qui échappent quelquefois à la plume et qu'il serait injuste de prendre à la lettre, nous citerons ces mots, écrits plus de dix ans plus tard et tirés de son grand ouvrage *De la justice dans la Révolution et dans l'Eglise* (1) :

(1) Tome Ier, p. 301.

« J'ai écrit quelque part, tout le monde le sait : *la propriété c'est le vol* ; et plus tard, je ne sais où, car je ne me relis point : « Cette définition est mienne ; je ne la céderais pas pour tous les millions de Rothschild. » Aussi avec quelle aigreur il la défend contre Daniel Stern et Louis Blanc qui l'accusent d'avoir justifié par son exemple cette belle maxime, en la volant au Girondin Brissot de Varville. « Le propriétaire, dit-il, (1) précisément parce qu'il est voleur, ne se laisse pas dessaisir. Son instinct de rapine le lui défend. Et moi, je ne me dessaisirai pas non plus. »

Cette réponse, il faut en convenir, malgré ses prétentions à la finesse, n'en est pas une. Elle fait disparaître ou le système ou l'originalité de la célèbre définition ; car il faut choisir : si cette définition est réellement à vous, si c'est vous qui l'avez imaginée, elle est votre légitime propriété et vous nous offrez l'exemple d'une propriété qui n'est point un vol. Au contraire, l'avez-vous volée ? Alors cessez de prétendre qu'elle est à vous, n'empêchez pas la critique de la restituer à votre prédécesseur.

Proudhon est plus conséquent avec lui-même dans son premier mémoire. Après avoir essayé de montrer que la société tout entière, telle qu'elle est constituée aujourd'hui, depuis le brigand qui assassine sur les grands chemins jusqu'à l'écrivain qui vit de sa plume, n'est composée que de voleurs, il réclame courageusement sa part de cette flétrissure générale. « L'éditeur de ce livre, dit-il, (2) et moi qui en suis l'auteur, nous volons en le faisant payer le double de ce qu'il vaut. »

Pourquoi donc la propriété est-elle si haïssable qu'il

---

(1) Tome Ier, p. 301 et 302.
(2) Page 231, édit. de 1848.

soit nécessaire, non de la modifier ou de la transformer, mais de l'abolir radicalement ? Parce que la propriété, nous répond Proudhon, n'est pas un droit, et que, n'étant pas un droit, elle est nécessairement une usurpation, un effet de la violence et de la tyrannie. Pour se convaincre que la propriété n'est pas un droit, il suffit de remarquer qu'elle n'est pas la même pour tous, qu'elle n'existe pas pour tous, qu'elle exclut l'égalité. Or, ce qui exclut l'égalité, ce qui n'est pas absolu, ce qui admet le plus et le moins, ce qui peut manquer tout à fait chez quelques-uns, ce n'est pas un droit, mais un privilège et, comme nous disions tout à l'heure, une usurpation, un avantage que s'est arrogé une partie de la société au détriment de l'autre. Aussi qu'arrive-t-il ? c'est que l'État, la société civile, la loi positive qui nous garantit la jouissance de ce prétendu droit et qui en est, après tout, l'unique fondement, le traite sans respect et sans scrupule, le limite, le suspend ou le détruit tout à fait par l'expropriation, par les contributions directes ou indirectes, et même par ce qui nous paraît être l'idéal en matière d'impôt, par l'impôt proportionnel. Si la propriété est un droit, elle est inviolable, et si elle est inviolable, la main de l'État doit s'interdire de toucher aussi bien aux cent mille livres de rente qui appartiennent au riche qu'aux 75 centimes qui nous représentent la journée du pauvre. Ce qu'on nomme l'impôt proportionnel n'est donc en vérité qu'un vol proportionnel, à moins d'admettre que la propriété elle-même est un vol. Veut-on se convaincre de cette dernière proposition qui, du reste, ne porte aucun préjudice à la première ? Que l'on compare la propriété à la liberté individuelle, qu'on la compare à la sûreté qui est placée aussi sous la garantie de la loi et la protection de la société. La liberté, la sûreté, si nous en croyons Proudhon, n'admettent ni inégalité, ni suspension, ni exception ; dès qu'elles ne sont pas simplement tout ce qu'elles doivent et tout ce qu'elles peuvent être, elles cessent d'exister; tandis que l'arbitraire et les irrégularités paraissent être comme l'essence même de la propriété.

Telle est la première objection de Proudhon. Elle ne peut faire illusion qu'à ceux qui ignorent absolument ce qu'est le droit et comment il s'exerce sous la garantie de l'ordre social, en dehors duquel il n'existe pas. Aucun droit appartenant à la nature humaine ne peut être sans limite, et cela en raison même de son universalité. Étant universel, c'est-à-dire commun à tous les hommes, le droit se trouve limité par lui-même, le droit de chacun étant obligé de s'arrêter devant le droit d'autrui. Aussi la liberté absolue dont parle Proudhon et qu'il revendique avec quelques autres publicistes, avec Émile de Girardin entre autres, n'est-elle que l'anarchie absolue, qui, d'ailleurs, est loin de lui répugner.

Non seulement notre droit a pour limite le droit d'autrui, mais, la jouissance de nos droits ne nous étant garantie que par la société, il faut bien que nous en sacrifiions tout ce qui est nécessaire à l'existence, à la conservation et au perfectionnement de l'ordre social. La liberté nous est due sans doute, car en elle se résument toutes les qualités du citoyen, toute la dignité de l'homme, toutes les conditions de la vie morale, tous les titres qui protègent et ennoblissent notre vie. Mais lorsque la patrie, menacée dans son indépendance, nous appelle sous ses drapeaux, nous demande l'impôt du courage et du sang, ne sommes-nous pas obligés de renoncer à nos habitudes, à nos intérêts, à nos occupations, aux douceurs de la famille, pour aller braver la mort, ou seulement pour nous préparer au combat, sous l'empire d'une discipline de fer ? En renonçant dans cette occasion, de gré ou de force, à notre liberté, ne sommes-nous point par là même pour un temps privés de notre sécurité, et n'est-ce pas ce sacrifice, cet impôt temporaire de la sûreté de chacun qui fait la sûreté de tous ? Ce sacrifice, volontaire ou non, se rachète-t-il au moins par l'égalité ? Est-ce le même sacrifice que la patrie demande à tous ? Non, puisque les femmes ne vont pas à la guerre, ni ceux qui se destinent à l'enseignement et au sacerdoce, ni ceux que leurs infirmités en rendent incapables, ni ceux à qui a été confiée l'administration de la justice ou toute autre fonction incompatible avec les armes. Voici un autre fait non moins incontestable. Nous sommes plus ou moins en sûreté selon que nous avons observé ou négligé les règles de la prudence, selon que nous vivons en paix avec les autres ou que nous nous sommes fait de nombreux ennemis, que nous avons déchaîné contre nous non seulement des inimitiés particulières, mais les poursuites de la justice et des lois. Nous sommes plus ou moins libres aussi, selon que nous résistons ou que nous cédons à nos passions, selon que nous avons la force de garder notre indépendance ou la faiblesse de nous livrer à la merci de l'orgueil, de l'intrigue et de la cupidité, selon la manière dont nous avons disposé de notre vie, selon le caractère que nous soutenons avec nous-mêmes et avec les autres. Nous serons esclaves dans le pays le plus libre du monde, si nous sommes insatiables de places, de vains honneurs, de richesses, de cordons, de croix et si, pour obtenir ces faux biens, nous rampons aux pieds de ceux qui les donnent, magistrats d'une république ou ministres d'un monarque absolu. Nous serons libres partout si nous savons nous contenter de peu ou chercher le bonheur à sa véritable source, dans l'approbation de notre conscience, dans le sentiment de notre dignité, dans de nobles affections. Mais nous trouverons des preuves dans un ordre d'idées plus humble et plus sensible. Un malfaiteur ne peut pas être libre, et, quand il a subi sa peine, quand il a payé sa dette à la justice, ne doit pas l'être au même degré que l'honnête homme. L'enfant, le mineur, ne peut pas jouir de la même liberté que l'homme fait, ni la jeune fille que le jeune homme, la femme que le mari.

Eh bien ! nous le demandons, la propriété n'est-elle pas soumise exactement aux mêmes conditions ? Le droit de l'acquérir, le droit de la garder par des moyens légitimes, c'est-à-dire qui ne blessent pas le droit d'autrui, existent pour tous ; mais une fois qu'elle est entre nos mains, elle doit à la société, dans la mesure de son étendue, les mêmes sacrifices que la sûreté et la liberté personnelles, car, sans la propriété, la société ne peut subsister, et la propriété à son tour ne peut subsister sans la société. L'État, pour défendre son indépendance, est obligé de construire des fortifications, de nourrir des armées, de cultiver tous les arts de la guerre ; pour protéger l'ordre intérieur et maintenir le respect des lois, il a besoin de magistrats et de serviteurs ; sans un vaste système de travaux publics, il ne peut servir ni l'agriculture, ni le commerce, ni l'industrie ; sans un système d'éducation entretenu à grands frais, il laissera croupir le peuple dans une éternelle ignorance. Pour accomplir cette grande tâche, il lui faut les ressources de l'impôt, et l'impôt qu'est il autre chose qu'un sacrifice de la propriété privée en rapport avec les besoins publics. Plus ces besoins seront variés, multiples, délicats, plus l'impôt sera considérable. Aux grandes nations, aux nations libres qui vivent par les arts, par les sciences, par la pensée, les gros budgets pour lesquels elles ont d'ailleurs, si elles savent les ménager, des ressources suffisantes. Les gouvernements à bon marché, comme l'a remarqué Montesquieu, n'existent que pour les peuples grossiers, barbares ou opprimés. Ce qui ne veut pas dire que les lourds budgets soient toujours une preuve de liberté. Il y a des peuples qui cumulent la pesanteur de l'impôt avec le fardeau de la servitude.

Maintenant, comment l'impôt doit-il être réparti? N'est-ce pas celui qui possède le plus qui retire le plus d'avantages de l'ordre social; par conséquent, n'est-ce pas à lui de le soutenir par les plus grands sacrifices? Puis, de même que l'État, lorsqu'il s'agit de se défendre par les armes, ne peut s'adresser qu'à ceux qui sont en situation de les porter; de même, pour alimenter le trésor public, il ne peut rien demander qu'à ceux qui possèdent et il est obligé de régler ses exigences sur l'étendue de leurs richesses. Où est l'injustice? où est la violation du droit?

L'expropriation forcée invoquée comme une preuve contre la légitimité de la propriété est exactement de la même nature que les restrictions apportées par la loi à la jouissance de la liberté individuelle. On nous défend d'exercer dans l'intérieur d'une ville une profession dangereuse pour la sécurité ou pour la santé publique. C'est de la même manière que, pour faire pénétrer l'air et la lumière dans un amas impur d'édifices ruineux, ou pour ouvrir à la circulation, au commerce, en un mot au bien-être public, une voie qui lui est nécessaire, pour élever un asile à la charité, à la science, aux beaux-arts, l'Etat nous contraint, *en nous dédommageant*, à lui vendre notre maison, notre jardin ou notre champ. S'il ne reconnaissait pas le droit de propriété, ce n'est pas à l'expropriation qu'il aurait recours, mais à la spoliation. Entre les idées qu'expriment ces deux termes il y a tout un monde.

L'égalité que l'on exige comme la condition nécessaire, comme la marque infaillible et l'essence du droit, elle est dans la propriété, comme elle est dans la liberté individuelle, dans la liberté de penser et dans toutes les facultés dont l'exercice nous est garanti par la loi, par la loi de la société aussi bien que par celle de la nature. Elle est dans le droit lui-même, elle n'est pas dans l'usage plus ou moins habile, plus ou moins fécond que chacun de nous a pu en faire. A qui donc est-il interdit de s'enrichir par le travail ou par la libéralité de ses amis ou de ses proches, de disposer à son gré des produits de son industrie, de son activité, de son intelligence ? Voilà le droit, le même pour tous, sans exception ni inégalité. Où l'inégalité commence-t-elle ? dans l'usage qu'on fait de ce droit, dans les résultats qu'on en tire, dans la puissance des moyens qu'on met en œuvre. Mais cette inégalité qui peut l'empêcher ? Faites-la cesser un jour et elle reparaîtra le lendemain, parce qu'elle échappe à tous les pouvoirs et à toutes les lois ; elle est dans la nature de l'homme. N'en est-il pas ainsi de la liberté de la parole, de la liberté de penser, de la liberté de conscience ? Accordez cette liberté à tous, ils n'en feront pas tous le même usage. Les uns s'en abstiendront tout à fait ; les autres penseront et parleront mal ; d'autres nous apparaîtront comme les princes de la parole et de l'intelligence. Essayez par un décret d'empêcher cette diversité. Vous n'empêcherez pas davantage la diversité des fortunes, et si vous le pouviez pour un temps, si court qu'on l'imagine, ce serait la servitude, l'abrutissement et la misère ; car, ne pouvant pas obtenir que l'intelligence, l'activité et les forces humaines atteignent chez tous un égal développement, il faudrait s'efforcer de les opprimer et de les anéantir.

Nous sommes donc autorisé à dire que le premier coup que Proudhon a voulu porter à la propriété se perd dans le vide. Mais à vrai dire ce premier argument ne lui parait pas à lui-même d'une extrême importance. Il n'a été, en quelque sorte, mis en avant que comme un ballon d'essai, ou comme un signe avant-coureur de combats plus terribles. Désormais nous allons entrer dans le fond de la discussion ; nous pourrons serrer dans nos mains le tissu léger mais industrieux sous lequel on voudrait étouffer non seulement la propriété, mais la société elle-même.

CHAPITRE XVII

Suite des arguments de Proudhon contre la propriété.

La propriété, si nous en croyons son grand adversaire, repose principalement sur deux bases : le droit du premier occupant ou tout simplement l'occupation, et le droit du travail. Eh bien ! ces deux principes, Proudhon les accepte, il ne cherche ni à les restreindre ni à les affaiblir; mais, par un de ces tours de force qui lui sont familiers, il les tourne contre la conséquence qu'on a voulu en tirer ; il prétend démontrer que le droit d'occupation empêche la propriété de se former et que le droit du travail la détruit.

Supposez, dit Cicéron, un théâtre public, mais qui ne peut contenir tous les habitants de la ville ou du pays qui l'a fait construire : à qui appartiendront, pendant chaque représentation, les places de ce théâtre ? Évidemment à ceux qui les auront occupées les premiers : *Quemadmodum theatrum, cum commune sit, recte tamen dici potest ejus esse eum locum quem quisque occupârit.* Voilà ce qu'on appelle le droit du premier occupant. C'est par l'exercice instinctif de ce droit que la terre, primitivement commune au genre humain, est tombée au pouvoir de quelques-uns. Mais cette appropriation est-elle juste? Non, répond Proudhon ; et il ne veut pas d'autre preuve de son allégation que le principe même qu'on invoque et la comparaison dont on vient de se servir. Si la terre peut être assimilée à un théâtre ouvert à tous, c'est qu'elle est la propriété du genre humain et non celle de quelques hommes. Chacun, sans doute, y pourra occuper la place qui lui est nécessaire, mais rien de plus. Il la gardera aussi longtemps qu'il sera en état de s'en servir, mais pas au delà. Est-ce que, dans le théâtre dont on parlait tout à l'heure, on permettrait à une seule personne de s'emparer de plusieurs places à la fois et d'empêcher ainsi les autres d'assister au spectacle? Est-ce que, une fois sorti de cette enceinte, elle peut encore disposer de la place qu'elle a cessé d'occuper? Non, elle ne lui appartient qu'autant qu'elle la garde, ou tout au moins qu'elle est présente à la représentation.

C'est que le droit du premier occupant ne fonde pas la propriété, mais seulement la possession, c'est-à-dire la jouissance personnelle et temporaire, tout au plus viagère, de la portion du sol que nous pouvons cultiver ou des objets qui servent à notre usage. Mais Proudhon ne s'arrête pas là. Confondant le droit du premier occupant, qu'il avait d'abord consenti à reconnaître, avec l'occupation ou la prise de possession en général, il arrive bientôt à soutenir que le nombre des places à un spectacle public doit être rigoureusement égal à celui des spectateurs, qu'il faut qu'elles s'étendent ou se resserrent dans la proportion où ceux-ci décroissent ou augmentent, et que la même règle doit être appliquée à la possession de la terre : par conséquent, il en sera attribué à chacun une fraction qui aura pour dénominateur le nombre des copartageants, c'est-à-dire le nombre de la totalité des hommes répandus à la surface du globe. Or, ce nombre n'étant jamais le même, le partage aussi devra changer à chaque instant, et la propriété, toujours remise en question, ne pourra ni s'asseoir ni se former.

Ce raisonnement ne répond ni à la gravité de notre temps, ni à l'importance du sujet. On le croirait emprunté aux plus mauvais jours de la scolastique, et encore serait-ce lui faire beaucoup d'honneur. Il est tout au plus digne de ces artistes en paroles que Platon a mis en scène dans ses immortels *Dialogues* et Pascal dans ses *Provinciales*. Sur quoi repose-t-il, en effet ? sur la confusion de deux choses, non seulement différentes, mais absolument opposées, absolument incompatibles : le droit du premier occupant et le droit d'occupation en général, le droit d'occupation pour tous. Le droit du premier occupant, c'est la condamnation formelle du droit d'occupation en général. La terre, pour s'en tenir à ce seul exemple, appartient-elle légitimement aux premiers qui ont pu s'en emparer, aux premiers qui ont pu et qui ont su la retenir sous leur pouvoir ? tous ceux qui sont arrivés après eux, — à moins d'un échange, d'une donation ou de tout autre moyen autorisé par le droit, — doivent être exclus de ce genre de propriété. Ils ressemblent à ce convive attardé cité par Malthus : au banquet de la propriété foncière, il n'y a pas de couvert mis pour eux. Au contraire, la terre appartient-elle à tout venant ? tous ceux qui en ont envie sont-ils autorisés à en jouir ? Alors ne dites plus qu'elle appartient au premier occupant, car elle n'appartient en réalité à personne ; elle ressemble à une succession toujours ouverte en présence d'un nombre toujours croissant de compétiteurs.

Il faut bien que l'on se décide pour l'une ou l'autre de ces deux idées contradictoires. Choisira-t-on le droit d'occupation? alors on est conduit malgré soi bien au-delà du point où Proudhon s'est arrêté ; car le droit d'occupation a pour conséquence, non seulement l'abolition de la propriété, mais celle de la possession individuelle. En effet, si la terre doit être divisée en autant de parts qu'il y a d'hommes répandus à sa surface, et si le nombre de ces hommes varie sans interruption ou augmente, comme l'a dit Malthus, suivant une progression géométrique, qui pourra goûter un seul instant de paix et de sécurité ? qui osera se croire chez lui et compter sur le lendemain ? Ce sera, dans sa plus hideuse extension, sous sa forme la plus brutale, le communisme, *cette religion de la misère*, comme Proudhon l'appelle, et pour laquelle il n'a pas assez de mépris : « Retirez-vous dit-il aux partisans de ce système ; retirez-vous, vous me dégoûtez. »

Si, au contraire, l'on s'arrête au droit du premier occupant, ce droit sera nécessairement le droit de propriété; car, à moins d'un acte de donation, d'échange et de transmission légitime, — ce qui est encore une manière d'user de sa propriété, — les mêmes biens, les mêmes portions de terre resteront toujours aux mains des mêmes détenteurs et ne pourront en être arrachés par les nouveau-venus ou par la société entière, que par un acte d'usurpation et de violence. Quant à la comparaison qu'on a voulu établir entre l'occupation du sol et celle d'un théâtre public, elle est radicalement fausse. D'abord un théâtre public a toujours un propriétaire, à savoir la ville ou l'État qui l'a fait construire. Ce propriétaire collectif ne peut laisser aux particuliers que l'usufruit ou la jouissance temporaire de son bien. Encore cette jouissance est-elle restreinte par le droit du premier occupant, car personne n'admettra que le nombre des places puisse toujours être égal à celui des spectateurs qui, les jours de représentation publique, font queue à la porte. Mais le genre humain n'est pas au même titre propriétaire de la terre, car il ne l'a pas faite, il ne la réclame pas, il ne pourrait ni ne voudrait la posséder en masse; elle n'appartient qu'à ceux qui lui ont fait subir une occupation efficace, qui l'ont domptée et transformée par leurs œuvres. Ensuite, peut-on dire que la terre manque aux homme comme les places, dans un théâtre, manquent aux spectateurs ? Assurément non. Il n'y a jusqu'à présent qu'un seul dixième de la partie habitable de notre globe qui soit réellement occupé ou mis en culture. Les neuf autres dixièmes restent à la disposition de ceux qui voudraient les faire valoir. Mais, nous répondra-t-on peut-être, je me plais où je suis. C'est la place que vous occupez qui tente ma convoitise, non celle qu'il faudrait conquérir sur des plages lointaines, au prix de mille dangers et d'effroyables fatigues. Un tel langage, s'il pouvait être avoué, serait la revendication du droit, non du premier, mais du dernier occupant, ou pour l'appeler de son véritable nom, ce serait la spoliation érigée en système, l'apologie audacieuse du vol à main armée.

L'argumentation de Proudhon n'a donc porté aucune atteinte au droit du premier occupant. Elle l'a plutôt fortifié qu'ébranlé, elle lui a donné une valeur qu'il n'a point par lui-même. Voyons si elle est plus forte contre le droit du travail. Examinons s'il est vrai que le droit du travail, loin de fonder la propriété, en est la destruction.

L'auteur des mémoires sur la propriété commence par établir que le travail ne donne des droits que sur les résultats ou les produits dont il est la source, sur les œuvres dont il est le créateur, et nullement sur la matière ou les instruments naturels qu'il est obligé d'employer. S'il en était autrement, il faudrait dire que le pêcheur est le propriétaire de la rivière où il jette ses filets et le chasseur des forêts où il poursuit le gibier, de l'air à travers lequel il frappe les oiseaux au vol. Qui oserait soutenir une telle proposition ? Qui oserait nier que l'eau, l'air, et les forêts vierges qui n'ont pas encore été envahies par l'usurpation, appartiennent à tous les hommes ? C'est de la même manière, ajoute Proudhon, que la nature leur a donné à tous la terre, pour la posséder et l'habiter ensemble ; et ce que la nature leur a donné à tous, aucun homme, ni aucune autorité humaine, ni législation, ni coutume, ni tradition, ni prescription, ni concession, ne peut l'aliéner au profit de quelques-uns.

De plus, la terre c'est l'instrument universel, car aucun travail ne peut avoir lieu sans elle, elle est l'instrument nécessaire à tous les hommes pris en masse, celui dont ils ne peuvent se passer dans aucun temps ni dans aucune contrée. Or, le travail est à la fois leur droit et leur loi. Tout homme qui ne travaille pas est indigne de vivre. Tout homme qui veut travailler a le droit d'en revendiquer les moyens. Donc la terre, qui est le premier et le plus indispensable de ces moyens, ne peut être possédée par les uns au préjudice des autres.

Mais quoi ! tous seront-ils admis à posséder le sol au même titre ? N'y aura-t-il aucune différence entre ceux qui l'ont déjà fécondé de leurs sueurs et ceux qui n'ont encore rien fait pour enrichir le patrimoine du genre humain ? Proudhon ne porte pas l'injustice aussi loin. Il accorde aux premiers un droit d'option ou de préférence, c'est-à-dire le droit de garder, dans le commun partage, la portion à laquelle ils se sont attachés par leur labeur même. Les autres, selon l'expression de Robespierre, se contenteront de la part que leur aura assignée la loi.

Supposons pour un instant que ce travail donne un droit, non seulement sur les produits de la terre, mais sur la terre elle-même, qu'arrivera-t-il ? Le propriétaire qui ne fait rien sera bientôt dépossédé par le fermier qui travaille. En tout cas, le fermier deviendra copropriétaire de celui qui lui a loué sa ferme ; car c'est lui qui a donné aux terres leur plus-value, il en est jusqu'à un certain point le créateur. Or, ce qu'on dit du fermier s'applique tout aussi bien au cultivateur qu'il emploie, et au garçon de charrue qui travaille sous ses ordres. Donc le droit du travail, loin de fonder la propriété foncière, ne fait que la déplacer, la partager indéfiniment et par conséquent la détruire. En la faisant passer constamment d'une main dans une autre, il la fait disparaître pour introduire à sa place la simple possession.

Ce raisonnement, si nous en croyons Proudhon, ne s'applique pas uniquement à la terre, il renverse du même coup toute autre espèce de propriété ; car les rapports qu'on vient de nous signaler entre le rentier et le fermier, entre le fermier et le journalier, nous les retrouvons aussi entre l'ouvrier et le fabricant, entre le fabricant et le capitaliste. Le travailleur, de quelque nom qu'il s'appelle, est le véritable créateur du capital, quand même il ne ferait que le conserver ; car, dans l'ordre économique, conserver c'est créer. S'il en est le créateur, en vertu des droits du travail, il en est le propriétaire. Par conséquent, ici comme tout à l'heure, dans la sphère de l'industrie comme dans celle de l'agriculture, la propriété ne fait que passer de main en main, elle se forme toujours et ne se fixe jamais, elle est partout et ne peut être saisie nulle part : ce qui revient à dire qu'elle n'existe pas, qu'il n'y a pour tous qu'un droit de possession, que personne ne peut prétendre à un droit de propriété.

Pour achever la démonstration de cette thèse : que le travail est inhabile à fonder la propriété, que le droit du travail et ce qu'on appelle le droit de propriété sont deux termes contradictoires, Proudhon a recours à un autre argument qui n'appartient qu'à lui ou du moins que nous ne nous rappelons pas avoir rencontré ailleurs. Il n'y a pas un seul travail, dans l'état de civilisation, qui s'accomplisse par des hommes isolés ou qui ne reçoive une grande valeur de l'association, de la force collective dont l'emploi lui est nécessaire. Par exemple, l'obélisque de Louqsor n'a pu être dressé sur son piédestal que par un certain nombre d'hommes travaillant ensemble. Le même nombre d'hommes, travaillant à la même tâche successivement et isolément ne seraient arrivés à aucun résultat. Il en est de même de toutes les œuvres de l'industrie et du travail même de la terre. Il faut que la terre soit labourée, cultivée, ensemencée, et que la récolte se fasse dans la saison voulue, autrement elle reste stérile ; et pour qu'il en soit ainsi, il faut le travail simultané d'un grand nombre de bras, il faut une œuvre collective. Or en supposant que le propriétaire, le capitaliste, le fabricant, le fermier rétribue chacun de ses ouvriers suivant son œuvre, il restera toujours le débiteur, et le débiteur insolvable de l'association. Il aura récompensé le travail personnel, mais il aura encore à reconnaitre le travail collectif. Lui sera-t-il permis d'en jouir sans rémunération ? Lui sera-t-il permis d'accaparer et de garder à son profit ce qui est l'œuvre et par conséquent la propriété légitime de plusieurs ? La propriété, telle qu'elle est constituée aujourd'hui, est donc souverainement injuste, et cela à cause des droits du travail. Tout produit, et, par conséquent, tout capital est une propriété sociale, dont nul ne peut s'arroger la jouissance exclusive (1).

De là une autre conséquence qui est particulièrement chère à Proudhon et qui forme la base principale de son système ou de l'organisation nouvelle qu'il propose à la société. Les hommes, quelle que soit la diversité de leurs aptitudes et de leurs talents, étant réduits à l'impuissance les uns sans les autres, deviennent égaux par leur association, puisque cette association leur est nécessaire à tous au même degré. Il sera donc juste de leur accorder le même salaire, et, pour que l'application de cette règle soit possible, on les empêchera de fournir au-delà de la tâche que la société réclame. Pourquoi, en effet, celui qui peut plus usera-t-il de ses forces pour ôter à son frère, avec le travail, le pain qui lui est nécessaire ? Cette tâche une fois déterminée, peu importe que celui-ci l'accomplisse en six heures, celui-là en douze. L'essentiel est que leur

(1) *Qu'est-ce que la propriété ?* p. 100 et suiv.

salaire soit le même ; car, puisque ni la matière, ni la richesse ne sont infinies, il faut y suppléer par l'égalité de rémunération, conséquence nécessaire de l'égalité des droits qui résulte de l'association et de l'abolition de la propriété. Mais ici nous sortons de la critique pour voguer à pleines voiles sur l'océan de l'utopie, et c'est la critique de Proudhon, c'est sa polémique contre la propriété que nous avons seulement dessein d'apprécier.

CHAPITRE XVIII

Comment Proudhon veut remplacer la propriété.

Voici en quels termes Proudhon prend congé de ses lecteurs, à la fin de son premier mémoire sur la propriété : « J'ai accompli l'œuvre que je m'étais proposée ; la propriété est vaincue, elle ne se relèvera jamais. Partout où sera lu et commenté ce discours, là sera déposé un germe de mort contre la propriété. » Les événements n'ont point justifié cet hymne de triomphe. La propriété est toujours debout et ne semble point disposée à mourir de sitôt. C'est qu'il n'est pas facile, quelque talent qu'on apporte dans cette entreprise, de renverser un droit proclamé par la raison, revendiqué par l'instinct et consacré par toutes les législations comme une des conditions de la société humaine ; mais il est plus difficile encore de remplacer un tel principe et de fonder sur les ruines qu'il laisse après lui un ordre nouveau, fruit de l'imagination ou du raisonnement. Aussi le système que Proudhon nous propose en son propre nom est-il bien au-dessous de sa polémique révolutionnaire; les institutions qu'il voudrait substituer à celle dont il a juré la destruction, pourraient au contraire servir à celle-ci de défense contre ses propres arguments.

Les deux mémoires de Proudhon contre la propriété aboutissent à ces deux conclusions : 1° la propriété doit être abolie pour faire place à la simple possession ; 2° le droit de possession est égal pour tous, car, tous les membres de la société étant nécessaires les uns aux autres, se trouvent par là même égaux entre eux et méritent d'avoir une part égale dans les produits de l'association.

Il s'agit maintenant de nous enseigner par quels procédés, par quelle organisation nouvelle de la société, ces deux principes pourraient obtenir une satisfaction complète et passer de la théorie dans l'application, de la conscience d'un homme de génie dans la vie réelle, dans l'existence économique des peuples. C'est ce que Proudhon a tenté dans un écrit presque oublié aujourd'hui, mais qui a fait beaucoup de bruit dans son temps et qui a donné naissance à une expérience avortée : Je veux parler de la *Banque du peuple*.

Quel est le but de la *Banque du peuple* ou, comme elle s'appelait d'abord, *de la Banque d'échange* ? C'est d'abord un changement complet, une révolution radicale dans le signe de la valeur. Au lieu de matières précieuses comme l'or et l'argent, que l'on conserve avec soin, qu'on ne prête pas sans intérêt, qu'on accroit par l'épargne et par le travail, de manière à en former de puissants capitaux, on se servira d'un papier appelé *bon de circulation*, qui ne portera pas d'intérêt, qui ne pourra pas être remboursé en numéraire, qui ne sera qu'un ordre de livraison payable à vue en produits ou en services, c'est-à-dire en nature. On aperçoit aisément les conséquences de cette première tentative, en supposant qu'elle soit possible. Si, d'une part, le signe de la valeur ne porte point d'intérêt et, par suite, ne gagne rien à être conservé ; si, d'autre part, ce titre ne peut être échangé contre une valeur inaltérable, universellement reconnue, susceptible d'être accumulée et laissée après nous en héritage à nos enfants ; s'il ne peut être remboursé qu'en produits et en services dont la qualité et la quantité sont variables à l'infini, qui, abondants aujourd'hui peuvent manquer demain, qui, excellents dans le lieu où je suis, seront peut-être détestables ailleurs, il est évident qu'on se hâtera de dépenser ce qu'il sera imprudent de confier à l'avenir ; les instincts de jouissance feront taire le sentiment de la conservation, tout capital tendra à disparaître et, avec le capital, la propriété elle-même ; la propriété sera remplacée par la possession. Aussi l'on comprend que Proudhon ait regardé cette idée comme la pierre angulaire de son système et qu'il ait écrit dans l'un de ses ouvrages (1) : « Le plus grand acte de la Révolution dans l'avenir sera la démonétisation de l'argent, dernière idole de l'absolu. » Mais ce changement n'est pas le seul que poursuit la *Banque du peuple* ; elle en prépare encore un autre qui ne serait pas moins digne de notre étonnement, s'il devait un jour se réaliser : c'est le crédit devenu accessible à tous, accordé sans rémunération et sans condition à tous ceux qui le réclament, ou du moins à toute personne valide, à tout membre actif de la société ; c'est, en un mot, la gratuité et, par suite, l'universalité du crédit. Ces mots n'ont pas besoin d'explication, ils conservent sous la plume de Proudhon leur sens naturel et économique ;

(1) *De la justice dans la Révolution et dans l'Église*, tome I, p. 514.

ils signifient que, pour avoir droit au capital social, pour obtenir une part dans les produits de l'activité commune, il ne sera pas nécessaire, comme aujourd'hui, d'offrir, comme garantie, une somme de richesses déjà acquises, un titre de propriété ou le signe représentatif d'un travail déjà accompli ; il suffira de se prévaloir du travail qu'on accomplira dans l'avenir et de produire, en guise de caution, sa bonne mine, son bon appétit ou tout au moins la bonne opinion qu'on a de soi-même : car celui qui n'a pas la santé ni la force, parlera de son talent et au besoin de son génie. Or, supposez un instant cette entreprise merveilleuse arrivée à bonne fin ; figurez-vous que la *Banque de France*, devenue banque nationale et même européenne ou cosmopolite, au lieu d'exiger comme aujourd'hui trois signatures pour un effet de commerce accepté par elle, consente à échanger ses billets contre un simple reçu signé de toute personne ayant bon œil, bonne jambe, bon teint, bonne opinion d'elle-même, et cela sans escompte, sans intérêt, sans autre charge à acquitter envers elle, même dans l'avenir, que le remboursement des frais d'administration, quel sera l'avantage de celui qui a déjà un capital sur celui qui n'a rien ? Le crédit gratuit de celui qui n'a rien ne vaudra-t-il pas autant que les titres ou les bons de circulation de celui qui possède ? Le crédit gratuit et universel achèvera donc l'œuvre déjà commencée par la démonétisation de l'argent. Celle-ci a pour effet inévitable de mettre la possession à la place de la propriété ; le crédit universel et gratuit aura pour résultat non moins infaillible, pourvu qu'il puisse s'établir, d'introduire l'égalité dans la possession.

La *Banque du peuple* suffit donc pour réorganiser la société selon les vues de Proudhon. Elle donne une satisfaction complète aux deux principes que nous avons énoncés tout à l'heure, aux conclusions qui sortent de toutes ses attaques contre la société actuelle. Elle est la plus haute expression de ses idées, non seulement économiques, mais sociales ; elle est le suprême effort du génie dont il se vante avec un orgueil sans exemple.

L'expérience a prononcé sur la Banque du peuple ; elle a été mise à l'essai et a complètement échoué. Mais on peut toujours reviser l'arrêt de l'expérience sous un prétexte ou sous un autre. Tantôt elle n'a pas été complète ; tantôt elle s'est faite dans des circonstances défavorables ; une autre fois, elle a rencontré des auxiliaires perfides ou inhabiles. Il faut donc, pour être autorisé à juger en dernier ressort un système de réforme sociale, qu'on s'adresse en définitive à la raison, au bon sens ou à cette expérience générale qui n'est que la raison manifestée par les faits. Or, si l'on consulte la raison sur le régime étrange, inouï qu'a inauguré Proudhon, voici quelques-unes des difficultés qu'elle y trouve ; il n'y en pas une qui ne soit un arrêt de mort.

Le premier inconvénient de ce système, c'est de détruire le capital, c'est-à-dire l'instrument le plus puissant, non seulement de la richesse publique, mais de la civilisation elle-même, des arts, des sciences, des lettres, du commerce, de la navigation, de tout ce qui met l'homme au-dessus de l'ignorance, de la barbarie et de la misère. Le capital une fois détruit, ce ne sont pas seulement les moyens de production qui périssent entre nos mains, mais aussi la volonté de produire : car nous avons bien plus d'ardeur au travail pour ceux qui nous sont chers que pour nous-mêmes ; nous aimons mieux agrandir l'héritage de nos enfants que notre propre fortune, que nos jouissances personnelles ; et, s'il faut que la propriété se confonde avec la possession, si la consommation de chacun de nous doit absorber les fruits de ses labours, notre âme a perdu plus de la moitié de son énergie, notre industrie s'émousse, notre intelligence s'endort dans l'oisiveté. Proudhon admet, il est vrai, l'hérédité, à la condition que nul ne pourra cumuler deux héritages ; mais c'est une contradiction de plus dans son système; car si les uns sont héritiers et que les autres ne le soient pas, où se trouve l'égalité ?

Le second inconvénient de ce système, c'est de détruire le signe de la valeur, de ramener la société aux échanges matériels, c'est-à-dire aux jours de son enfance. Comment admettre, en effet, que ce bon de circulation qui n'est pas même un papier-monnaie, qui n'a pas même le caractère uniforme de l'assignat, mais qui est simplement un ordre de livrer certains produits ou de prêter certains services, puisse avoir partout une valeur identique ? Cent mètres de drap, par exemple, peuvent me représenter une même quantité de tissus bien différents, et ce que nous disons des œuvres de l'industrie s'applique parfaitement aux produits naturels. Les fruits, le blé, le vin, la laine, le coton, le bétail, varient à l'infini de qualité et, par conséquent, de valeur. Il en est de même encore des services matériels : voilà, par exemple, un titre qui me donne droit à cinquante journées de travail ; mais quelles journées ? les journées d'un homme du Nord ou d'un homme du Midi ? d'un homme de trente ans ou d'un homme de cinquante ? des journées d'hiver ou des journées d'été ? C'est en vain qu'on voudrait définir avec précision la nature des produits et des services ; on n'y réussira jamais ; la lice restera toujours ouverte aux procès, aux disputes, aux surprises. La société, si elle pouvait accepter un seul jour cette inqualifiable utopie, s'abîmerait bientôt dans un immense chaos.

Que dire maintenant du crédit gratuit et universel ? A-t-on jamais imaginé contradiction plus insoutenable, énigme plus incompréhensible ? Un crédit ouvert à tous et sur tous ! c'est le néant, car, d'une part, les titres de ce crédit, dépourvus de toute garantie, ne seraient acceptés de personne, et d'autre part, comme ils ne donnent droit à rien, comme ils n'offrent aucun avantage, personne ne les demanderait. S'ils valent quelque chose, c'est que, pour les obtenir, il faut offrir quelque garantie et, dans ce cas, ils ne sont pas accordés à tout le monde. Si au contraire, ils sont accordés à tout le monde, c'est qu'ils ne valent rien et qu'il n'y a pas lieu de s'en soucier. Il n'y a pas de milieu entre ces deux propositions.

Cependant nous concevons un état de choses où ceux qui n'ont rien fait et qui ne font rien, où les lâches et les incapables jouissent des mêmes droits, recueillent la même part de la richesse publique que les plus intelligents et les plus laborieux. Cet état de choses, quel est-il ? C'est le communisme. Le communisme seul, s'il pouvait durer, transformerait la propriété en possession et rendrait la possession égale pour tous les membres de la société. Mais alors comment ce régime a-t-il pu mériter de la part de Proudhon une si énergique réprobation ? C'est qu'il voudrait le principe sans les conséquences; il voudrait l'abolition de la propriété avec la liberté et avec le travail; ou la communauté sans la servitude et sans la misère; ce qui est impossible.

Proudhon, après l'avortement complet de l'essai qu'il avait tenté en 1849 et qu'il avait eu l'imprudence d'annoncer avec tant de fracas, abandonna le mécanisme de la Banque du peuple, mais sans renoncer aux principes sur lesquels elle était fondée. Dans l'un de ses ouvrages : *la Justice dans la Révolution et dans l'Église* (1), il les reproduit avec la même assurance et les applique successivement à toutes les relations de la vie économique de la société. La règle commune de toutes ces relations, c'est la réciprocité parfaite ou l'égalité, car l'égalité, selon Proudhon, est la définition même ou l'essence de la justice, et la justice est le fondement unique de l'ordre social. L'égalité du salaire et du travail sera donc, dans l'avenir, la règle des ouvriers et des maîtres, ou la règle de tous les producteurs et de tous les consommateurs; car ouvrier et maître sont deux termes qui disparaîtront de la langue, comme les différences qu'ils expriment disparaîtront de la société. Quand il n'y aura plus de propriété ni de capital, tous seront à la fois producteurs et consommateurs. L'égalité dans l'échange sera la règle des acheteurs et des vendeurs; c'est-à-dire qu'un produit ne pourra pas être vendu plus c... qu'il n'a coûté, en comprenant dans le prix de revient les frais de garde et de transport. « Toute vente de marchandises, dit Proudhon, dont la valeur est surfaite ou surchargée de frais parasites, est un

---

(1) T. III, p. 280 et suiv.

vol (1). » Et pourquoi en serait-il autrement ? Tous étant à la fois acheteurs et vendeurs, puisque tous seront à la fois producteurs et consommateurs, tous sont intéressés et autorisés à réclamer l'observation de ce principe.

La réciprocité du prêt et de l'escompte, ou, ce qui revient au même, l'égalité de l'emprunteur et du prêteur, du commerçant et du banquier, de l'escompteur et du possesseur de titres escomptables, voilà la règle du crédit public et de toutes les opérations de banque. En d'autres termes, l'intérêt de l'argent sera aboli, le crédit sera gratuit, et l'emprunteur ne devra rien au prêteur qu'une modique taxe pour frais de vérification et d'enregistrement. La commandite du travail sera substituée à la commandite du capital (2).

Comme l'égalité est impossible entre le propriétaire et le fermier ; entre le premier, qui perçoit la rente de la terre et le second qui la paye, la rente de la terre sera abolie et avec elle la propriété foncière. La rente de la terre ne sera plus autre chose que l'impôt payé à l'Etat.

Reste encore à déterminer les rapports du locataire et du propriétaire de maison. Ces rapports se fonderont comme les autres sur l'égalité. Le loyer sera réglé exactement sur la rente du capital représenté par la maison, sur l'impôt qu'elle paye à l'Etat, sur les frais d'entretien et de garde ; en sorte que le propriétaire, ne retirant de sa maison que l'argent déboursé chaque année, n'a aucun intérêt à la garder. Bien plus, il n'a aucune raison, le loyer étant nul, de choisir entre un

---

(1) *De la Justice dans la Révolution et dans l'Eglise*, t. III, p. 286.
(2) *Id., Ibid.*, p. 298.

locataire et un autre, il aimera mieux, au besoin, se considérer comme locataire dans sa propre maison ; toute différence, toute inégalité aura disparu entre les deux rôles.

Nous ne discuterons pas ces principes au point de vue de la justice et du droit ; nous ne demanderons pas pourquoi l'égalité des fortunes, qui en est le lien commun et l'expression suprême, est le seul mode rémunérateur applicable à des êtres inégaux sous tous les rapports : par leurs facultés, par leur travail, par les résultats de ce travail, par l'usage qu'ils font de leur volonté et de leurs forces ; nous voulons seulement montrer qu'il n'y a qu'une seule manière de mettre ces règles en pratique : c'est de substituer partout et toujours l'intervention de l'Etat, l'action de l'Etat à la liberté et au droit individuel. Proudhon nous accorde lui-même que pour obtenir l'égalité entre le producteur et le consommateur, entre le maître et l'ouvrier, entre le vendeur et l'acheteur, il faudra substituer aux magasins particuliers des entrepôts publics, des docks nationaux où le prix de chaque produit sera fixé par la société elle-même. Cela n'est pas autre chose que l'intervention arbitraire de l'Etat.

Il faudra la même action, le même pouvoir pour supprimer l'intérêt de l'argent, pour abaisser le prix de l'escompte aux frais d'administration, pour substituer la commandite du travail à la commandite du capital, pour forcer les capitaux à courir les aventures. En d'autres termes, il faudra la confiscation des banques particulières au profit d'une banque publique et nationale. Il faudra que l'Etat se fasse banquier, comme il s'était fait tout à l'heure marchand et garde-magasin.

A plus forte raison l'intervention de l'Etat sera-t-elle

nécessaire pour détruire la vente de la terre, ou la propriété foncière, pour régler le loyer sur la quotité de l'impôt et les frais d'entretien, c'est-à-dire pour abolir la propriété des maisons.

L'Etat sera donc partout, l'Etat sera tout, il fera tout, toutes choses seront livrées entre ses mains et il en disposera comme il lui conviendra. Or, comment nomme-t-on cet ordre social? Le communisme, ou pour nous servir des expressions mêmes de Proudhon, la religion de la servitude et de la misère. Et Proudhon ne veut pas du communisme. S'il n'en veut pas, qu'il accepte avec nous la propriété. Car entre la propriété et la communauté, il n'y a pas de milieu. Qui n'est pas pour l'une est pour l'autre. Nous avons donc eu le droit de dire tout à l'heure que le système de Proudhon est une apologie indirecte de la propriété, et une apologie d'autant plus sincère qu'elle lui est arrachée par l'évidence et par la force des choses.

CHAPITRE XIX

La transmission de la propriété. — Le droit de tester.

Après avoir examiné tous les principes sur lesquels repose le droit de propriété ; après nous être convaincus que la cause de la propriété est la même que celle de la liberté, de la famille et de la civilisation ou de la dignité, du bien-être et des progrès intellectuels du genre humain, nous avons discuté les principales objections qui lui ont été opposées depuis les temps les plus reculés jusqu'à nos jours, et nous n'y avons trouvé que sophismes, contradictions, chimères, ou quelque chose de pis, l'apologie des passions antisociales.

Cependant ce grave sujet n'est pas épuisé. Il nous reste encore à étudier la propriété sous une nouvelle face, dans une de ses applications les plus importantes et les plus fécondes, dans un de ses effets sans lequel elle reste frappée de stérilité, menacée de disparaître d'un jour à l'autre, privée de tous les titres qui en font la moralité et la durée. Il nous reste à rechercher si les biens que nous avons acquis par notre travail, que nous avons créés par notre industrie ou conservés à force de sacrifices, nous avons le droit de les laisser après nous à nos enfants, à nos proches, à nos amis, à ceux qui ont été pendant notre vie l'objet de notre dévouement et de notre tendresse. En un mot, nous avons à examiner si la propriété doit être héréditaire.

On voit sur-le-champ quelle est l'importance de cette question, non seulement au point de vue de la liberté ou du droit individuel, mais au point de vue moral, au point de vue de la famille, au point de vue de la liberté civile et politique, enfin au point de vue de l'économie sociale. Car, supposons un instant l'hérédité abolie, quel changement dans les habitudes et dans les mœurs! Au lieu de travailler pour ses enfants et pour ses proches, on ne travaillera que pour soi. Tout ce qu'on aura amassé, on voudra le dépenser pour ne pas le laisser à des indifférents ou à cette abstraction insaisissable qu'on appelle la communauté. Ce besoin, et, en quelque sorte, cette nécessité de dépenser donnera l'essor à tous les vices et à toutes les passions. Voilà pour la morale. L'égoïsme une fois déchaîné et avec lui les plus immondes instincts du cœur humain, que deviendra la famille, la sainteté du mariage, la sollicitude des parents pour les enfants, le respect des enfants pour les parents? Quel motif restera-t-il à leur dévouement réciproque quand cette vertu sera condamnée à l'impuissance, quand elle ne pourra plus se manifester par des sacrifices réels et par des œuvres durables? La société, héritière unique, héritière universelle de tous les biens, passera nécessairement sous le régime de la communauté, et nous n'avons pas besoin de rappeler quelles sont les conséquences de cet ordre de choses. On a vu que, dans la théorie comme dans la réalité, partout où il a pu se faire jour, il a eu pour résultat la servitude et la misère.

Imaginons maintenant que l'hérédité soit reconnue par les lois, mais que, au lieu de reposer sur les légitimes affections du cœur humain, sur l'usage légitime de notre liberté, elle ait pour base un principe artificiel, arbitraire, comme le droit d'ainesse étendu à toutes les familles ou l'exclusion des femmes, les conséquences que nous avons aperçues tout à l'heure se présenteront de nouveau, quoique contenues dans des limites plus restreintes. Elles menaceront la liberté individuelle, l'ordre moral, ou tout au moins le sentiment de la justice, les affections de la famille, l'égalité civile, la liberté politique non seulement des citoyens, mais du gouvernement lui-même, devenu l'esclave d'une aristocratie orgueilleuse, et enfin l'ordre économique, les forces productives de la société.

Le problème qui se présente devant nous intéresse donc l'ordre social tout entier, il ne le cède en importance à aucun de ceux que nous avons rencontrés jusqu'ici. Sans nous détourner du droit privé, il nous ouvre une perspective sur le droit public en nous débarrassant dès à présent d'un élément parasite du pouvoir et d'un des obstacles les plus dangereux à l'émancipation politique des peuples. Il nous fournit l'occasion de nous expliquer sur les attaques plus ou moins détournées que des esprits systématiques ne cessent de diriger contre notre droit de succession, afin de relever, par l'iniquité et l'arbitraire consacrés dans la famille, tout un système d'iniquités politiques.

L'hérédité se compose de deux choses étroitement unies dans la raison qui cherche à les comprendre, mais qui peuvent exister séparément et qui se développent souvent en raison inverse l'une de l'autre : nous parlons du droit de tester ou de transmettre

ses biens par testament, et du droit de succéder
en l'absence de tout acte de cette nature, par le
seul fait qu'on avait avec le mort un degré déterminé
de parenté. C'est ce qui s'appelle, dans la langue de la
jurisprudence, une succession *ab intestat*. On conçoit
qu'en fait, dans les codes des différents peuples, ces
droits puissent s'exercer au préjudice l'un de l'autre ;
que le droit de tester fasse disparaitre en quelque
sorte le droit de succéder, en ne lui laissant que des
chances aléatoires et des applications fortuites ; que le
droit de succession, fixé d'une manière irrévocable sur
des principes déterminés, ne laisse qu'une faible place
au droit de tester, comme cela a lieu en vertu des dispositions du Code civil. Mais dans l'ordre naturel, c'est-à-
dire devant la raison, devant l'éternelle justice, ils sont
non seulement inséparables, mais presque identiques.
Le droit de tester ne se justifie que par les devoirs du
testateur, par ses affections légitimes, par les droits
qu'il a créés ou que sa conscience le force à reconnaitre. Le droit de succéder repose exactement sur le
même principe, et la loi, quand elle est juste, le mesure
toujours sur la volonté présumée d'un homme de bien,
bon père, bon fils, bon frère, bon parent, qui dispose de
sa fortune comme il le doit. Il résulte de là qu'au droit
de succession n'appartient que la seconde place dans
l'étude de la question de l'hérédité, car il n'est, pour
ainsi dire, qu'une conséquence et une application du
droit de tester. Si celui-ci pouvait être légitimement
aboli, le droit de succession devrait disparaitre avec
lui, ou ne serait plus qu'une pure convention sociale.

Il n'entre pas dans notre dessein de faire l'histoire
du testament qui, se confondant avec l'histoire de la
propriété et même de la société civile, nous condui-

rait trop loin et serait d'une médiocre utilité pour le but que nous voulons atteindre. En quoi serons-nous plus avancés quand nous saurons ce qu'a été le testament chez les Assyriens, chez les Indiens, chez les Egyptiens, les Hébreux, les Grecs, les Romains, les Germains, et dans la société féodale du moyen âge? Faut-il d'ailleurs tant de recherches pour comprendre que là où la propriété, comme dans l'antiquité orientale, est concentrée dans les mains du prince ou d'une caste privilégiée, le droit de tester est tout à fait inconnu ? Qu'il en est de même dans les contrées où la propriété, frappée, comme chez les Hébreux, d'un caractère théocratique et immuable, est rapportée uniquement à Dieu ; qu'il en est de même encore dans les républiques de l'antiquité, par exemple à Sparte, dans la Crète, dans la société imaginaire de Platon, où les biens appartiennent à l'État, où l'État seul fixe le partage des terres et en dispose en maître absolu ? Chez les Romains eux-mêmes, au moins pendant la durée de la république, le testament est plutôt une institution politique, fondée dans l'intérêt d'une caste, qu'une institution civile appelée au secours du droit naturel et des intérêts les plus chers de l'humanité. Dans la société féodale c'est pis encore. La propriété est une concession inaliénable, faite sous la condition du service militaire, qui n'est devenue héréditaire que par une sorte d'usurpation, et qui dans l'hérédité même a toujours conservé son caractère militaire et inaliénable. Quant aux vilains, gens de mainmorte, taillables et corvéables à merci, ils n'avaient le droit ni de tester, ni de succéder, même pour le pauvre pécule si durement acheté au prix de leurs souffrances et de leurs sueurs. Ce n'est qu'à une époque déjà avancée de l'histoire du moyen âge qu'on leur permet de transmettre à leurs enfants ou à leurs proches un héritage de cinq sols. Tous ces faits, encore une fois, peuvent être curieux à recueillir, ils peuvent augmenter notre pitié pour les générations écoulées et corroborer notre foi dans la loi du progrès ; mais il ne faut pas leur demander la solution d'un problème de morale ou de droit naturel, ni même une juste appréciation de notre droit positif. Nous examinerons donc en elle-même la question que nous venons de soulever, et nous nous demanderons sur quel fondement repose le droit de tester.

Tous ceux qui ont nié le droit de propriété, tels que Rousseau, Mably, Mirabeau, Robespierre, Montesquieu lui-même, ont nécessairement dû nier en même temps le droit de tester et en faire une institution purement civile, variable selon les temps, selon les lieux et la forme du gouvernement. C'est au nom de ce principe que l'auteur de l'*Esprit des lois* est un si grand partisan des majorats et des substitutions. C'est ce principe qui lui a fait dire : « Le père est obligé de nourrir son enfant, mais il n'est pas obligé de le faire héritier. » Nous ne discuterons pas contre cette classe d'adversaires, parce qu'il faudrait revenir sur nos pas et remettre en question une cause que nous croyons avoir suffisamment défendue.

D'autres, en admettant la propriété comme un droit naturel, la font reposer uniquement sur l'occupation ou le droit du premier occupant. Comme l'occupation est un fait purement personnel et temporaire, il en résulte, d'après eux, que la propriété a le même caractère et que le droit de tester n'existe qu'en vertu de la loi civile. Parmi les partisans de cette opinion on compte quelques-uns des plus grands noms de la jurisprudence, Merlin, Toullier, Grenier, Proudhon (le légiste), Tronchet lui-même. « Quand un homme meurt, dit Binckershoeck, sa place est vacante suivant le droit naturel et un autre homme prend sa place, comme l'onde prend la place de l'onde qui a expiré sur le rivage. » Tronchet, au sein de l'Assemblée constituante, a professé la même doctrine. Voici ses propres termes : « La loi immuable de la nature, qui a créé l'homme mortel, borne invinciblement son droit de propriété, sinon à un simple usage, au moins dans les limites de son existence. Le droit de transmettre après lui n'est donc qu'une exception à la loi naturelle primitive et une concession nécessaire que la loi civile a faite à l'homme, moins pour son avantage personnel que dans l'intérêt commun de la société. »

Même si l'on n'admet d'autre origine de la propriété que le droit du premier occupant, le droit de tester pourrait encore se défendre si l'argument de Leibniz était fondé. Cet argument, c'est l'immortalité de l'âme, qui, prolongeant notre existence au-delà de la tombe, nous laisse toujours les maîtres des biens que nous avons possédés durant cette vie et nous permet de considérer nos héritiers comme nos fondés de pouvoir. « *Testamenta vero, meo jure, nullius essent momenti,* « *nisi anima esset immortalis. Sed quia mortui* « *adhuc vivunt, ideo manent domini rerum ; quos* « *vero haeredes reliquerunt concipiendi sunt ut pro-* « *curatores in rem suam* (1). » Mais nous doutons que Leibniz lui-même ait attaché une grande importance à ce raisonnement, qu'il a produit dans

---

(1) *Nova methodus discendæ docendæque jurisprudentiæ.*

une œuvre de sa jeunesse. C'est bien un raisonnement de l'autre monde, absolument inapplicable aux besoins, aux lois et aux conditions de celui-ci. Comment un esprit pur sera-t-il considéré comme le propriétaire d'une chose matérielle? Comment cette propriété pourra-t-elle s'exercer, se manifester ou se continuer ? Quels ordres donnera-t-il à ses prétendus fondés de pouvoir et pour quels besoins ? Non, la propriété n'a de racines que dans la nature présente de l'homme, dans les devoirs et dans les droits de cette vie ; il est impossible, même à la pensée, de la transporter au delà.

Il faut que le droit de tester s'appuie sur d'autres fondements ; il faut qu'il se justifie par la véritable nature de la propriété et par la nature de l'homme, par les besoins que lui créent ses affections, par les lois de sa conscience, par les obligations qu'il a à remplir envers sa famille, envers la société et celles de la société envers lui.

Le droit de tester se présente d'abord comme une conséquence rigoureuse de la propriété, comme une façon légitime de jouir des biens qu'on a acquis, qu'on a créés ou conservés à force de labeurs et de sacrifices. Quoi! les jouissances matérielles que la propriété peut me procurer seraient toutes permises, et non les jouissances morales, les jouissances du dévouement et du sacrifice, le bonheur d'avoir travaillé pour ceux que j'aime, le bonheur de les rendre heureux, riches et indépendants pour le temps où je ne serai plus avec eux?

Il nous sera permis pendant notre vie de donner ce que nous avons, il nous sera permis de le vendre avec réserve d'usufruit, il nous sera permis de nous en dépouiller comme il nous plait et pour qui il nous plait, et il nous sera défendu d'en disposer par testament ! Il faut le consentement du vendeur ou du donateur pour qu'il y ait un acte de donation ou de vente ; il faut aussi le consentement du testateur pour que le testament ait son effet. Si donc le testateur refuse de saisir la société de son patrimoine, que fera la société ?

A quel titre d'ailleurs la société s'emparerait-elle de mon patrimoine, de tous les biens que je laisse après moi ? Ces biens, je ne les aurais pas acquis, je ne les aurais pas créés ou conservés sans la pensée de les laisser après moi aux objets de ma sollicitude et de ma tendresse. Ils n'existent qu'à la condition expresse que la société me permettra d'en faire cet usage, et il faut que la société soit fidèle à son engagement. De même que le droit de posséder est la condition du droit de tester, nous pouvons dire aussi : sans le droit de tester, point de propriété, point de travail, point d'activité, point de sacrifices, point de richesses particulières capables d'augmenter la richesse et le bien-être publics.

Le droit de tester ou du moins le droit de transmettre ses biens, soit par testament, soit d'une autre manière, est un des plus solides fondements, une des conditions les plus nécessaires de la famille: car la famille, nous l'avons démontré, n'existe pas sans le dévouement, et le dévouement n'existe pas s'il ne peut se manifester par des actes. Le père est obligé de pourvoir à la subsistance, à l'éducation, et, autant qu'il dépend de lui, à l'avenir de ses enfants. Sait-il s'il ne mourra pas avant qu'il les ait mis en état de se suffire ? s'il ne les laissera pas après lui livrés à toutes les faiblesses de l'enfance, à l'indifférence des hommes, aux accidents de la fortune? Son cœur et sa conscience lui font donc un devoir de conjurer ce malheur. Cette même sollicitude il la doit à sa femme, à sa jeune sœur, à son vieux père et à sa vieille mère. Abolissez tous ces devoirs, la famille elle-même est détruite, et il ne reste plus sur ses ruines que l'égoïsme et la luxure.

Mettons-nous maintenant à la place des enfants; supposons-les arrivés à la force de l'âge; supposons qu'on les ait pourvus de talents ou d'une profession capables de leur créer une place honorable dans la société, est-ce que rien ne leur est dû sur les biens de leur père? N'en ont-ils pas joui, ne les ont-ils pas possédés par avance? N'ont-ils pas été bercés dans l'espérance de les posséder toujours? N'ont-ils pas contribué par leur travail, par leur dévouement, par l'ordre qu'ils ont mis dans leur vie, par les espérances qui reposaient sur leurs têtes, à les conserver ou à les accroître? En un mot, ils ont été, comme disent les jurisconsultes, copropriétaires, et personne n'a le droit de les dépouiller.

Enfin c'est un devoir pour la société elle-même de conserver un droit qui fait sa prospérité et sa force. L'abolition de l'hérédité ne serait pas seulement le renversement de la famille, elle serait la ruine de la société entière; la société perdrait avec elle tout à la fois ses forces morales et ses richesses, le foyer des sentiments qui font sa grandeur et sa dignité, et les capitaux, les instruments de travail qui font sa prospérité et sa puissance matérielle. Toutes les richesses acquises par la famille, toute la culture qui se développe par le moyen de ces richesses tournent à l'avantage de la société tout entière. C'est elle qui brille par la lumière de tous, qui s'enrichit par le travail de tous, qui avance par le progrès de tous. L'industrie et la science qui se développent à l'abri de ses lois sous l'aiguillon des pures et nobles affections du foyer domestique, c'est elle qui, en définitive, en recueille tous les fruits.

CHAPITRE XX

Le droit de succession.

La question de l'hérédité, comme nous l'avons dit, comprend deux questions secondaires : le droit de transmission et le droit de succession. Ayant déterminé les bases et les conditions du premier, il nous reste à nous occuper du dernier.

Toutes les raisons sur lesquelles se fonde le droit de transmettre après sa mort les biens qu'on a pu acquérir ou dont on jouit légitimement pendant sa vie, déterminent aussi les limites de ce droit et l'empêchent de dégénérer en acte d'arbitraire, d'aveugle faveur. Il est évident que s'il prend son origine dans les devoirs que j'ai à remplir envers ma famille, surtout envers mes enfants et les auteurs de mes jours, dans les devoirs que j'ai à remplir envers la société, ou que la société est obligée d'observer envers elle-même, dans le respect que je dois à une copropriété reconnue par moi et établie par une longue possession, je ne puis pas l'invoquer contre ces raisons mêmes et pour un usage opposé à celui qu'elles me prescrivent.

Nous ajouterons que, dans le cas où le droit de transmission s'expliquerait, comme l'a prétendu un illustre jurisconsulte, par la seule idée de la liberté, il ne pourrait pas être exercé de manière à compromettre la liberté d'autrui, soit dans la famille, soit dans la société civile. Ainsi comprises, les restrictions imposées au droit de transmission deviennent le fondement et la règle du droit de succession : car elles créent nécessairement, pour celui qui est appelé à succéder ou à hériter, des titres naturels, légitimes, indépendants de la volonté de celui qui transmet, inviolables alors même que cette volonté se serait égarée ou aurait négligé de se manifester.

Parmi les titres de cette espèce, il n'en est pas de plus sacré que celui de l'enfant sur la fortune, c'est-à-dire sur le dévouement, sur la sollicitude et sur la tendresse de ses parents. Aussi la législation française, rompant avec les traditions féodales et les institutions aristocratiques de la vieille monarchie, en a-t-elle fait la pierre angulaire de l'édifice de 89 et la base de la société nouvelle. Déjà le droit romain, se dérobant à l'orgueil féroce de la loi des Douze Tables, avait permis d'attaquer et d'annuler par voie de justice, et comme un acte accompli sous l'empire de la folie, le testament par lequel un père, sans motifs légitimes, avait traité en étrangers ou en ennemis les fruits de ses entrailles en les expulsant de sa maison et de son patrimoine. Le Code civil, plus humain, plus juste, plus vigilant à défendre les droits de la nature et de la famille, ne permet pas qu'un tel scandale puisse se produire. Dès qu'il existe des enfants en présence d'une succession ouverte, ils sont les héritiers de droit, et la part faite à la liberté, à la faveur, à des affections étrangères ne peut aller jusqu'à les dépouiller ou à leur donner, devant les objets des libéralités paternelles, une position subalterne.

Quand nous parlons du droit de l'enfant sur la fortune de ses parents, il est évident qu'il s'agit, sans distinction, de tous les enfants, au moins de tous les enfants légitimes. Car ce que les parents doivent à l'un, ils le doivent à tous, il ne leur est pas permis, en principe général, quand il n'existe aucun acte capable de justifier une telle inégalité, de les sacrifier les uns aux autres ou tous à un seul ; et même quand il existe un motif de préférence, comment lui accorder le pouvoir de détruire entièrement les effets de ces titres inaliénables de fils et de père, de renverser de fond en comble les plus saints droits de la nature ? Le Code civil est donc, en quelque sorte, l'expression fidèle de la raison, de la justice et de l'ordre naturel, c'est-à-dire de l'ordre établi dans la famille par le créateur lui-même, lorsqu'il dit, article 745 : « Les enfants ou leurs descendants succèdent à leurs père et mère, aïeuls, aïeules ou autres ascendants, sans distinction de sexe ni de primogéniture, et encore qu'ils soient issus de différents mariages. Ils succèdent par égales portions et par tête quand ils sont tous au premier degré et appelés de leur chef : ils succèdent par souche lorsqu'ils viennent tous ou en partie par représentation. »

Le principe qui domine cette loi n'a pas besoin d'apologie, il est la règle des successions quand la famille est restée fidèle à l'ordre naturel, quand le père et les enfants ont respecté leurs mutuels devoirs et quand les enfants n'ont rien perdu de leurs droits. Le contraire a-t-il lieu ? Alors le père, avant de mourir, a le droit de faire entendre sa voix ; son autorité peut se donner carrière dans un testament d'après la mesure que nous avons fixée tout à l'heure, c'est-à-dire de telle sorte qu'il puisse manifester son mécontentement ou sa préférence sans méconnaitre absolument ses propres obligations et les droits de son sang, sans donner l'exemple d'une dissolution déplorable des liens les plus précieux et les plus chers. En effet, le père conserve, sous l'empire du Code civil, le droit de tester. Il peut disposer, soit par donations entre vifs, soit par testament, de la moitié de son bien, s'il ne laisse en mourant qu'un enfant légitime, du tiers s'il laisse deux enfants, du quart s'il en laisse trois ou un plus grand nombre (art. 913). Est-ce assez ? Est-ce trop ? Nous n'avons pas à nous occuper de cette question secondaire, qui d'ailleurs n'est pas susceptible d'une solution rigoureuse. Il nous suffit d'avoir montré que notre législation, malgré les prétentions contraires, respecte également ces deux principes conservateurs de la famille et de la société : le droit de l'enfant, l'autorité du père, et c'est parce qu'elle les respecte et les consacre l'un et l'autre, qu'elle n'a pas permis que le dernier pût anéantir le premier. N'envisageant la famille que par un seul côté ; oubliant que les parents en donnant la vie à leurs enfants, leur ont promis de se consacrer, autant qu'il est en leur pouvoir, à leur sécurité, à leur bonheur ; espérant que le despotisme domestique pourrait faire renaître l'aristocratie politique, quelques écrivains de nos jours demandent qu'on relève l'autorité paternelle et que la liberté de tester soit la première de ses attributions. L'autorité paternelle, leur répondrons-nous, a heureusement une autre base que l'intérêt, même l'intérêt bien ou mal compris de l'Etat. Elle n'est plus cette chose sainte qu'exprime son nom, l'image auguste de la divinité elle-même, quand elle ne repose pas sur le respect et sur l'amour, quand elle a renoncé à se faire accepter par la force des bienfaits et des bons exemples, par la puissance de la sagesse et de la persuasion.

Mais un ordre de succession fondé sur la justice et les affections naturelles du cœur humain ne doit-il tenir compte que du droit de l'enfant sur la fortune des parents? Non, il faut qu'il reconnaisse également le droit des parents sur la fortune de leurs enfants, le droit des frères et des sœurs sur la fortune de leurs frères et de leurs sœurs. Entre tous les membres de la famille, la nature a établi une sorte de communauté qui remplace celle du père et des enfants quand celle-ci n'existe pas ou qu'elle a été dissoute par la mort. L'appui que le père et la mère auraient trouvé dans la personne de leur enfant, il est juste qu'après sa mort, ils le trouvent dans ses biens. La même règle s'applique aux frères et aux sœurs. Les droits du père et de la mère sont assurément supérieurs à ceux des frères et des sœurs, mais le législateur français les a placés sur la même ligne (1), sans doute par ce motif qu'il ne doit pas entrer dans la prévision des parents qu'ils succéderont à leurs enfants et que la probabilité ou le cours ordinaire des événements est une sorte de promesse digne d'être respectée par la loi. Nous serions médiocrement touchés de cette raison, si les droits des parents ne reprenaient la supériorité sur ceux des frères et des sœurs dans deux autres articles du Code civil, nous voulons parler des articles 915 et 916 qui, en cas de testament, réservent au moins la moitié des biens du testateur pour son père et pour sa mère et lui

---

(1) Art. 718.

laissent toute sa liberté quand il n'a que des frères et des sœurs. Voici textuellement ces deux articles :

Art. 915. « Les libéralités par acte entre vifs ou par testament ne pourront excéder la moitié des biens, si, à défaut d'enfant, le défunt laisse un ou plusieurs ascendants dans chacune des lignes paternelle et maternelle, et les trois quarts s'il ne laisse d'ascendants que dans une ligne. »

Art. 916. « A défaut d'ascendants et de descendants, les libéralités par acte entre vifs ou testamentaires pourront épuiser la totalité des biens. »

L'ordre naturel se trouve ainsi rétabli. Aux parents, la loi reconnait des droits imprescriptibles qu'aucune affection étrangère, aucune obligation nouvelle, autre que celle de la paternité, n'a la puissance d'abolir. Aux frères et aux sœurs, elle accorde des droits moins rigoureux parce qu'ils se rattachent à des devoirs moins nettement définis. Il y a ici une place pour la liberté du testament, c'est-à-dire pour la liberté des affections, des amitiés, des dévouements étrangers qui peuvent créer autour de nous une famille adoptive jugée digne de notre prédilection, car si un frère, comme on l'a dit, est un ami donné par la nature, il y a des amis plus tendres et plus dévoués que des frères. Mais il faut que nos adoptions soient expressément déclarées, autrement les affections naturelles conservent tous leurs droits. Ici encore la loi reste fidèle à la justice, à la raison, à l'ordre naturel. Elle a fait la part des droits du sang et de ceux de la liberté, dans la mesure où ces derniers ne sont pas contraires aux premiers et aux devoirs sur lesquels repose la famille en général.

La protection et, si l'on peut ainsi parler, la tendresse

de la loi ne s'est pas arrêtée aux objets les plus directs de nos affections naturelles, aux enfants, aux parents, aux frères et aux sœurs, elle suit, aussi bien qu'elle le peut, la ligne ascendante et descendante, elle admet pour héritiers des parents collatéraux jusqu'au douzième degré. C'est étendre son action un peu loin peut-être et compter un peu trop sur l'autorité des documents généalogiques. Mais un excès de libéralité est moins à craindre ici qu'un excès de parcimonie. Plus est féconde et bienfaisante l'influence des affections légitimes dans le champ de la succession, plus il y a de garantie offerte à la propriété individuelle, plus il y a de richesse, de bien-être, d'instruments de travail mis en circulation. L'État, c'est-à-dire la société, en renonçant à tous ces biens, n'y perd pas, ils lui reviennent avec usure, multipliés par les forces qui n'appartiennent qu'à l'individu et à la famille.

N'oublions pas de dire qu'après les héritiers légitimes, la loi, d'accord avec l'humanité, réserve aussi une place au pauvre délaissé que les passions ont fait naître en dehors du foyer conjugal, en dehors des conditions de la société, nous voulons parler de l'enfant naturel. Il n'est pas permis de faire moins sans révolter tous les sentiments du cœur humain ; il est impossible de faire plus sans compromettre les lois de l'ordre moral. La Convention nationale, en conférant aux enfants naturels les mêmes droits qu'aux enfants légitimes, a justement alarmé toutes les consciences et compromis pour un temps la cause de la Révolution dans le domaine des lois civiles. Ceux qui aujourd'hui, au nom du progrès et de la démocratie, nous proposent de revenir au décret de la Convention, sont les apôtres déclarés ou dissimulés du communisme.

A tous les titres de succession, à tous les degrés de parenté que la loi reconnait aujourd'hui, elle applique la même règle, c'est-à-dire l'égalité. N'admettant point de distinction entre les enfants, elle n'en admet pas davantage entre le père et la mère, l'aïeul et l'aïeule, le frère et la sœur. C'est ainsi qu'elle statue encore sur leurs descendants, car le titre qui vaut pour l'un, pourquoi serait-il sans valeur pour l'autre ? Est-ce que la loi doit avoir deux poids et deux mesures ? Elle fait plus encore. Un héritier d'un certain degré a-t-il été enlevé par la mort au milieu de ses cohéritiers de la même ligne et du même degré ? elle admet, par voie de représentation, ses enfants, et c'est justice, puisque le père, s'il avait vécu, leur aurait transmis sa part, et il ne faut pas qu'à la douleur de l'avenir perdu vienne se joindre encore celle de perdre son héritage.

De là un système de législation qui par son unité, sa régularité, son caractère éminemment logique et rationnel, par les sentiments d'humanité, de justice et de dignité qui le pénètrent, fait un singulier contraste avec le chaos qui régnait en France, sur la même matière, la veille de 1789. On distinguait d'abord entre le droit écrit et le droit coutumier. Celui-ci, à son tour, variait à l'infini ; tantôt il admettait le droit d'ainesse, tantôt il ne l'admettait pas. Le droit d'ainesse, dans les lieux où il était consacré, n'était jamais le même, ni pour la quantité ni pour la nature des biens qu'il embrassait. Le droit coutumier présentait encore bien d'autres contradictions. Ici les filles étaient admises pour une partie de l'héritage de leurs parents qui, naturellement, changeait d'une ville à une autre. Là elles étaient exclues. En Normandie, par exemple, elles n'avaient droit qu'à un chapeau de roses. Le droit n'était pas seulement différent selon la qualité des héritiers, il l'était encore selon la qualité des biens. On distinguait entre les biens nobles et les biens roturiers, entre les biens meubles et immeubles, entre les propres et les acquets, entre les biens maternels et les biens paternels. La législation sous laquelle nous vivons établit entre les biens la même égalité qu'entre les personnes. L'article 732 du Code civil qui a été d'abord la loi du 17 nivôse an II est ainsi conçu : « la loi ne considère ni la nature ni l'origine des biens pour en régler la succession. »

Je suis loin de me représenter notre droit de succession comme absolument irréprochable dans tous ses détails. On pourrait, je crois, pour le père de famille étendre les limites de la quotité disponible, c'est-à-dire lui laisser une plus grande liberté pour témoigner son approbation ou son blâme. S'il n'a pas assez du quart de ses biens, qu'on lui abandonne le tiers, s'il n'a pas assez du tiers, qu'on lui abandonne la moitié. Que pour les héritiers collatéraux on remonte du 12ᵉ degré au 6ᵉ. On pourrait aller plus loin encore, et admettre des cas d'indignité plus nombreux et moins graves que ceux qu'énumère l'article 727 du Code civil. Les seuls actes qui, aux termes de la loi, nous rendent indignes d'hériter sont les suivants : 1° avoir donné la mort au défunt ou avoir attenté à ses jours ; 2° avoir porté contre lui une accusation capitale jugée calomnieuse ; 3° n'avoir pas dénoncé son meurtrier, quand il est mort victime d'un meurtre. Encore cette dernière exclusion est-elle nulle si le meurtrier est un ascendant ou un descendant, un allié, un époux, un frère, un oncle, une tante de l'héritier inculpé. Il faut avouer que ce n'est pas assez et qu'il y a d'autres actions moins criminelles qui, devant une succession ouverte, pourraient entraîner justement une déchéance. Le fils qui a diffamé son père, qui a publié contre lui des écrits outrageants ou qui l'a abandonné dans une circonstance grave; une fille qui déshonore ses parents par le scandale de ses mœurs pourraient être frappés de la même peine sur le simple avis d'un conseil de famille. Mais si l'on remarque dans quelques-unes de ses dispositions des imperfections et des lacunes, il faut reconnaître que notre droit de succession est dans son ensemble le plus juste, le plus libéral, le plus salutaire qu'on puisse concevoir, et la meilleure sauvegarde tant de la famille que de la société.

Si nous examinons les objections auxquelles il a donné prise, depuis qu'il est établi jusqu'à ces derniers temps, nous verrons qu'il n'y en a pas une qui puisse soutenir l'épreuve de la discussion ou qui ne tourne à la confusion de ceux qui les produisent.

On a dit que notre droit de succession était une atteinte portée à la liberté individuelle dont la liberté de tester est une des conséquences les plus respectables et les plus importantes. Nous avons déjà répondu que l'usage de la liberté ne pouvait être tourné contre la liberté même ; que le droit absolu de tester n'était pas seulement une manière d'user de ses biens, mais une manière de disposer des personnes et de les subordonner les unes aux autres. Or, cette subordination peut aller jusqu'à la suppression de la liberté dans la famille, d'où résulte nécessairement la dépendance et l'inégalité civile.

On a dit que notre droit de succession était une atteinte à l'autorité du père de famille Nous avons également fait justice de cette difficulté en montrant d'abord que l'autorité du père de famille ne peut pas être en contradiction avec ses devoirs ou avec les droits de son enfant, et ensuite que c'est en avoir une idée bien basse que de la faire reposer uniquement sur l'intérêt. La comprendre ainsi, c'est développer parmi les enfants les mêmes brigues et les mêmes hypocrisies qui ont livré à la comédie et à la satire les héritiers collatéraux.

On a dit que la division des héritages était un obstacle au progrès de la population, parce que chacun des enfants d'un même père ou des héritiers d'un même patrimoine étant réduit à une part modique, était obligé de restreindre sa postérité et de pratiquer, même sans le connaître, le système de Malthus; tandis que, dépouillé de tout, protégé par un supérieur, par un ainé, par un légataire universel investi du pouvoir paternel, il n'avait rien à perdre ni à ménager et pouvait se livrer sans obstacle à ses instincts naturels.

Le fait qu'on signale est réel. Il y a longtemps que l'accroissement de la population en France subit des lenteurs inquiétantes pour l'avenir de notre pays. Mais il est plus que douteux que la division de la propriété soit la seule cause de ce mal, et qu'on y porterait remède en retournant vers le passé, dans le cas où ce retour ne serait pas devenu absolument impossible. Nous ferons remarquer cependant que lorsqu'il s'agit de la population, ce n'est pas tant le nombre qu'il faut considérer que la vie moyenne; ou, pour parler plus clairement, il faut prendre pour base de ses appréciations, non le nombre de ceux qui naissent, mais le nombre de ceux qui vivent ou qui arrivent à l'âge adulte. Or, c'est un fait démontré que, depuis 1789, la vie moyenne a été doublée dans notre pays. On se marie moins légèrement qu'en Italie, en Espagne, en Irlande, et il y naît moins d'enfants, mais on y vit plus longtemps.

Nous observerons encore que lorsqu'il s'agit de la population, le nombre vaut moins que la qualité, la matière vaut moins que l'esprit, l'activité, le sentiment de la responsabilité morale. D'ailleurs, ces familles qu'on nous montre se multipliant ou, pour mieux dire, pullulant au sein de la misère et de la dépendance, sur le domaine ou plutôt sur le fumier d'autrui, quelle idée peut-elle réveiller en nous, sinon celle de l'humanité dégradée ou tombée au rang d'un vil troupeau ?

On a dit que la division des héritages était funeste à l'agriculture. Nous opposerons à cette assertion, dénuée de preuves, les faits recueillis par la statistique et l'économie politique. Voici en quels termes s'exprime M. de Lavergne, un de nos économistes les plus distingués, dans son *Économie rurale* de la France (1).

« Telle était la condition déplorable où l'action des deux derniers règnes avait réduit la noblesse française, que ceux qui avaient le plus conservé l'apparence des grandes fortunes n'en tiraient aucun profit. Leurs châteaux héréditaires tombaient en ruines, leurs terres restaient incultes. Toutes les fois, dit Arthur Young, que vous rencontrez les terres d'un grand seigneur, même quand il possède des millions, vous êtes sûr de les trouver en friche. Le prince de Soubise et le duc de Bouillon sont les deux plus grands propriétaires de France ; les seules marques que j'aie encore vues de leur grandeur sont des jachères, des landes et des déserts. »

(1) Un vol. in-12, Paris, 1866, p. 27, 28 et 31.

« Au nombre des reproches qu'on fait aux idées de 1789, se trouve la portée qu'on prête à la loi de succession. On oublie que le principe du partage égal n'est pas nouveau, il existait sous l'ancien régime pour les propriétés non nobles, et le Code civil n'a fait que le généraliser. C'est avec la loi du partage égal que, sous l'ancien régime, le tiers état avait grandi en richesse et en puissance, au point de pouvoir dire en 1789, qu'il était la nation même. C'est avec le droit d'aînesse et les substitutions que la noblesse avait perdu sa richesse, presque son existence, car les trois quarts des nobles n'étaient que des bourgeois enrichis. Le véritable effet du partage égal est de stimuler l'activité individuelle. Avec lui les aînés ne sont pas beaucoup moins riches et les cadets le sont davantage, parce que tous héritent d'une partie de leur fortune et ont l'autre à créer. »

Les résultats obtenus par M. Moreau de Jonnès (1) sont encore plus significatifs s'il est possible. « Le revenu foncier, dit-il, s'élevait en 1789 à 1,200 millions ; il monte maintenant à trois milliards et demi, c'est-à-dire au triple. »

« Il y avait autrefois vingt-quatre habitants sur vingt-cinq privés de toute participation à la propriété du sol ; à présent, on n'en compte plus guère qu'un sur deux. — Avant 1789, la famine revenait chaque trois ans, tandis qu'aujourd'hui la disette est à peine déconnue. — La population agricole restait stationnaire ou même diminuait pendant trois ans sur cinq, sous le règne de Louis XVI. Elle s'est accrue de moitié en sus pendant une période de soixante

---

(1) *Compte rendu de l'Académie des sciences morales et politiques*, 1855, p. 35.

ans. — Sous l'ancien régime, l'hectare semé en froment rapportait seulement huit hectolitres ; il en donne maintenant douze et demi, ou cinquante-six pour cent de plus. »

Dira-t-on que notre état agricole, grâce aux progrès de la science, serait encore meilleur s'il n'existait que de grandes propriétés ? Les économistes nous apprennent qu'il y a des terres qui gagnent à la grande culture et d'autres qui gagnent à la petite. Là où la grande culture est plus productive, qui empêche les petits propriétaires de vendre leurs domaines ? Qui empêche les frères de vendre leur part à l'un d'entre eux ? Qui met obstacle au mouvement naturel de l'industrie et au progrès de l'association ? On craint que le partage des terres ne dégénère en morcellement. Mais pourquoi la division tendrait-elle à s'accroître quand nous voyons les héritages se reformer par les dots, quand nous voyons les populations agricoles refluer vers les villes, et vendre leurs terres à ceux qu'ils laissent derrière eux ? De toutes les objections, on peut le dire, celle-ci a causé le plus d'effroi, et il se trouve précisément que c'est la plus mal fondée.

Enfin on veut que la constitution de la grande propriété, que le rétablissement du droit d'aînesse ou quelque chose d'analogue soit une garantie de la liberté politique. Mais quoi ! le droit d'aînesse n'a-t-il pas existé sous la vieille monarchie et avons-nous eu pour cela la liberté politique ? Le droit d'aînesse n'a-t-il pas existé en Autriche, en Espagne, en Hanovre, dans les plus misérables contrées de l'Italie, à Naples, en Sicile, et pouvons-nous dire que c'est lui qui a fait naître chez ces différents peuples la liberté politique dont ils jouissent aujourd'hui ? Le seul exemple que l'on ait jamais pu citer en faveur du droit d'ainesse est celui de l'Angleterre. Mais qui ne s'aperçoit que la Chambre des lords a toujours perdu de son influence à mesure que la liberté et la justice ont fait des progrès chez les Anglais? C'est contre elle et malgré elle qu'a été conquise l'émancipation des *catholiques*. C'est contre elle et malgré elle qu'a été décrétée en 1832 la réforme parlementaire, la suppression des bourgs pourris. C'est contre elle et malgré elle que l'opinion publique a obtenu l'abolition des vieilles lois céréales et celle des restrictions qui fermaient aux israélites l'entrée du parlement. A l'heure qu'il est, elle se traîne à la suite de la Chambre des communes et n'est plus qu'un fantôme de ce qu'elle a été. Qui peut dire ce qu'elle sera et ce qui adviendra du droit d'ainesse par suite de la réforme récente qui vient d'ajouter tout d'un coup, au corps électoral de la Grande-Bretagne, plus de deux millions d'électeurs ?

CHAPITRE XXI

La propriété intellectuelle, artistique et littéraire. — Ses diverses conditions aux différentes époques de l'histoire. — Les différents régimes par lesquels elle a passé.

Nos études sur le droit de propriété resteraient incomplètes si, après avoir parlé si longtemps de la propriété matérielle, nous ne consacrions quelques pages à la propriété intellectuelle.

S'il y a au monde une propriété légitime, sacrée, incontestable, c'est celle des œuvres de la pensée, des œuvres d'imagination et d'intelligence qui ne demandent à la matière qu'un moyen d'expression et, empruntant le reste aux seules forces, à la seule fécondité de l'âme humaine, ont agrandi le patrimoine spirituel du genre humain, ont enrichi le domaine des lettres, des sciences et des arts. Cependant c'est la seule qui ait été méconnue entièrement pendant une longue suite de siècles justement renommés par leurs lumières, et aujourd'hui encore elle est comme étouffée sous une foule de lois restrictives; elle soulève des doutes et rencontre des ennemis même parmi ceux qui ont intérêt à la défendre.

Mais d'abord en quoi consiste la propriété intellectuelle ou, comme on l'appelle plus communément dans notre pays, la propriété littéraire, quoiqu'elle s'étende aux arts comme aux lettres, aux productions du burin, du pinceau et du ciseau aussi bien qu'à celles de la plume ? Assurément, l'on n'a jamais contesté à l'auteur d'une pensée ou d'une fiction, d'une découverte, d'une poésie ou d'une conception artistique le droit de la garder pour lui seul ou de la communiquer à ses semblables. On ne lui a jamais contesté non plus la renommée qui doit en résulter pour lui. La question est de savoir si, une fois sa pensée mise au jour, chacun peut non seulement la retenir dans sa mémoire, mais la reproduire à son usage et à l'usage des autres sans le consentement, par conséquent, sans subir les conditions de l'auteur, sans lui accorder la plus légère rémunération. La question est de savoir si cette reproduction est permise pour le plus grand avantage du reproducteur seulement, sans qu'il soit besoin de s'inquiéter de l'inventeur. En un mot, ce que nous désignons sous le nom de propriété littéraire, c'est ce que les Anglais ont nommé plus justement les droits de copie et les Allemands les droits d'auteur. On ne s'étonnera pas qu'il n'ait rien existé de pareil dans l'antiquité, quand l'auteur était trop heureux de faire connaitre sa pensée à l'aide de quelques copies manuscrites, ou même à l'aide de la parole, de la tradition orale, comme on dit que les rhapsodes ont fait connaitre les poëmes homériques ; et quand l'artiste, en l'absence de la gravure ou des procédés mécaniques qui imitent les productions de la statuaire, n'avait pas d'autre désir que de livrer son œuvre aux regards du public. Ajoutons à cela que tout travail, hors celui de l'agriculture et de la guerre, était réputé vil chez les anciens, et que vivre par ce moyen paraissait à leurs yeux, même dans les États les plus démocratiques, une véritable dégradation, un sort digne de l'esclave.

Le même état de choses se prolongea jusqu'à l'invention de l'imprimerie, et cela par une double raison. Au moyen âge, les moyens de reproduction, réduits au seul art du copiste, étaient aussi difficiles que dans l'antiquité et plus difficiles peut-être, car l'art d'écrire était moins commun, et étant moins commun, il devenait un art de luxe, accessible à un petit nombre de fortunes. D'un autre côté, les privilégiés capables de goûter les œuvres de l'intelligence n'étaient guère plus nombreux. C'étaient, pour les sciences et les lettres, exclusivement des clercs et encore les plus éminents, les plus instruits, c'est-à-dire un très petit nombre d'entre eux. C'étaient, pour la poésie et les arts, les nobles châtelains et les plus riches seigneurs féodaux. Le peuple, courbé sur la glèbe, les bourgeois, absorbés par les arts mécaniques et par le commerce, tremblants sous les menaces que les seigneurs tenaient toujours suspendues sur leurs têtes, ne lisaient pas et ne savaient pas lire, n'entrevoyaient qu'à travers les portes des châteaux et des églises les belles enluminures, les meubles sculptés et les riches tapisseries de cette époque.

Après l'invention de l'imprimerie, commença le règne du privilège, les vieilles éditions qui sont entre nos mains nous en font connaître la nature et les formes. Un privilège, en terme de librairie, était la faveur spéciale, accordée par la bonté du roi pour un nombre d'années extrêmement limité, d'imprimer ou de faire imprimer, de vendre ou de faire vendre, à l'exclusion de toute concurrence, un ouvrage approuvé par la censure et en tête duquel on lisait toujours les termes authentiques de cette concession, les lettres royales qui en étaient le titre. Les privilèges n'ont été accordés d'abord qu'à l'imprimeur, parce qu'il n'imprimait en général que des livres déjà anciens, particulièrement la Bible, les Œuvres d'Aristote, des livres de prières, les écrits des Pères de l'Église, et parce que les premiers frais d'impression étant considérables, on trouvait juste d'accorder à l'imprimeur les moyens de les recouvrer.

Plus tard, quand, à l'impression des livres anciens, vint se joindre celle des livres contemporains, quand le libre esprit de la Renaissance, se manifestant dans toute sa force, réclama partout de nouveaux aliments, les libraires comprirent parmi leurs frais l'achat du manuscrit de l'auteur, par conséquent le travail de la pensée commença pour la première fois à obtenir une rémunération matérielle.

Aux imprimeurs, quand les livres devinrent plus nombreux, succédèrent les libraires, qui se servirent de l'imprimerie et se la subordonnèrent, comme le commerce et les capitaux se subordonnent l'industrie et les arts mécaniques. Les auteurs furent donc obligés de traiter désormais avec les libraires et de leur livrer l'exploitation du privilège qu'ils avaient obtenu pour leurs œuvres ; car le régime du privilège subsista, comme le seul compatible avec le régime de la censure et de l'autorisation préalable. Avant d'accorder, par une faveur spéciale, le droit d'imprimer un livre et de le mettre en vente, l'État voulait savoir quelle était la nature de ce livre et, pour peu qu'il le trouvât nuisible à ses intérêts, le privilège était refusé impitoyablement.

Le privilège appelait donc naturellement la censure; ils régnaient ensemble de concert ; ce qui n'empêchait pas les œuvres les plus hardies de l'esprit humain de franchir cette double barrière. C'est ainsi que les *Lettres provinciales* ou les *Petites Lettres*, comme on les appelait, paraissaient, tirées fraîchement sous les yeux mêmes du lieutenant de police, et que le traité théologico-politique de Spinoza entrait en France sous le nom du chirurgien imaginaire Hansius. Mais de la propriété littéraire, il n'était pas question.

Au milieu du XVIIIe siècle, nous voyons quelques faits nouveaux se produire en France, qui semblent annoncer de loin des idées plus justes. C'est d'abord Louis d'Héricourt, avocat au Parlement de Paris qui, dans un mémoire devenu célèbre, demande que les libraires de province soient admis à partager avec les libraires de Paris le droit d'imprimer et de vendre tous les livres dont ceux-ci avaient conservé jusqu'alors le monopole, c'est-à-dire le privilège. Survient ensuite, en 1761, un arrêt du conseil, qui accorde aux petites filles de La Fontaine le privilège des œuvres de leur aïeul qui les avait cédées, de son vivant, au libraire Barbin. On reconnaît à ce trait le bonhomme qui s'en alla comme il était venu, mangeant son fonds avec son revenu.

Cependant ce n'était pas encore la propriété littéraire, son nom seul venait de paraître, invoqué par trois écrivains du temps : Linguet, Diderot et l'abbé Pluquet. L'avocat Linguet reproche aux encyclopédistes et aux philosophes de ne pas s'occuper à défendre les droits de l'intelligence et de sacrifier à une liberté stérile quelque chose d'aussi positif que la propriété des choses de l'esprit. Diderot, en défendant contre les contrefaçons, très actives alors, le droit perpétuel des libraires, défendait en réalité celui des auteurs : car, sans le dernier, le premier n'existe pas dès qu'il cesse d'être considéré comme une concession arbitraire du pouvoir.

L'abbé Pluquet, dans ses *Lettres à un ami sur les affaires actuelles de la librairie*, alla plus loin et pénétra plus avant dans la question que ses deux contemporains. Il demanda formellement que la propriété littéraire fût assimilée à la propriété ordinaire. Les nouveaux règlements que le conseil d'État, en 1777, adopta au sujet de la librairie n'étaient, sous les termes d'une libéralité illusoire, qu'une nouvelle consécration du privilège. D'abord ils maintenaient l'autorisation préalable, c'est-à-dire la censure, ce qui est le fondement même de l'arbitraire et comme la règle universelle du privilège. Ensuite ils laissaient à l'auteur la liberté d'exploiter le privilège qu'il demandait pour son propre compte ou de le vendre à un libraire. Dans le premier cas seulement, le privilège était héréditaire, sous la condition de n'être jamais cédé à un tiers. Dans le second, il était réduit à une durée de dix ans. Il est évident que cette dernière supposition était la seule qui pût se réaliser et qu'elle contenait toute la législation nouvelle. Cette législation avait donc pour effet de limiter à dix ans le privilège qu'elle consacrait, car il n'est pas facile à un écrivain ou à ses descendants de se faire industriels et marchands, pour vendre eux-mêmes les ouvrages qui représentent leur patrimoine et sur lesquels se fondent leurs espérances. Aussi les règlements de 1777 furent-ils l'objet des plus vives réclamations tant de la part des libraires que de la part des gens de lettres et de l'Académie française. Les libraires voyaient avec douleur les limites apportées à leur industrie. Les gens de lettres pensaient, comme Linguet le disait en leur nom, « qu'une propriété dont on ne peut se défaire est une charge ».

Sur la proposition du fameux d'Eprémesnil, si tristement récompensé par le tribunal révolutionnaire de ses idées libérales, le Parlement se fit rendre compte de la situation par l'avocat général Séguier. Le rapport de ce magistrat est devenu une des pièces les plus importantes du procès : car les uns l'ont invoqué en faveur de la propriété littéraire, les autres ont cru pouvoir le tourner contre elle. Avec un peu de bonne volonté on y peut trouver tour à tour les deux opinions. « L'auteur, dit Séguier, a droit de jouir de son ouvrage, lui et toute sa descendance, ses héritiers et ayants cause, tant qu'ils ne se sont pas dessaisis du manuscrit et qu'ils n'ont point cédé le privilège. » Malgré l'expression de privilège, faite pour nous blesser, il est impossible de ne pas voir dans ce passage une reconnaissance formelle de la propriété littéraire. On le voit encore mieux dans ces lignes justement citées par M. Laboulaye : « S'il existe un moyen de tirer profit d'un ouvrage, à qui, de l'auteur ou d'un étranger, le profit doit-il passer ? Il n'est personne qui puisse hésiter de se déclarer pour l'auteur : dès lors le droit de l'auteur est constant. Si l'auteur a un droit, on ne peut le lui contester sans injustice, par conséquent, la publicité de l'ouvrage ne donne au public que la facilité de s'instruire et non celle de s'enrichir aux dépens de l'auteur. » Malheureusement Séguier dit aussi : « L'auteur ne fait imprimer son ouvrage que pour le répandre et le donner au public. Dès ce moment, le public est associé à cette propriété, chaque acquéreur devient propriétaire des copies qu'il a achetées. » Et il ajoute que le droit de cet acquéreur, « c'est d'user de sa chose à sa volonté, de la multiplier à son tour, s'il le juge à propos, et si c'est un livre, d'en tirer des copies pour les revendre ». Ceci est la négation de la propriété littéraire et en définitive on ne trouve dans Séguier que l'idée de privilège.

Sans privilège, on ne peut rien imprimer selon lui, car le privilège d'imprimer est une concession faite par l'Etat, c'est-à-dire toujours une faveur émanée de lui, ou comme disaient les auteurs du règlement de 1777, « une grâce fondée en justice ».

Cette idée étrange qui faisait de l'industrie de l'imprimerie et du droit de s'en servir un droit régalien, fut emportée comme tant d'autres préjugés et tant d'autres idoles de l'ancien régime, par la Révolution de 1789. La Constituante proclama la liberté de la presse, et gardant le silence sur la propriété littéraire, ne songea ni à la reconnaitre ni à la nier.

Cette situation équivoque fut funeste aux gens de lettres. On représentait au théâtre et l'on imprimait leurs œuvres sans les consulter et, à plus forte raison, sans les dédommager de cet acte de spoliation. Aussi ne tardèrent-ils point à porter leurs doléances devant l'Assemblée nationale. Ils demandaient que la propriété de leurs écrits leur fût assurée pendant leur vie et demeurât pendant cinq ans à leurs héritiers après leur mort. Un décret spécial, rendu le 13 janvier 1791, fit droit à leurs réclamations. Ce décret fut rendu sur le rapport de Chapelier qui, reconnaissant en principe que la plus sacrée, la plus inattaquable, la plus personnelle de toutes les propriétés est l'ouvrage, fruit de la pensée d'un écrivain, en fait cependant une propriété publique dès que l'ouvrage est publié et conclut à une proposition qui n'allait pas au-delà du vœu des pétitionnaires.

Une loi de la Convention, rendue le 10 juillet 1793, sur le rapport de Lakanal, porta de cinq ans à dix ans la durée de l'avantage accordé après la mort des auteurs à leurs héritiers. Du reste, le rapport de Lakanal est rédigé dans le même esprit que celui de Chapelier : reconnaissance de la propriété littéraire en principe ; négation de la propriété littéraire dans le texte de la loi.

Dès ce moment, le terrain de la discussion a changé complètement. Elle n'existe plus, comme autrefois, entre les droits et le privilège, entre la concession arbitraire et la propriété, mais entre la propriété privée et la propriété publique, entre le droit de l'auteur et le droit de la société ou le domaine public, comme on dit aujourd'hui. Elle a gardé ce caractère, à travers bien des vicissitudes, jusqu'à nos jours ; mais le droit des auteurs ne cessa pas de faire des progrès, soit dans l'opinion publique, soit dans les lois, au milieu même des doutes dont il était l'objet.

En 1808, dans une pétition adressée au gouvernement impérial, on demanda de nouveau le droit perpétuel des auteurs ou l'assimilation de la propriété intellectuelle à la propriété matérielle. Cette réclamation échoua au sein du Conseil d'État, devant la résistance énergique de l'empereur. Cette résistance se fondait sur deux raisons : 1° la perpétuité de la propriété dans les familles des auteurs aurait des inconvénients ; une propriété littéraire est une propriété incorporelle qui, se trouvant, par la suite des temps et le cours des successions, partagée entre une multitude d'individus, finirait par ne plus exister pour personne ; les propriétaires d'un ouvrage, séparés les uns des autres, ne pourraient pas s'entendre pour le faire réimprimer et le public en serait privé ; 2° il ne serait plus permis ni de commenter ni d'annoter les ouvrages et il en résulterait un grand dommage pour le progrès des lumières. L'ancienne législation conserva donc toute sa force.

En 1825, la question revint devant une commission réunie sous la présidence du duc de La Rochefoucault et composée des hommes les plus illustres du temps : Cuvier, Royer-Collard, Lainé, Vatimesnil, Talma, Villemain. Cette commission déclara en théorie que la propriété littéraire n'est qu'imparfaitement assimilable à une autre propriété et proposa en pratique de porter à cinquante ans la durée des droits des héritiers de l'auteur. Un nouvel argument se fait jour dans les travaux de cette commission. Elle considère la publication d'un ouvrage de l'esprit comme une sorte de donation entre vifs « dont l'irrévocabilité ne s'applique pas moins aux droits que le public acquiert sur l'ouvrage qu'à la réserve des avantages que l'auteur a dû se promettre en le lui laissant, avantages nécessairement transmissibles, communicables et qui, dans la justice, ne doivent subir d'autre délimitation que celle de l'intérêt social. » C'était à la fois reconnaître le droit de propriété perpétuelle en principe et l'annuler en fait.

En 1839, un projet de loi présenté par Salvandy n'arriva qu'en 1841 devant la Chambre des députés, pendant que Villemain était ministre de l'instruction publique. Ce projet de loi, adopté par la Chambre élective, porte de dix à trente ans le droit des héritiers directs des auteurs. Au reste, rien de changé dans les principes sur lesquels on se fonde. On ne nie pas que la propriété littéraire ne soit une propriété, mais on soutient qu'elle ne ressemble à aucune autre, qu'elle a besoin de la protection de l'État et qu'elle subit une sorte d'aliénation par la publicité. L'État ajoute-t-on, a le droit de la réduire, de la limiter. On prétendait défendre de cette manière la famille même de l'auteur et, malgré le plaidoyer de Lamartine en faveur de la propriété perpétuelle, on se borna à la possession moyenne de trente ans ; on rejeta la proposition qui, au lieu de trente ans, en accordait cinquante.

La loi de 1854, plus libérale que celle de 1841, accorde à la veuve de l'auteur les mêmes droits qu'à l'auteur lui-même, si elle est mariée sous le régime de la communauté des biens, et laisse le terme de trente ans pour ses héritiers, à partir de l'extinction des droits de la veuve.

Enfin, le 14 juillet 1866, une nouvelle loi est promulguée qui va un peu au-delà de celle même de 1854. En voici les principales dispositions : « La durée des droits accordés par les lois antérieures aux héritiers des auteurs, compositeurs ou artistes, est portée à cinquante ans à partir du décès de l'auteur. Pendant cette période de cinquante ans, le conjoint survivant, quel que soit le régime matrimonial et indépendamment des droits qui peuvent résulter en faveur de ce conjoint de la communauté, a la simple jouissance des droits dont l'auteur prédécédé n'a pas disposé par acte entre vifs ou par testament. »

La convention littéraire et artistique conclue entre la France et l'Allemagne le 19 avril 1883, ne consacre les droits des héritiers de l'auteur que pour une période de trente ans, parce que la loi allemande n'accorde pas davantage aux Allemands.

CHAPITRE XXII

La question considérée en elle-même. — Comparaison entre la propriété littéraire et la propriété ordinaire. — Objections auxquelles elle a donné lieu.

Voilà donc où en est aujourd'hui la question. L'auteur a la propriété de ses œuvres pendant sa vie. Le même avantage est accordé après lui à sa veuve, quel que soit le régime matrimonial sous lequel elle est placée ; enfin un usufruit de cinquante ans est accordé à ses héritiers directs, à partir du jour où la veuve a cessé d'user de ses droits ; un usufruit de dix ans est accordé aux autres héritiers.

Est-il impossible d'aller plus loin ? L'assimilation de la propriété littéraire à une autre propriété est-elle inadmissible ? Quelle est la valeur des arguments qu'on a produits pour et contre cette thèse ?

A voir les concessions arrachées pied à pied par ceux à qui elles sont nécessaires, et accordées si parcimonieusement, après une longue résistance, par ceux à qui elles ne coûtent rien, on dirait qu'il s'agit d'une révolution sociale, d'un immense déplacement de pouvoir, de la constitution ou de la destruction d'un de ces privilèges redoutables sur lesquels repose ou qui menace l'ordre établi ; et cependant il n'est question que d'assurer aux enfants d'une classe de déshérités le fruit des labeurs de leurs pères et d'étendre à la propriété la plus légitime, la plus incontestable en soi, les lois qui protègent au milieu de nous et chez les autres peuples civilisés toute propriété.

Oui, ce qu'on appelle la propriété littéraire est une véritable propriété, et dès lors il faut qu'elle en réunisse tous les droits, qu'elle soit transmissible et héréditaire jusqu'à nos derniers descendants, comme le morceau de terre que j'ai défriché, comme la maison que j'ai construite de mes deniers ou de mes mains, comme les meubles, les armes ou les instruments que j'ai fabriqués. Nous conviendrons, si l'on veut, qu'avec la jouissance viagère accordée par nos lois, non seulement aux artistes et aux écrivains, mais à leurs veuves, et avec les cinquante ans d'usufruit garantis après leur mort à leurs enfants, on ne verrait pas les petites-filles de La Fontaine implorant la justice du Parlement, la petite-fille de Milton sauvée du dénûment et de la faim par la générosité du comédien Garrick, ou les enfants de Sedaine obligés de tendre la main. On ne verrait plus Homère aveugle mendier, le grand Corneille n'irait pas faire réparer sa chaussure chez le savetier du coin ; Gilbert et Malfilâtre ne mourraient pas à l'hôpital. Mais la question n'est pas là ; nous n'avons pas à reconnaitre le progrès qui s'est accompli dans nos mœurs ou à rendre hommage à la pitié, à l'humanité de la société envers ceux qui élèvent son intelligence et son cœur ; il ne s'agit pas de reconnaissance ou de grâce ; il s'agit d'un droit. La propriété littéraire est-elle une propriété ? Les œuvres de la pensée, quand elles obtiennent la faveur publique, quand elles répondent, dans un temps plus ou moins éloigné, à un besoin véritable de l'esprit, doivent-elles être considérées comme une source de richesses aussi pure, comme un patrimoine aussi légitime que les œuvres de l'industrie, que les capitaux amassés par le commerce ou les millions gagnés à la bourse? Voilà le seul problème que nous ayons à résoudre. Il n'y en a pas d'autre devant nous. Quelles que soient les difficultés d'exécution, elles n'ont pas la vertu de supprimer le principe.

Eh bien ! nous affirmons sans hésiter, sans trouver dans notre esprit même l'ombre d'un doute, ni dans notre conscience celle d'un scrupule, que la propriété littéraire et artistique est une propriété comme une autre, non pas sans doute absolument semblable à une autre, mais qui présente les mêmes titres, qui repose sur les mêmes principes et qui doit apporter avec elle, dans l'ordre civil, les mêmes conséquences, c'est-à-dire la transmission et l'hérédité sans limites.

Les œuvres de l'intelligence ont ce caractère particulier qu'elles peuvent se reproduire à l'infini et, à l'aide de cette reproduction qui est en grande partie le but pour lequel elles ont été créées, elles multiplient à l'infini, elles étendent simultanément à une multitude de personnes les jouissances et les avantages dont elles sont la source, l'usage auquel elles sont appelées à servir, sans qu'elles se trouvent pour cela altérées ni divisées, sans que l'usage en soit amoindri pour chacun en particulier. Par exemple, que six mille spectateurs assistent à la représentation d'*Athalie* ou de *Polyeucte*, que des millions de lecteurs admirent à la fois l'*Iliade* et l'*Énéide*, que cent mille gravures aient multiplié en quelque sorte pour autant de familles les vierges de

Raphaël, comment ces belles productions du génie pourraient-elles en souffrir, si la gravure est fidèle, l'impression correcte, la représentation théâtrale confiée à d'habiles artistes? Tout au contraire, elles brilleront alors dans tout leur éclat et la pure volupté qu'elles procureront à notre âme sera d'autant plus vive, qu'elle sera partagée ; elles agiront sur chacun de nous avec d'autant plus de force que nous verrons leur magique influence s'exercer sur un plus grand nombre de nos semblables Il n'en est pas de même des œuvres de l'industrie et des biens purement matériels. Un vêtement, un aliment ne peut servir qu'à moi, une arme, un instrument de travail, une bête de somme, pendant qu'ils sont employés à mon usage, ne peuvent pas servir à l'usage d'autrui. Un champ, une maison, une somme d'argent peuvent être partagés entre plusieurs, mais alors ils se trouvent altérés et diminués; les avantages qu'ils nous procuraient se sont affaiblis en s'étendant et peuvent aller, quand le partage est poussé trop loin, jusqu'à disparaitre. Ils ont, en un mot, changé de nature. Là est toute la différence de la propriété littéraire et de la propriété commune.

Mais comment conclure de cette différence, qui est toute à l'avantage de la propriété littéraire, que les œuvres de l'esprit et de l'imagination ne sont pas une propriété ? Les œuvres de l'esprit ne sont-elles pas le produit du travail, et ce travail n'est-il pas de tous le plus personnel, le plus incontestable, le plus digne de reconnaissance et de respect ? Les œuvres de l'esprit sont-elles, comme on l'a dit, une chose insaisissable et qui, par cela même, échappe à l'action de la loi, à la protection que la loi étend sur la propriété ordinaire ? Elles ont une forme déterminée, invariable, plus invariable même que les biens matériels ; c'est un texte fixé sur le papier, c'est un moule immobilisé dans un marbre, c'est un dessin arrêté sur la toile. Tandis que nos champs, nos maisons, nos meubles se modifient de mille manières sous l'influence du travail ou du temps, mon texte, mon moule, mon dessin, ne changent pas. Quels sont les droits que nous exerçons, au nom de la propriété, sur notre maison et sur notre champ ? Nous les gardons pour nous seul, nous habitons l'une, nous cultivons l'autre ou moyennant une rétribution nous les louons à autrui, ou bien encore, moyennant un prix convenable, nous les aliénons. Eh bien, moi aussi, je réclame le droit de garder mon texte ou de le reproduire, et quand je le reproduis pour l'usage d'autrui, pour l'instruction ou la jouissance de mes semblables, je prétends en retirer une rétribution légitime, la récompense méritée, non seulement de mes labeurs et de mes veilles, mais des privations et des sacrifices que je me suis imposés. Car, pendant que vous étiez occupé de votre bien-être et de l'accroissement de vos richesses, je ne songeais, moi, qu'à la vérité et à la beauté éternelle, je me consacrais tout entier au perfectionnement de mes semblables. Où donc est l'injustice, le côté chimérique de mes prétentions ? Pourquoi la propriété serait-elle moins sacrée, moins reconnaissable, moins légitime dans le droit de reproduction que dans le droit d'exploitation, de location ou d'aliénation ? Votre droit, vous croyez avec raison ne le posséder en entier que si vous pouvez le transmettre à vos derniers descendants. Pourquoi en serait-il autrement du mien et vous obstinez-vous à le renfermer après moi dans un espace arbitraire de trente ou de cinquante ans ? S'agit-il d'un droit personnel, ne permettez pas qu'il me survive. S'agit-il d'un droit transmissible, héréditaire, ne lui imposez aucune limite, ou du moins ne lui en imposez pas d'autres que celles que la loi reconnait pour tous les héritages.

Qu'est-ce qui manque à la propriété littéraire pour être une propriété ? Elle n'a pas seulement, comme nous venons de le démontrer, un *corps* qui la fait tomber sous l'empire de la loi et de l'ordre civil, elle représente en outre, comme la propriété ordinaire, une valeur matérielle, une valeur vénale, comme disent les économistes, c'est-à-dire une valeur d'échange qui appartient de plein droit, sans contestation possible, à celui qui l'a créée et rendue susceptible de passer de ses mains à celles de ses derniers descendants Voici, par exemple, un livre universellement admiré par les savants ou par les gens de goût, un exemplaire de la *Mécanique céleste* de Laplace ou des *Provinciales* de Pascal. Ces ouvrages ont de la valeur, assurément, non seulement dans le sens intellectuel, mais dans le sens matériel du mot. Le premier se vend très cher au petit nombre de lecteurs capables de le comprendre ; le second se vend facilement et n'en rapporte que davantage s'il est d'un prix modéré. Cette valeur, d'où vient-elle ? de la blancheur ou de la solidité du papier ? de la beauté des caractères ? Sans aucun doute, le papier et les caractères y entrent pour quelque chose. Avec un texte également correct, on aimera toujours mieux une belle impression qu'une impression défectueuse ; mais c'est le mérite seul des œuvres qui fait la valeur des livres ; car, à moins d'être un de ces grands enfants qu'on appelle bibliomanes (nous ne parlons pas des bibliophiles), personne n'achète un volume pour ses seules qualités typographiques. La valeur des livres, et il est question encore une fois de leur valeur matérielle, est donc la création des auteurs ; partant elle est leur propriété comme le champ est la propriété de celui qui l'a fécondé, la maison, de celui qui l'a construite, et si elle est une propriété, tout est dit, elle n'a besoin ni de vos concessions ni de vos privilèges, ni des limites arbitraires que vous imposez à ses droits.

Voici un autre argument qui nous montre la propriété littéraire sous un nouveau point de vue, ou comme une nouvelle conséquence du principe de la propriété en général. Quand je cède aux autres la jouissance ou l'usage d'une chose qui m'appartient, d'un bien que j'ai créé par mon travail ou acheté de mes deniers, personne ne me conteste le droit d'en tirer un loyer, qui se réglera naturellement sur l'étendue du service rendu. Il est permis, par exemple, au propriétaire d'un beau musée ou d'une riche bibliothèque de n'en accorder l'accès aux personnes du dehors que moyennant un droit d'entrée. C'est ainsi qu'on en use dans les musées soi-disant publics d'Angleterre. Maintenant supposez que les tableaux, c'est moi qui les ai peints, que ces livres, c'est moi qui en suis l'auteur. On ne me refusera pas pour cela le droit qui me serait reconnu si je n'en étais que le propriétaire. Eh bien ! faisons une nouvelle supposition : qu'au lieu de montrer, moyennant une rétribution, mes peintures et mes œuvres dans ma propre maison, dans ma galerie et dans mon cabinet, j'en envoie des copies à tous ceux qui en désirent, me sera-t-il défendu d'y mettre la même condition, d'en retirer le même profit ? Il suffit d'exprimer une telle proposition pour en montrer toute l'absurdité. Voilà donc, encore une fois, le droit de copie, le droit de reproduction, c'est-à-dire la propriété littéraire établie d'une manière incontestable.

Mais il ne suffit pas, quand on touche à la législation et à l'ordre social, qu'une vérité soit démontrée pour la croire hors de péril ; il faut écarter une à une les objections qu'elle a soulevées contre elle et les difficultés pratiques qui semblent en sortir. Parmi les objections qu'on fait valoir contre la propriété littéraire, voici les seules qui paraissent dignes des honneurs de la discussion.

On a contesté d'abord le principe même de la propriété littéraire en soutenant — ce sont presque les termes de nos adversaires (1) — que l'auteur qui met en lumière une idée quelconque ne veut pas dire que cette idée lui soit propre et personnelle. Comme l'intelligence elle-même et chacune des facultés de l'intelligence, elle a été donnée par la nature à l'homme en général et elle appartient à tous. Elle a été prise dans le fonds commun de la pensée humaine ou de l'esprit particulier d'une époque, d'une génération, dont personne ne peut s'arroger la propriété à l'exclusion de ses semblables ou de ses contemporains. Il y a plus : un livre n'a de valeur qu'autant qu'il est adopté par le public. C'est donc le public autant que l'auteur qui fait le mérite des ouvrages, et il n'en peut pas être autrement, car l'ouvrage ne vaut rien s'il n'a été pris dans le domaine commun et si le public ne reconnait en lui son bien, c'est-à-dire la pensée de tous.

Cette objection ne tend à rien moins qu'à abolir toute propriété et avec la propriété toute personnalité,

---

(1) Voir le mémoire de M. Wolowski sur la propriété littéraire. *Compte rendu de l'Académie des sciences morales et politiques*, année 1859.

au moins dans l'ordre intellectuel, toute distinction entre le génie et les plus vulgaires intelligences. Nous disons d'abord qu'elle abolit la propriété, car toute propriété est prise dans un fonds commun, ainsi que la pensée. Ce champ que j'ai défriché, je ne l'ai pas créé, je l'ai pris dans le fonds naturel. Je lui ai donné la fécondité par mon travail, sans doute, mais non par mon travail tout seul. Il m'a fallu le concours du soleil, de la pluie, de la sève terrestre, de l'air, de la lumière, de la neige. Ce sont les mêmes éléments ajoutés à une semence primitive qui ont donné naissance au blé dont je me nourris et aux autres productions du sol. Si votre proposition est vraie des œuvres de la pensée, elle est vraie aussi de la propriété du sol, des produits de l'agriculture, de l'industrie et de toutes les œuvres de l'homme sans distinction.

L'objection dont nous parlons ne détruit pas seulement la propriété, cette extension visible, cette manifestation de l'intelligence et de la liberté humaine, elle atteint ces facultés elles-mêmes, en effaçant toutes les différences, en niant toutes les conquêtes de la méditation et du travail, toutes les inspirations du génie, en noyant toutes les âmes, tous les esprits dans un même chaos. Heureusement elle choque tellement la raison qu'il est impossible de s'y arrêter. Comment soutenir, en effet, qu'Homère n'a rien mis dans l'*Iliade*, que Platon n'a rien mis dans ses *Dialogues*, Laplace dans sa *Mécanique céleste*, Cuvier dans ses *Recherches sur le monde antédiluvien*, que ce qui se trouve dans toutes les intelligences et qu'un heureux hasard en aurait fait sortir un peu plus tôt ou un peu plus tard ? Autant vaudrait dire que le *Jupiter Olympien* de Phidias et le *Moïse* de

Michel-Ange seraient à la longue sortis tout seuls du marbre sans le ciseau de ces artistes immortels. Que dire maintenant des découvertes de la chimie et de la physique, de l'astronomie, de l'histoire naturelle, de toutes les connaissances qui réclament la plus laborieuse, la plus puissante observation et qui sont autant de conquêtes faites sur la nature? Celles-là du moins ne sont pas puisées dans la pensée générale, dans le fonds commun de l'intelligence.

Il y a une autre objection qui, fondée sur un principe différent, aboutit à la même conséquence. Les œuvres de l'esprit, dit-on, ne sont pas les œuvres de tout le monde, mais elles sont produites en vue de tous, pour être communiquées à tous, elles ne peuvent pas être une propriété particulière. Une pensée exprimée, publiée, ne remonte pas à sa source, elle ne peut ni ne doit être rappelée, elle reste où elle est, c'est-à-dire dans le domaine commun. Le public en a la copropriété avec l'auteur et c'est pour la divulguer, non pour la cacher, qu'il l'a confiée à la presse. Comment donc pourrait-on lui en reconnaître à lui et à ses héritiers la propriété exclusive?

On confond ici deux choses entièrement distinctes : la propriété abstraite, invisible et insaisissable de la pensée, et la propriété de la valeur matérielle que la pensée donne au livre. Celle-ci est la seule qui porte le nom de propriété littéraire, elle est la seule qui constitue véritablement une propriété. Or, quand même on abandonnerait la première, quand même nous accorderions, et nous sommes tout prêts à l'accorder, qu'une œuvre éminemment utile, qu'une œuvre entrée dans la circulation générale des esprits, ou simplement devenue un besoin pour les lettres, les sciences ou les arts, ne peut être supprimée, comment en conclure que la valeur matérielle qui résulte de cette œuvre doit être enlevée à celui qui l'a créée, doit être retranchée du patrimoine de ses héritiers et, sans profit pour personne, abandonnée à tout le monde ?

On peut sans danger laisser aux héritiers d'un grand homme la vente de ses œuvres, c'est-à-dire le droit de les reproduire ou de ne pas les reproduire, aussi bien que le profit qui résulte de cette reproduction, car nous ne sommes plus au temps où un fanatique pourrait supprimer les œuvres de Voltaire, de Diderot ou de Montesquieu, où les préjugés de la naissance qui mettent l'honneur à ne rien faire pourraient supprimer les œuvres de Descartes et de Byron, sous prétexte que Descartes et Byron ont dérogé en faisant le métier d'auteurs. La gloire des lettres surpasse aujourd'hui celle des armes ; la noblesse du génie est supérieure à celle du sang et il n'y a personne qui n'en soit fier. Personne aussi ne peut avoir la prétention de faire rentrer dans le néant une œuvre qui est dans les mains de tous. Combien d'écrits n'a-t-on pas brûlés par la main du bourreau qui sont aujourd'hui pleins de vie et de sève! Ajoutez à cela l'intérêt personnel qui ne se résoudra jamais à fermer de gaîté de cœur une source intarissable de richesses. Au reste, si, pour un motif ou pour un autre, une famille voulait supprimer ou se refusait à réimprimer les œuvres d'un auteur célèbre dont elle serait héritière, rien n'empêcherait de lui appliquer le principe universellement reconnu de l'expropriation pour cause d'utilité publique.

Une troisième objection est celle qui est tirée du monopole, institution odieuse à laquelle il faut faire la guerre partout où on la rencontre, une des plaies de l'économie sociale, un des plus grands obstacles à la liberté de l'industrie. Le monopole concentré entre les mains d'une famille, qui, à son tour, le vendra à un libraire, deviendra un véritable majorat, autre institution repoussée par nos lois aussi bien que par nos mœurs. Ces vains fantômes ne peuvent effrayer que des esprits décidés d'avance à avoir peur. Qu'est-ce qu'on appelle un monopole? C'est le privilége exclusif de fabriquer et de vendre certains produits que tous ont le droit de fabriquer et de vendre comme moi, parce qu'ils ne sont pas de mon invention, ni de l'invention de mes parents. Ainsi, l'État s'est réservé le monopole du tabac et de la poudre à canon, quoique l'industrie privée puisse fabriquer ces deux produits aussi bien que lui. Il a pensé que le tabac, étant une denrée superflue, pouvait être une source légitime d'impôt et que la poudre de guerre ne pouvait sans danger pour lui être fabriquée par des particuliers. Mais on ne peut appeler monopole le droit de tirer un profit légitime de ce qui est à moi, de ce qui est mon œuvre, la création de mon génie ; autrement toute propriété serait un monopole. Je n'empêche pas les autres de faire des livres comme moi et de les vendre s'ils trouvent des acheteurs. Ce qui est absurde, c'est qu'ils vendent les miens pour leur propre compte, en me frustrant de la valeur que je leur ai donnée.

Si la propriété littéraire n'est pas un monopole, elle est encore moins un majorat, c'est-à-dire un héritage inaliénable et indivisible constitué en faveur d'une descendance directe qui n'y a aucun droit. La propriété littéraire est un patrimoine comme un autre, divisible et aliénable comme un autre et qui passe comme un autre, d'un père à ses enfants sans distinction de sexe ni de progéniture.

En consacrant le droit perpétuel des auteurs, dit-on encore, on élève le prix des livres et l'on empêche la diffusion des lumières. Et quand cela serait ? Est-ce que le blé ne serait pas à meilleur marché et plus accessible au pauvre, si on supprimait les droits du propriétaire foncier ? Est-ce que les appartements ne seraient pas moins chers si l'on supprimait les droits des propriétaires de maisons ? Pourquoi la propriété littéraire serait-elle moins respectée, et l'État aurait-il contre elle un droit de confiscation qu'il trouve partout ailleurs inique et dangereux ? L'inconvénient qu'on attribue aux droits d'auteur n'existe pas. Les œuvres qui s'adressent à un petit nombre seront toujours chères, quand même elles seraient enlevées à la possession des auteurs et de leurs familles ; et quant aux autres, il y va de l'intérêt de celui qui les vend, d'en vendre le plus grand nombre possible et par conséquent d'en tirer un revenu modéré.

Mais voici des objections d'un autre ordre que je cite uniquement pour en montrer la faiblesse.

La propriété littéraire, a-t-on dit, finissant dans certains cas par être divisée entre une multitude d'héritiers séparés les uns des autres par le temps et l'espace, ces héritiers ne pourraient jamais s'entendre pour en recueillir les fruits, pour en exercer les droits. Cette pitié nous touche et part d'un bon naturel. Mais reconnaissez d'abord, répondrons-nous, les droits que vous contestez ; vous vous assurerez ensuite que l'on saura en tirer parti ; vous verrez bien vite naître des combinaisons, des conventions entre les héritiers d'un auteur pour faire valoir son héritage.

Le droit perpétuel des auteurs, a-t-on dit encore, n'ajoute rien au prix du manuscrit et ne peut profiter qu'aux libraires. — S'il profite aux libraires, et si, par conséquent, les libraires ont intérêt à l'acheter, pourquoi ne profiterait-il pas à l'auteur et à sa famille ? Ensuite, pourquoi ce droit, au lieu d'être cédé pour un temps, afin de se ménager les moyens d'en tirer un meilleur parti dans l'avenir, serait-il aliéné à perpétuité, sans prévoyance et sans espérance ? Encore une fois reconnaissez d'abord le droit, puis laissez à la partie intéressée le soin d'en faire usage.

Nous arrivons maintenant à une dernière classe de difficultés qui pourraient émouvoir les âmes délicates et les esprits élevés, si elles n'étaient aussi dénuées de fondement que les précédentes.

En assimilant, a-t-on dit, la propriété littéraire à une autre propriété, en consacrant le droit perpétuel des auteurs, n'allez-vous pas déchaîner la cupidité, n'allez-vous pas mettre l'amour de l'argent à la place de l'amour du beau et du vrai, à la place de l'antique honneur des lettres

C'est tout le contraire qui arrivera. Ne jouissant que d'un privilège limité, les auteurs se presseront d'en tirer le meilleur parti et seront tentés de produire des ouvrages surtout agréables qui flattent et souvent empoisonnent le goût public. Donnez-leur un droit héréditaire, ils s'endormiront tranquilles après avoir produit une œuvre de conscience et de génie. Ils diront comme *Képler* : « Ce livre trouvera son lecteur, si ce n'est aujourd'hui, ce sera dans dix ans, dans cent ans, qu'importe ? » Corneille aurait été bien heureux et n'aurait rien retranché de son noble génie s'il avait vu dans ses œuvres un appui impérissable pour ses enfants.

Enfin n'a-t-on pas demandé aux lettres un désintéressement absolu ? Un homme de beaucoup de savoir et de beaucoup d'esprit n'a-t-il pas soutenu dans un grand journal (1) que la profession d'homme de lettres, si elle n'est désintéressée, si elle devient une profession lucrative, est la dernière de toutes et perd toute noblesse ; « car on n'attache l'aristocratie qu'à ce qui ne rapporte rien. » Le gentilhomme d'autrefois qui n'eût pas daigné recevoir le roturier plus riche que lui, traitait d'égal à égal l'homme de lettres pauvre. Eût-il agi de la sorte si la fonction de l'homme de lettres eût été un métier comme un autre ? L'opinion, qui est toujours fondée en quelque chose, n'accorde ce haut degré d'estime qui constitue la noblesse qu'à ce qui ne rapporte rien. Elle sent que ce qui donne la gloire ne doit être payé que par la gloire et que l'inviolabilité des caractères est bien moins garantie par la richesse que par l'honneur et la fierté

L'honneur et la fierté sont aussi nécessaires avec la richesse que sans elle ; mais il est difficile de soutenir qu'ils ne seront pas menacés par l'indigence et la misère.

Voyez ce qu'étaient autrefois les gens de lettres. Molière était valet de chambre du roi ; Jean-Jacques Rousseau et Thomas Morus servaient à table. Voiture était condamné par madame de Rambouillet au supplice de Sancho-Pança, parce qu'il n'avait pas réussi dans un temps convenu à faire rire mademoiselle. « Dancourt, disait un grand seigneur à ce poète, si tu as plus d'esprit que moi pendant le souper, je te ferai donner cent coups de bâton. » Victime d'une atroce

---

(1) M. Renan, *Journal des Débats* du 23 janvier 1859.

plaisanterie, Santeul, si nous en croyons Saint-Simon, a été empoisonné par le duc de Bourbon. Enfin Voltaire était bâtonné par les gens de monsieur de Rohan. Telle était autrefois la condition des gens de lettres et les degrés d'égalité qui existaient entre eux et les grands seigneurs. Celle de leurs descendants était pire encore. Et quant aux nobles, que dire de leur désintéressement quand on songe à leurs châteaux, à leurs rentes, à leurs gouvernements héréditaires, à leur faste, à leur orgueil, à leurs fortunes scandaleuses.

Non, la vérité n'est pas là ; la spoliation dont les écrivains et les artistes sont les victimes vient d'une source unique : du mépris caché qu'ils inspirent encore dans un certain monde, du rang subalterne qu'ils occupent dans la société.

C'est toujours la lutte de la matière contre l'esprit et de la force contre le droit; osons le dire, aussi, de l'Etat contre la liberté individuelle, contre les droits de la personne humaine, d'autant plus méconnus qu'ils s'exercent de plus haut. Mais la matière, la force, la toute-puissance de l'Etat touchent au terme de leur triomphe ; puisqu'elles reculent, elles s'avouent vaincues.

CHAPITRE XXIII

La tolérance. — La liberté de conscience. — La liberté religieuse. — Considérations historiques.

De l'intelligence à la conscience ou de la sphère de la pensée à celle de la foi, de la poésie et de la science à la religion, la distance n'est pas grande.

Puisque l'homme, ainsi que nous l'avons prouvé, dispose comme il lui plait de sa pensée et des œuvres par lesquelles elle se manifeste au dehors, puisqu'il est libre de la garder pour lui seul ou de la communiquer à ses semblables, il semble qu'à plus forte raison il a le même droit sur sa conscience : car ce qu'on entend par ce mot, ce sont nos pensées les plus intimes et les plus chères ; ce sont les convictions qui dirigent et d'où découle en grande partie notre vie, non seulement nos actions, mais nos sentiments et nos pensées elles-mêmes ; ce sont les croyances que nous nous sommes faites par nous-mêmes ou que nous avons reçues de nos ancêtres sur les objets les plus élevés qui puissent se présenter à notre esprit : Dieu, l'âme, l'humanité, l'origine de l'univers, nos devoirs envers la société et envers tous les êtres.

Nous disons que si l'homme est un être libre et si, en raison de ce droit suprême d'où découlent tous les autres, notre pensée nous appartient, notre conscience nous appartient encore à plus juste titre ; car elle est la lumière de notre âme, elle domine et dirige la pensée, elle peut exercer sur elle autant d'empire que la pensée en a sur les mouvements du corps.

Mais comment peut-on nous disputer notre conscience ? en l'empêchant de se manifester, en empêchant que nos actes soient l'expression fidèle de ce qu'elle nous commande ou, ce qui est encore plus odieux s'il est possible, en nous imposant l'obligation d'affirmer et de faire le contraire de ce qu'elle nous commande, en nous arrachant, sous peine de la vie, ou par la force des humiliations et des tortures, des actions et des paroles qu'elle condamne formellement. L'absence de toute contrainte de cette nature, ou le droit de conformer sa vie à ses croyances, sous la seule condition de ne pas offenser le droit d'autrui, voilà ce qu'on appelle la liberté de conscience.

Nous distinguons entre la liberté de conscience et la liberté religieuse. La liberté religieuse est une question de droit public ; elle intéresse les rapports de l'Etat avec les associations particulières, avec les corps et les sociétés de toute espèce qu'il renferme dans son sein. Ce qu'on entend par la liberté religieuse, ce n'est pas simplement le droit de vivre selon ses croyances ou de faire tout ce qu'elles ordonnent et de s'abstenir de tout ce qu'elles défendent ; c'est le droit bien plus considérable de former publiquement, sous le nom de communion, une société organisée qui a son gouvernement, ses lois, sa hiérarchie, ses moyens d'existence, disons le mot, ses finances, ses lieux de réunion. Or, on comprend qu'une telle institution soit subordonnée au droit général de l'Etat, c'est-à-dire au droit qu'a la société entière de veiller sur sa sécurité, sa paix intérieure et la conservation de ses lois. Les conditions de la liberté religieuse ne pourront donc être déterminées que lorsque nous aurons posé les bases du droit public (1). Mais dès maintenant nous sommes obligés de parler de la liberté de conscience, parce que la liberté de conscience est une question de droit privé ou purement civil. Elle s'étend, en le dominant, au droit civil tout entier ; car elle intéresse, non seulement la liberté individuelle qu'elle nous représente sous sa forme la plus élevée et la plus inviolable ; elle n'intéresse pas moins le mariage, l'autorité paternelle et l'éducation des enfants. Là, en effet, où la liberté de conscience est méconnue, le mariage n'existe pas aux yeux de la loi, s'il n'a été célébré selon les rites de la religion officielle, c'est-à-dire de la religion imposée par la force. Tout mariage protestant, depuis la révocation de l'édit de Nantes jusqu'à la veille de 1789, était assimilé au concubinage. De là résultait en même temps une atteinte profonde aux droits du père sur ses enfants et aux droits des enfants sur l'héritage de leur père, quand même l'autorité paternelle n'aurait pas été frappée d'une autre manière. Mais il est dans la nature de l'intolérance de la supprimer directement, soit par la défense faite au père d'élever ses enfants selon le principe de sa foi, soit par les mesures violentes qui les enlèvent à sa tendresse

---

(1) Nous avons consacré à cette question un ouvrage qui a d'abord pris le titre de *Philosophie du droit ecclésiastique*, et, dans une 2ᵉ édition, a été intitulé plus justement : *Des Rapports de la religion et de l'État*; 1 vol. in-12, Paris, 1885.

pour les élever dans une foi étrangère. Cette conséquence a été également mise en pratique sous les règnes de Louis XIV et de Louis XV.

La liberté de conscience peut être considérée indirectement comme la condition même de la propriété. Car si ma croyance me met personnellement en dehors de la loi, si elle brise pour moi les liens du mariage et de la famille, si elle fait de moi un paria et un proscrit, comment laisserait-elle subsister la moindre garantie pour mes biens? Le proscrit, ainsi que l'esclave, ne peut rien posséder dans les pays d'où il est banni, ou du moins d'où il peut être expulsé par le moindre caprice du pouvoir. Telle était précisément la condition des juifs au moyen âge. Ne pouvant posséder ni terres, ni maisons, ni industrie reconnue, rien que les richesses en quelque sorte insaisissables qu'on porte sur soi, telles que l'or et des pierres précieuses, ils étaient encore à chaque instant dépouillés de ces derniers biens, quand une razzia de cette nature était jugée utile au trésor. Les protestants, sous Louis XIV, n'étaient pas plus respectés dans leurs propriétés, puisqu'on avait confisqué leurs maisons et leurs églises et que leurs biens passaient de droit à celui de leurs enfants qui avait délaissé leur foi. Un auteur très respecté du moyen âge, Gilles de Rome, va jusqu'à soutenir que le droit de propriété pris en général est une simple concession du pouvoir ecclésiastique, c'est-à-dire de l'autorité qui règle nos croyances. « Le maitre d'un champ ou d'une vigne ne peut, dit-il, quel qu'il soit, les posséder légitimement, s'il ne les possède sous l'Eglise et par l'Eglise; *nisi habeat id sub Ecclesia et per Ecclesiam.* Le péché nous dépouille de tous les droits ; l'autorité de l'Eglise en légitime seul l'exercice ; et toutes les fois que l'absolution du prêtre nous relève de nos fautes, elle nous rend en même temps la propriété des biens, dont nous n'étions plus que des détenteurs sans titres (1). »

Il ne suffit pas que la liberté de conscience se présente à notre esprit comme une application directe, comme une conséquence nécessaire de la liberté individuelle ; puisqu'elle a été niée en fait et en droit pendant une longue suite de siècles et qu'elle est loin d'être aujourd'hui universellement reconnue par tous les peuples civilisés ; puisque dans notre pays même elle rencontre encore tous les jours d'implacables adversaires, il est indispensable de la soumettre à une discussion approfondie afin de montrer à tous les yeux la vanité des objections qu'on a élevées contre elle et la force des raisons qui plaident en sa faveur. Mais nous adopterons ici le plan que nous avons suivi en traitant de la propriété littéraire. Avant d'entrer dans le fond de la question, nous en retracerons rapidement l'histoire.

Chez les anciens, c'est-à-dire chez les nations païennes, chez les Grecs et les Romains, la religion était une institution de l'État, et la liberté de conscience, dans le sens où nous la comprenons aujourd'hui, non seulement n'existait pas, mais n'avait pas besoin d'exister, parce qu'elle n'était utile et nécessaire à personne. La loi, il est vrai, défendait aux citoyens d'adorer publiquement d'autres dieux que les dieux de la patrie ; mais elle ne faisait à personne, pas même aux prêtres qui desservaient leurs autels et aux augures qui rendaient en leur nom des oracles, une obligation de croire à leur existence.

(1) Gilles de Rome, *De ecclesiastica potestate*, traité inédit, publié par M. Jourdain.

La religion se réduisant à des cérémonies purement extérieures instituées en vue d'un but politique, comme chez les Romains, ou artistique, comme chez les Grecs, laissait chacun libre de croire ce qu'il voulait. De là une complète indépendance en matière de philosophie, sous la condition cependant que, en niant l'existence des dieux, on ne refusât pas de sacrifier sur leurs autels. Cicéron, qui a écrit les traités *De la divination* et *De la nature des dieux*, portait le bâton des augures. César, qui niait l'immortalité de l'âme, était grand prêtre. Pyrrhon lui-même, le fondateur du scepticisme, exerçait dans sa patrie des fonctions sacerdotales. Pourquoi donc Socrate a-t-il été condamné à mort? Parce que Socrate était un apôtre aussi bien qu'un philosophe, et que, non content de prêcher sa doctrine à un petit nombre de disciples, il s'efforçait de la répandre dans toutes les classes de la société athénienne. C'est ainsi qu'il s'est attiré l'accusation d'introduire dans le panthéon national un dieu nouveau et de substituer au culte établi un culte étranger.

Chez les anciennes nations de l'Orient, les Indiens, les Égyptiens, les Hébreux, les Perses, les institutions religieuses avaient un caractère plus sévère. Considérées comme une révélation divine, en même temps qu'elles avaient force de loi pour l'État, elles ne plaçaient pas la religion dans les attributions de la politique, mais tout au contraire, elles subordonnaient, ou pour mieux dire elles asservissaient la politique à la religion, sans que la religion cessât d'être nationale. La nationalité et la communion, si l'on nous permet ces expressions empruntées à une autre époque, le sentiment patriotique et le sentiment religieux étaient une seule et même chose. C'est la théocratie dans toute sa force, mais aussi dans son implacable tyrannie. Point de liberté, même dans le for intérieur de la conscience, même dans les méditations silencieuses de la pensée, parce que ce que Dieu lui-même a révélé aux hommes, réclame aussi bien notre foi que notre obéissance, il faut le regarder comme vrai en même temps qu'il faut y conformer ses actions. Il ne suffit pas de pratiquer extérieurement les cérémonies prescrites, il faut admettre comme une vérité, souvent incompréhensible mais toujours hors de doute, le dogme dont elles sont la manifestation visible. Dans les contrées païennes où la politique était supérieure à la religion, l'État pouvait apporter à celle-ci des changements importants et élargir ses bases lorsque lui-même avait étendu ses bornes. C'est ce qui arriva à Rome lorsqu'elle fit la conquête de l'univers. Son Capitole fut le rendez-vous des divinités de tous les pays. En Orient, rien de semblable ne peut être espéré. L'État doit être soumis comme l'individu à la parole de Dieu, à la parole éternelle, ou du moins au pouvoir chargé de l'interpréter. Le culte, le dogme et la législation elle-même sont immuables.

Avec l'avènement du christianisme commence une nouvelle ère qui semble d'abord entièrement favorable à la liberté de conscience, parce que la liberté de conscience est au nombre des principes enseignés dans l'Évangile ; tout au moins en est-elle la conséquence nécessaire. « Mon royaume n'est pas de ce monde », dit Jésus-Christ. Donc, les puissances de ce monde n'ont aucun droit d'intervenir dans la religion nouvelle et de l'imposer par la force. « Il vaut mieux, dit encore le fondateur du christianisme, il vaut mieux obéir à Dieu qu'aux hommes. » Donc, en matière de foi, c'est la voix de Dieu et non celle des hommes, c'est la voix de la conscience, non celle de la loi ou de l'autorité civile, qu'il faut écouter. Ce principe est invoqué, en effet, par les premiers apologistes et les premiers Pères de l'Église. « La religion, dit Lactance (1), est la seule chose où la liberté ait élu domicile. Elle est, par dessus tout, volontaire, et nul ne peut être forcé d'adorer ce qu'il ne veut pas. Il peut le feindre, mais non pas le vouloir. Quelques-uns, vaincus par la crainte des supplices ou par les tortures elles-mêmes, ont pu consentir à des sacrifices exécrables ; mais une fois libres, ils retournent à Dieu et essaient de l'apaiser par les prières et par les larmes. » Le fougueux Tertullien, l'auteur de cette proposition : *Credo quia absurdum*, réclame (2) le même droit avec son énergie habituelle. « Voyez, dit-il, s'il est à la gloire de l'infidélité d'ôter la liberté de la religion, d'interdire le choix de la divinité, de ne point me permettre d'honorer qui je veux et de me contraindre à honorer qui je ne veux pas. Personne ne veut des honneurs contraints, pas même un homme... N'est-il pas inique de forcer des hommes libres à sacrifier malgré eux ? »

Ainsi raisonnait l'Église quand elle était faible et persécutée. Mais quand elle vit la force de son côté, elle parla un autre langage. Elle appela la violence et la persécution au secours de ses dogmes. Elle voulut que l'État, c'est-à-dire l'Empereur, traitât en ennemis publics ceux qui résistaient à son enseignement ou qui tentaient de briser son unité naissante. On sait que la guerre des catholiques et des ariens, des catholiques

---

(1) *Epitome divinæ institutionis*, 51.
(2) *Apologia*, 24.

et des donatistes, n'était pas une guerre de paroles, et qu'elle employait de part et d'autre, il faut bien le dire, d'autres armes que les textes et les arguments théologiques. C'est une des âmes les plus tendres, un des esprits les plus élevés qui aient honoré l'humanité et l'Église, c'est saint Augustin qui a le premier érigé en maxime de persécution ces paroles de l'Évangile : *Compelle intrare*, force-les d'entrer. Sa première opinion, nous dit-il lui-même, c'était que personne ne peut être contraint par force à entrer dans l'unité du Christ; qu'il fallait agir par la parole, combattre par la discussion, vaincre par le raisonnement, de peur de transformer en faux catholiques ceux qu'on avait connus hérétiques déclarés. Mais plus tard il appela la persécution contre les donatistes, en invoquant le texte que nous avons cité tout à l'heure et dont on a fait après lui un si cruel usage. « On n'est pas toujours ami en épargnant, dit-il, ni toujours ennemi en frappant. Les blessures d'un ami valent mieux que les baisers trompeurs d'un ennemi..... Il est plus humain d'ôter le pain de la bouche à celui qui, sûr de son pain, négligera la justice, que de rompre le pain avec lui pour qu'il se repose dans les séductions de l'injustice. » C'est une des maximes les plus dangereuses et les plus horribles qui aient jamais été soutenues par aucun homme. Elle équivaut à dire qu'il est permis de faire souffrir son semblable, son concitoyen, son frère ou son père, et même de lui donner la mort, non pour le mal qu'il a fait, mais pour celui dont on le juge capable en raison de ses croyances.

Quand une opinion a été exprimée par saint Augustin, on peut être sûr qu'on la retrouvera dans saint Thomas d'Aquin, revêtue des formes de la scolastique et accrue de toute l'énergie sauvage du xiiiᵉ siècle. Voici comment s'exprime, au sujet des hérétiques, celui qu'on a appelé l'Ange de l'École : « Il est bien plus grave de corrompre la foi qui est la vie de l'âme, que de falsifier la monnaie qui ne sert qu'aux besoins du corps. Si les faussaires et autres malfaiteurs sont justement punis par les princes séculiers, à plus forte raison les hérétiques convaincus doivent-ils être, non seulement excommuniés, mais punis de mort... Car, ainsi que le dit saint Jérôme, les chairs putrides doivent être coupées, et la brebis galeuse séparée du troupeau, de peur que la maison tout entière, tout le corps, tout le troupeau, ne soient atteints de la contagion, gâtés, pourris et perdus. Arius ne fut qu'une étincelle à Alexandrie, mais pour n'avoir pas été étouffée d'un seul coup, cette étincelle a enflammé l'univers (1). »

Cette âpre argumentation repose sur un principe unique : c'est que tout est permis contre un ennemi de notre foi, parce que, la foi étant le plus grand des biens, celui qui la compromet se rend coupable du plus grand des crimes. Ce principe peut même être présenté comme une conséquence, et il sera permis de dire cette fois, comme une conséquence rigoureuse du précepte de la charité : un petit mal pour un grand bien, ou tout au moins un mal particulier pour un bien général. Perdre le corps pour sauver l'âme, tuer quelques brebis pour sauver le troupeau. Mais on oublie que le même principe peut être retourné contre nous par une foi différente aussi ardente que la nôtre. On oublie encore que si le précepte de la charité n'est pas contenu et dirigé par le droit, il devient une sau-

---

(1) *Summ. theolog.*, Secund. secund., quæstio XI, art. 3. — Conf., P. Janet, *Histoire de la science politique*; 2ᵉ édit., t. I, p 340.

vage tyrannie qui peut servir à opprimer indistinctement et en toute sécurité de conscience tous les partis. C'est, en effet, ce qui est arrivé au xvi° et au xvii° siècle.

Mais avant de quitter le moyen âge il est important de remarquer que les maximes d'intolérance si chères à cette époque et mises en pratique avec tant de fureur, reposaient encore sur une autre base. En vertu de la suprématie temporelle que s'arrogeaient les papes sur tous les États de la chrétienté ; en vertu de la doctrine ultramontaine qui fait de l'empereur l'auxiliaire *(advocatus)* du Souverain Pontife, et qui représente les rois comme des évêques extérieurs, le pouvoir temporel est tenu d'obéir au pouvoir spirituel comme le corps obéit à l'âme. Cette théorie, mise en pratique par Grégoire VII et réduite en dogme par saint Thomas d'Aquin, a eu pour effet, en confondant la société civile avec la société religieuse, de faire de l'hérésie et de l'infidélité des crimes de haute trahison, de lèse-majesté divine et humaine, des attentats dignes de mort. On retombait sous la loi de la théocratie dont le premier et le plus essentiel caractère est d'être incompatible avec la liberté de conscience.

Nous revenons maintenant à la proposition que nous énoncions tout à l'heure. Le droit qu'on s'arroge sur la croyance des autres au nom de sa propre foi et au nom même de la charité qu'on doit à ses semblables, ce droit peut être invoqué également pour tous les dogmes, et par cela seul que tous peuvent l'invoquer, il peut être également retourné contre tous. C'est précisément ce qui est arrivé. Le protestantisme, pour s'établir, demande la liberté de conscience, comme l'avait fait avant lui l'Église naissante. « C'est par les Écritures, et non par le feu, dit Luther, qu'il faut convaincre les hérétiques. Si c'était avoir du talent que convaincre les hérétiques par le feu, le bourreau serait le plus grand docteur de la terre. Il ne serait plus besoin d'étudier, il suffirait de brûler ses adversaires après s'en être rendu maîtres par la force. » C'est fort bien dit. On ne peut opposer à l'intolérance un raisonnement plus péremptoire. Mais à peine la Réforme est-elle fondée que, voyant la division éclater dans son sein, les sectes se multiplier sous son drapeau, elle en appelle au même principe qu'on avait mis en pratique contre elle, elle invoque le fer et le feu, les rigueurs de la loi civile et du pouvoir temporel ; elle demande, par conséquent, à son profit, la subordination de l'État à l'Église ou la résurrection de la théocratie. Et qui se fait l'apôtre de cette doctrine si inconséquente dans la bouche de la Réforme? C'est celui qu'on appelait le doux Mélanchton. Il ressuscite, au profit de son parti, toute la théorie du moyen âge. L'Église nouvelle ne versera pas le sang des hérétiques, *Ecclesia abhorret a sanguine*, elle laissera ce soin au pouvoir civil, au bras séculier, comme on disait autrefois, chargé d'être l'exécuteur de ses hautes-œuvres. « Le pouvoir civil, dit Mélanchton, doit instituer des peines et des supplices contre les hérétiques comme contre les blasphémateurs. Car les hérésies manifestes sont des blasphèmes. » Mais Mélanchton lui-même était-il autre chose qu'un hérétique aux yeux de l'Église catholique ? Il soutient donc qu'on est digne du dernier supplice quand on n'est pas hérétique à sa manière.

Ces maximes ne sont pas restées longtemps dans le domaine de la spéculation. Autant que cela était en leur pouvoir, les chefs de la Réforme les ont mises en pratique. Calvin, à peine échappé du bûcher, a fait brûler Michel Servet ; et Henri VIII, après avoir rompu avec la papauté, faisait brûler à la fois, et quelquefois dos à dos, sur le même bûcher, calvinistes et catholiques. Et qu'on ne dise pas que c'étaient là des actes de violence entièrement isolés auxquels ne répondait aucune doctrine. Les cendres de Michel Servet étaient encore tièdes, qu'un autre chef de la Réforme, Théodore de Bèze (celui-là aussi passait pour doux de caractère), écrit un gros livre pour justifier le crime qui lui a donné la mort.

Les mêmes actes de cruauté et de fureur que l'intolérance a provoqués de la part de l'État contre les particuliers, sont considérés comme légitimes de la part d'un État contre les autres et, à plus forte raison, de la part d'une classe de la société contre celles qui professent des croyances différentes. De là, les guerres religieuses du XVIᵉ siècle, qui animent les unes contre les autres les nations chrétiennes et font éclater dans chacune d'elles les divisions les plus sanglantes et les plus désastreuses. De là ces maux incalculables et ces inextinguibles haines qui ont fait demander à des esprits timides si l'indifférence religieuse n'était pas plus salutaire aux nations que la religion ainsi comprise. Nous ferons à ce sujet une remarque qui peut avoir son importance pour l'histoire de notre pays. On a reproché aux protestants français du XVIᵉ siècle de vouloir former, non seulement une communion nouvelle, une Église indépendante, mais un État dans l'État. Il leur aurait été impossible d'obtenir quelque sécurité à une autre condition. La liberté de conscience n'étant reconnue d'aucun côté, la loi religieuse étant imposée partout par la loi civile, on ne pouvait professer un dogme nouveau qu'à la condition de former aussi un état nouveau. C'est ce qu'a très bien compris Henri IV lorsque, après avoir pacifié la France et rendu l'édit de Nantes, il donna pour garantie à la sécurité de ses anciens coreligionnaires un certain nombre de places fortes.

À cet état d'acharnement, à cette implacable intolérance du moyen âge, à ces guerres interminables du XVIe siècle, couronnées par la guerre de Trente ans, succéda un nouvel âge qui n'est pas encore celui de la liberté de conscience, mais qui en prépare l'avènement. C'est l'âge de la tolérance, inauguré par le traité de Westphalie. Quel est, en effet, le sens de cet acte diplomatique, qui a introduit dans le droit public de l'Europe une des révolutions les plus mémorables dont on puisse garder le souvenir ? C'est que les États qui diffèrent de croyances cesseront de se croire obligés de s'entredétruire et se supporteront les uns les autres en se donnant des gages mutuels de sécurité; c'est que les États qui professent la religion nouvelle, soit le calvinisme, soit les principes de la confession d'Augsbourg, feront désormais partie de la famille des États européens et pourront se gouverner à leur guise; c'est que la même concession sera accordée par chaque État en particulier aux différentes Églises qu'il renferme dans son sein. L'ensemble de ces dispositions équivaut à dire : puisque nous ne pouvons pas nous détruire les uns les autres par les armes, ni nous convaincre par la parole, promettons-nous de nous supporter réciproquement sans nous faire la vie trop dure.

C'est le principe que Richelieu, ce grand homme d'État, a voulu faire prévaloir en France, en retirant aux protestants leurs places fortes tout en leur laissant l'exercice de leur culte. Louis XIV s'est montré moins éclairé. La révocation de l'édit de Nantes a été un malheur pour notre pays. Si un grand homme comme Bossuet y a applaudi, il ne faut pas s'en étonner, l'Église gallicane est moins favorable à la liberté de l'individu qu'à l'indépendance de l'État. Elle a renversé les vieilles théories ultramontaines, sans jeter les fondements de la société moderne, parce que dans l'État elle voit aussi bien le roi que la nation et plus que la nation.

Aussi les philosophes du XVIIIe siècle ont-ils cru avoir atteint la perfection du droit quand ils ont demandé aux États de l'Europe et particulièrement au gouvernement de notre pays, non la liberté de conscience, mais la tolérance. Voltaire lui-même n'est pas allé au delà de cette idée, car ce n'est que la tolérance qui est sa « sainte de préférence. » Rousseau a dépassé le but en réveillant le principe de l'intolérance au profit de la raison contre la foi ou plutôt du déisme contre le dogme catholique.

Aujourd'hui ce n'est plus de tolérance qu'il doit être question, mais de liberté de conscience : la tolérance est comme une grâce humiliante que le vainqueur accorde au vaincu, le puissant au faible ; la grâce de le laisser vivre, tout en conservant pour lui sa haine et son mépris d'autrefois. Seule, la liberté de conscience nous représente l'égalité et la justice en matière de dogme et de culte ; seule, elle laisse aux hommes leur dignité et les titres qui les recommandent, non à la pitié, mais au respect de leurs semblables. C'est la liberté de conscience qu'il nous reste à défendre.

CHAPITRE XXIV

La liberté de conscience considérée en elle-même. — Sur quels principes elle repose. — A quelles objections elle a donné lieu.

On se rappelle la distinction que nous avons établie, ou plutôt que nous avons reçue toute faite des mains de l'histoire, entre la tolérance, la liberté de conscience et la liberté religieuse. Ce ne sont pas là, comme on le croit communément, trois noms différents d'une seule et même chose, mais trois choses différentes, tellement liées entre elles que la première est un degré nécessaire à franchir pour arriver à la seconde et la seconde pour arriver à la troisième. Nous ne possédons pas encore la liberté religieuse dans toute son étendue ; car, ce que nous serions tentés d'appeler ainsi n'est qu'un privilège partagé, dans des mesures diverses, entre plusieurs cultes ; mais nous avons conquis, au moins en principe, la liberté de conscience, après avoir regardé comme un immense bienfait de la civilisation la simple tolérance. La tolérance n'est pas un droit, mais uniquement un fait, et un fait négatif : l'absence de la persécution. La persécution cesse, comme nous l'avons remarqué, pour deux raisons : ou par humanité ou par impuissance; parce que la pitié l'emporte sur les exigences, les habitudes, les droits officiellement reconnus d'une foi dominante ; ou parce que la victime, lasse de souffrir, a cherché son salut par la voie des armes et, tenant en respect ses bourreaux, les oblige à transiger avec elle. C'est ainsi que la tolérance est entrée dans le monde après la paix d'Augsbourg. C'est, au contraire, au nom de l'humanité et de la pitié, qu'elle a été réclamée dès le temps de la Ligue par L'Hôpital et par Bodin, et plus tard par tous les philosophes du XVIII° siècle. Dans l'un et l'autre cas, la tolérance n'est qu'une concession limitée dans son objet, limitée quant aux personnes, limitée dans le temps. Que la nécessité ou la pitié qui lui ont donné naissance viennent à cesser, elle disparait aussitôt pour laisser le champ libre à l'oppression, et, ce qu'il y a de plus malheureux, l'oppression alors ressemble à un droit.

La liberté de conscience est une conquête d'un ordre plus élevé et plus conforme à la dignité humaine. Elle nous représente, non plus un fait, mais un droit, un droit naturel, c'est-à-dire universel et imprescriptible, supérieur à toutes les lois: celui qui appartient à toute créature humaine de ne pas manifester extérieurement, soit en paroles, soit en actions, une autre foi, d'autres croyances que celles qui sont dans son cœur, et de vivre en sécurité au milieu de ses semblables, de partager tous les avantages de la société sans être obligé de rendre compte de ce qui se passe dans le secret de son âme et de sa pensée. La liberté de conscience s'étend encore plus loin : elle emporte le droit, non seulement de ne pas faire ce qui est contraire à nos convictions, mais de faire ce qu'elles nous commandent sous la réserve du droit d'autrui.

Mais dès qu'on transporte cette faculté du domaine de la vie privée dans celui de la vie publique; dès qu'on veut former une assemblée, une communion, une église pour défendre en commun, enseigner en commun, pratiquer en commun et rendre sensible à l'aide d'un symbole ou d'un culte public ce qu'on croit être la vérité en matière de foi, alors la liberté de conscience ne nous suffit plus et nous faisons appel à la liberté religieuse.

Nous l'avons déjà dit: la liberté religieuse est une question de droit public que nous sommes obligés de réserver. La liberté de conscience est une question de droit privé et la seule que nous ayons à traiter en ce moment.

La liberté de conscience n'est pas simplement une application du droit, c'est le droit lui-même dans ce qu'il a de plus élevé, de plus sacré, de plus inviolable. Qu'est-ce, en effet, que le droit ? C'est le respect qui est dû à la personne humaine, c'est l'inviolabilité de la personne humaine, sous la restriction qu'elle-même respectera ses semblables. Mais on n'est une personne humaine qu'à la condition qu'on obéira, non à la force, à la contrainte, sous quelque nom et quelque prétexte qu'elle soit exercée, mais aux lois qu'on reçoit de son âme, de sa raison, de son intelligence, c'est-à-dire aux principes que nous croyons les seuls vrais, soit que nous les ayons trouvés par nous-mêmes, soit que nous les ayons acceptés sur la foi d'autrui. Obéir aux lois de son âme, aux principes que l'on croit les seuls vrais, aux lois que l'on considère comme les seules justes, sans en être empêché par aucune loi extérieure voilà ce qu'on appelle la liberté de conscience. Supprimez cette liberté, l'homme disparait, l'âme s'évanouit; il ne vous reste plus qu'un corps, un cadavre, une matière inerte, un vil esclave. L'oppression de la conscience, c'est le pire des esclavages et le plus grand des crimes, parce qu'elle supprime la liberté, c'est-à-dire le droit, non dans un individu, dans une race, dans une condition, mais dans l'humanité elle-même.

Il n'y a rien à opposer à l'évidence de ce principe, car les persécuteurs l'invoquent aussi bien que les persécutés, aussitôt que les rôles sont changés. L'inquisiteur le plus impitoyable, dès que la puissance échappe de ses mains, et que de bourreau il devient victime, ne pourra pas invoquer un autre appui que la liberté de conscience. Qu'opposera-t-il, en effet, à ceux qui voudraient lui infliger la loi du talion? Sa foi, rien que sa foi, c'est-à-dire sa conscience, rien que sa conscience. Le nom de la foi ne signifie, en effet, que ceci : ce que ma conscience me représente comme vrai et comme juste, voilà ce que je dois croire, voilà ce que je dois faire. Ce que ma conscience me représente comme faux et comme injuste, voilà ce que je dois bannir de ma pensée et de mes actions. Entre la conscience et la foi, il n'y a donc, dans la langue du droit, dans la langue de la justice, dans l'esprit de quiconque s'entend avec lui-même, qu'une différence de mot. Plus on voudra contester cette vérité et plus on en fera ressortir l'évidence. Il y a un abîme, me dira le fanatique que j'ai fait parler tout à l'heure, il y a un abîme entre ma foi et la vôtre. Votre foi, c'est l'erreur, et la mienne, c'est la vérité. Votre foi est pour la divinité un objet d'horreur, la mienne est le seul hommage qui soit digne d'elle. — Qu'en savez-vous ?

lui répliquerai-je. — Après bien des détours, c'est sa foi même qu'il donnera pour garantie de la vérité de ses croyances ; en un mot, c'est à sa conscience qu'il en appellera en dernier ressort. — Eh bien ! lui dirai-je, je suis dans le même cas, par rapport à vous. C'est ma foi que je regarde comme la vérité, c'est la vôtre qui me paraît l'erreur, et j'en ai pour garant l'ardeur même de mes croyances. Dans cette situation, il faut choisir : ou les droits seront les mêmes pour tous, et alors c'est la liberté de conscience que vous m'accordez; ou le plus fort aura le droit de persécuter le plus faible, alors le droit sera du côté de la force et la religion ne sera vraie que si elle est victorieuse ; le paganisme aura été la vérité avant le triomphe de l'Église ; il est la vérité encore aujourd'hui au milieu des barbares et des sauvages ; Néron et Dioclétien avaient raison de persécuter les chrétiens ; le protestantisme, en pays protestant, a raison de persécuter l'Église catholique, comme l'Église catholique, en pays catholique, a raison de persécuter le protestantisme.

La suppression de la liberté de conscience, l'intolérance religieuse n'est pas seulement un crime, c'est un crime inconséquent, obligé de témoigner contre lui-même ; c'est une œuvre de folie, une cruauté impuissante dont les effets sont absolument opposés au but qu'elle poursuit. Une croyance ne s'impose pas par la force, la foi vient de la persuasion et non de la contrainte. Est-ce la foi que vous voulez obtenir? Parlez à mon intelligence et à mon cœur. Me suis-je trompé ? Ne voulez-vous que des démonstrations extérieures ? Alors ne dites pas que c'est ma foi que vous voulez changer, c'est ma personne que vous voulez asservir, sans profit pour la religion, tout au contraire, à son plus grand détriment. Vous lui ferez un double mal, car ceux que vous croyez conquérir à ses lois, ce sont les hypocrites et les lâches qui aiment mieux suivre leurs intérêts que leur conscience. Les âmes fortes et élevées resteront attachées à leurs convictions avec toute l'énergie que l'indignation peut ajouter à leurs principes. Qui ne connaît la fécondité du sang des martyrs ? Le vrai moyen de perpétuer une opinion, c'est de la persécuter. Dans l'Inde, six cents ans avant Jésus-Christ, on a voulu exterminer par le fer et par le feu le bouddhisme naissant : le bouddhisme est aujourd'hui une religion qui compte plus de quatre cents millions de croyants ; le brahmanisme, son bourreau, n'en a que quatre-vingt millions. Socrate a été condamné à boire la ciguë : sa philosophie et sa vie sont encore aujourd'hui pour nous, après vingt-deux siècles, un objet de respect et d'admiration. L'Eglise est sortie triomphante de toutes les persécutions païennes ; le protestantisme a survécu à la saint Barthélemy et à toutes les guerres du XVIe siècle. Il est représenté aujourd'hui par plusieurs grandes puissances, sans lesquelles il ne peut rien se décider d'important dans les conseils de l'Europe. Les sectaires chassés par la persécution de la Grande-Bretagne sont aujourd'hui les maîtres du nouveau monde. Enfin une race aussi ancienne que le monde, une religion qui est la mère du christianisme, après dix-huit siècles de tortures, et peut-être grâce à ces tortures, est aujourd'hui aussi vivante, aussi active, aussi attachée à son antique symbole qu'aux jours de son indépendance et de sa plus grande prospérité.

Il est à peine besoin d'ajouter que l'intolérance est aussi contraire à la religion, c'est-à-dire aux principes du christianisme, qu'elle est contraire au droit, à la raison et au sens commun. Ces belles paroles : « Mon royaume n'est pas de ce monde, » excluent toute intervention de la force brutale et de la puissance politique dans les matières de foi. Cette autre maxime non moins belle : « Il vaut mieux obéir à Dieu qu'aux hommes, » renferme non seulement le droit, mais le devoir de la résistance à toute autorité qui veut s'interposer entre Dieu et moi ou, ce qui est la même chose, qui veut changer par la force des dogmes et des lois que je crois tenir de Dieu seul. Enfin l'Évangile et l'Ancien Testament donnent une égale consécration à ces paroles qui sont la plus générale expression du droit naturel : *Ne fais pas à autrui ce que tu ne voudrais pas qu'on te fît.* Ce précepte ne s'adresse-t-il pas aux corps comme aux individus et aux Religions comme aux Etats ? La liberté de conscience est donc de droit divin aussi bien que de droit humain ; elle est un article de foi aussi bien qu'une vérité évidente de la raison.

Mais s'il en est ainsi, comment pourrait-elle être supprimée au nom et dans l'intérêt de l'État ? L'État, comme nous l'avons démontré au commencement de cet ouvrage, a pour principale mission de défendre la liberté de chacun avec les forces de tous ; il est la société entière armée pour ses droits et occupée à les défendre contre toutes les usurpations et les violences, tant celles du dehors que du dedans. Or, si la liberté de conscience est non seulement une des plus saintes applications de la liberté, mais la liberté même dans sa plus haute expression ; si elle est, non seulement un droit, mais la condition de tous les droits, comment l'État serait-il autorisé à la détruire ? Elle est, au contraire, le dépôt sur lequel il doit veiller avec le plus de vigilance, et qu'il est obligé de défendre avec le plus de précautions et d'énergie. Observons en outre avec tous les publicistes de quelque valeur, depuis Marsile de Padoue, cet écrivain du xiv⁰ siècle qui, le premier en Europe, a défendu la liberté de conscience, jusqu'à Locke et à Montesquieu, que l'État ou la société civile ne peut avoir qu'un but purement civil. Elle est appelée à protéger la vie, la propriété et la liberté de chacun de ses membres, par conséquent de veiller à sa propre conservation, à sa propre sécurité, sans laquelle le but qu'elle se propose est irréalisable. Ses droits, par suite ceux du gouvernement qui agit et de la loi qui commande en son nom, ne s'étendent pas plus loin. Elle est obligée de me protéger dans ce monde, elle n'est pas chargée de me sauver dans l'autre. Ni les lois, ni les peines, ni les récompenses spirituelles ne sont de son ressort. Les fidèles pour elle, et les orthodoxes, sont tous ceux qui accomplissent leurs devoirs de citoyens et d'honnêtes gens, les infidèles et les hérétiques tous ceux qui les violent. Toute autre distinction lui est interdite.

Mais la liberté de conscience ne doit-elle reconnaître aucune limite ? Faut-il l'étendre indistinctement à toutes les opinions, même à l'idolâtrie, à l'athéisme, et à ce qui lui est le plus contraire, au principe de l'intolérance, aux doctrines qui proscrivent la tolérance religieuse comme une impiété et comme un crime? Cette question, posée par Locke dans ses lettres à Limborch sur la tolérance, et assez mal résolue par ce philosophe, est plus grave en apparence qu'en réalité. Chacune des difficultés qu'elle semble contenir est aplanie d'avance par la distinction que nous avons établie entre l'ordre civil et l'ordre religieux, l'ordre temporel et l'ordre spirituel, ou pour parler plus clairement et d'une manière plus rigoureuse, entre les droits de la société et les droits de l'individu, parmi lesquels figure au premier rang la liberté de conscience.

L'idolâtrie, voilà certainement une des erreurs les plus humiliantes de la nature humaine. La foi, la tradition, l'Écriture sainte la flétrissent à juste titre. Mais qu'est-ce qu'on appelle idolâtrie? Aux yeux des protestants rigides, les catholiques sont des idolâtres. Aux yeux des musulmans, les chrétiens en général méritent la même qualification. Il faudra donc, si la liberté de conscience doit s'arrêter devant cette accusation, que nous accordions aux protestants le droit de persécuter les catholiques et aux musulmans celui de persécuter les chrétiens. Maintenant faisons un retour sur nous-mêmes et demandons-nous si nous n'accusons pas faussement d'idolâtrie le brahmanisme, le bouddhisme, le parsisme, la religion des lettrés chinois, sous prétexte qu'ils rendent des hommages à des symboles extérieurs, à des statues, à des images, au soleil et au feu, au portrait d'un grand homme? Qui donc a le droit de prononcer d'une manière souveraine en pareille matière? L'idolâtrie a-t-elle même jamais existé, si ce n'est parmi les sauvages adorateurs du fétichisme? Les Grecs n'adoraient pas les statues de Jupiter, de Vénus, de Mars, mais ces divinités elles-mêmes, subordonnées à une puissance supérieure, à un roi unique de l'Olympe et avant tout au Destin. Ils étaient polythéistes, nous le voulons bien, non idolâtres. Leur polythéisme ne pouvait-il s'expliquer comme nous expliquons la puissance des anges et des archanges ? Rien donc n'est plus difficile à justifier que l'accusation d'idolâtrie. Puis, quand elle serait méritée, dans quelles limites avons-nous le droit de la réprimer ? Dans les limites où elle commence à être nuisible à la société, c'est-à-dire quand elle se traduit en actions impures, sanglantes ou immorales, comme les sacrifices qu'on faisait à Moloch, comme le culte qu'on rendait à Mylitta et à Vénus Astarté, comme l'usage consacré dans l'Inde de brûler les veuves sur le corps de leurs maris. Aussi faut-il approuver les Anglais d'avoir aboli les Suthies et poursuivi l'extermination de la secte abominable des thugs ou étrangleurs. Mais tant que les croyances que nous qualifions d'idolâtres demeurent inoffensives ; tant qu'elles ne compromettent ni la vie, ni la propriété, ni la liberté des particuliers, ni la sécurité de la société tout entière, elles doivent être protégées par le principe général de la liberté de conscience.

Ce que nous disons de l'idolâtrie s'applique parfaitement à l'athéisme. Nous demanderons d'abord si l'on n'a pas abusé de ce mot. Que de grands hommes accusés d'athéisme, dévorés en cette qualité par le feu du bûcher, qui croyaient de toutes les forces de leur âme à l'existence de Dieu ! Pour les uns, l'athéisme c'est le déisme, c'est-à-dire l'affirmation même de l'existence de Dieu, pour les autres, c'est le panthéisme. Le panthéisme, l'athéisme lui-même, comme nous en trouvons la preuve dans l'histoire d'une époque très rapprochée de nous, était souvent le nom qu'on donnait à toute doctrine philosophique ou religieuse conçue en dehors du parti ultramontain. Il n'y a pas aujourd'hui un philosophe vivant qui n'ait été poursuivi de cette banale accusation. Mais quand elle serait motivée, quand l'athéisme serait réel, quels droits la société a-t-elle contre lui? L'athéisme est une pensée; la société ne peut réprimer que les actes qui lui sont nuisibles. L'athéisme, il est vrai, peut conduire, à l'égard de la société et de la morale, à des conséquences déplorables; mais il y a des athées qui les désavouent sincèrement. Auguste Comte lui-même voulut fonder sur le positivisme, identique au fond avec l'athéisme, une morale toute mystique. De quel droit aurait-on poursuivi chez lui une idée, un système tout métaphysique? L'athéisme cependant peut devenir un danger pour la société, sans qu'il soit besoin d'attendre que ses plus funestes conséquences se soient traduites en actions. C'est quand il s'adresse à la foule sous une forme populaire et provoquante, quand il se traduit en menaces, en insultes, en dérision pour toutes les croyances religieuses et qu'il s'attaque à des intelligences incapables de se défendre. Tant qu'il reste à l'état de système philosophique et qu'il n'emploie que les armes du raisonnement, alors pas plus que l'idolâtrie et l'hérésie, il ne peut tomber sous la contrainte de la loi et de la répression pénale.

Enfin, nous ne craignons pas de demander la même immunité pour les dogmes intolérants, pourvu que l'intolérance ne se traduise pas en actions ou en provocations à la révolte et à la violence.

Il y a, en effet, deux sortes d'intolérance : l'une qui n'existe que dans la pensée, dans la foi, dans le for intérieur; l'autre qui se manifeste au dehors par des actes de violence, par la persécution et des œuvres de haine. La première consiste à dire : la vérité n'est qu'avec moi, la vérité ne luit que pour moi, ou du moins pour ma communion; hors de son sein les voies du salut sont obstruées, il n'y a que la perdition et l'erreur. Pourquoi donc cette sorte d'intolérance ne serait-elle pas permise ? N'est-elle pas l'expression de la conviction même ? Peut-on croire à un principe et ne pas condamner le principe contraire ? C'est ce qui arrive pour la philosophie et pour la politique. Pourquoi la religion serait-elle exclue du même droit ? Le parti libéral condamne le parti du despotisme, le théiste condamne l'athée, le spiritualiste condamne le matérialiste. Pourquoi celui qui croit fermement à une religion ne serait-il pas persuadé qu'elle est la seule voie qui conduise au salut éternel et pourquoi ne désirerait-il pas la propager parmi les hommes ? Mais quant à l'intolérance de fait, celle qui, pour arriver à ses fins, emploie la torture, l'humiliation, les supplices, les provocations, la menace, celle-là n'a plus rien de commun avec les droits de la liberté et de la conscience. Aux yeux d'une religion éclairée elle est un blasphème, puisqu'elle confond le droit avec la force et n'attend rien que d'elle-même au lieu de compter sur la Providence et l'attrait irrésistible de la vérité. Aux yeux de la société, aux yeux du droit, elle est un crime puisqu'elle viole toutes les lois sur lesquelles la société repose et qu'elle méconnait le principe même des lois, c'est-à-dire le respect de la personne humaine, le respect de la liberté morale sans laquelle nulle liberté ne se conçoit ni ne peut subsister.

APPENDICE

RETOUR A LA QUESTION DE LA PROPRIÉTÉ

Ce volume était déjà écrit depuis quelque temps et presque entièrement imprimé quand mon attention fut appelée sur le livre de M. Alfred Fouillée qui a pour titre : *La propriété sociale et la démocratie* (1). Il contient sur la propriété des considérations en grande partie nouvelles qu'il ne m'est pas permis, sous peine d'être incomplet, de négliger ici. D'ailleurs, le nom de M. Fouillée et la place qu'il occupe à juste titre dans la philosophie contemporaine font un devoir à celui qui aborde des matières déjà traitées par lui de tenir grand compte de son opinion.

Il n'y a, ce semble, que trois positions à prendre relativement à la propriété : l'affirmer, comme a fait la grande majorité des philosophes, des jurisconsultes et des publicistes ; la nier, à l'exemple de Proudhon et de ceux aussi qui la tiennent pour une institution purement civile, pour une création de la loi, une convention sociale, destituée de toute raison puisée dans le droit

---

(1) Un volume in-12, Paris, 1881, publié d'abord par fragments dans la *Revue des Deux-Mondes*.

naturel ; enfin, ne l'accepter que sous la condition qu'elle soit commune à tous les membres de la société et placée entièrement dans les mains de l'État. M. Fouillée s'est flatté de trouver une quatrième manière de voir. Il suppose qu'il existe sur la propriété deux systèmes contraires qui s'excluent réciproquement : l'une qui attribue à la propriété un caractère absolument individuel, l'autre qui ne lui reconnait qu'un caractère absolument social. Appelons-les plus brièvement l'individualisme absolu et le socialisme absolu. M. Fouillée, qui n'admet l'absolu nulle part, le rejette encore ici. Il entreprend donc de démontrer que « tout produit étant l'œuvre commune de l'individu et de la société, la propriété, théoriquement considérée, renferme à la fois une part individuelle et une part sociale (1). » Par conséquent, les deux systèmes qui se disputent aujourd'hui non seulement l'opinion, mais le pouvoir, la haute direction du gouvernement et de la législation, sont également vrais et également faux ; vrais quand on les prend dans un sens limité et relatif, faux quand on leur donne une portée illimitée et absolue.

Nous remarquerons d'abord que cette manière de poser le problème est inacceptable. Elle est en contradiction manifeste avec les faits. Il y a sans doute un socialisme absolu, qui n'admet à aucun titre et sous aucune condition la propriété individuelle, pas plus qu'il n'admet la liberté individuelle ou les droits les plus essentiels de la personne humaine. Mais qui donc a jamais rencontré, quand il s'agit du droit de propriété, l'individualisme absolu ? Il faudrait être insensé pour aller jusque-là. Il n'est venu et il ne viendra à l'esprit de personne que la propriété puisse revêtir le caractère d'un droit, qu'elle se maintienne, soit

(1) Préface.

reconnue et respectée en dehors de l'état de société. C'est aussi avec l'assistance de la société, en se servant des instruments de travail, des capitaux, des lumières qui se forment dans son sein, que la propriété atteint ses développements essentiels. Il est donc nécessaire que par l'impôt, par le sacrifice obligatoire d'une partie plus ou moins considérable de ses avantages, elle contribue à la conservation et au perfectionnement de l'ordre social. Cette nécessité a-t-elle été niée ou méconnue par aucun des défenseurs de la propriété individuelle ? Aucun d'eux non plus ne s'est avisé de contester à la société ou à l'État certains biens qui par leur nature même sont réservés à la jouissance de la communauté. Tels sont les fleuves, les rivières, certaines forêts, les musées, les monuments publics, tout ce qui porte le nom de propriété nationale.

L'individualisme, tel que le conçoit M. Fouillée, est donc un pur fantôme créé par son imagination. Il comprend mieux le socialisme et il le combat par des arguments décisifs. Il montre que le socialisme est en opposition directe avec les conditions de la vie dans l'état de société, qu'il détruit toute responsabilité, toute émulation, toute prévoyance, tout sentiment de justice, et qu'en substituant partout l'État à l'individu, il n'est pas moins funeste au premier qu'au dernier. Mais là n'est pas la partie la plus intéressante, nous voulons dire la plus personnelle du livre de M. Fouillée. Beaucoup d'autres avant lui, et certainement aussi bien que lui, ont réfuté le socialisme. Ce qui lui appartient en propre, c'est la prétention de concilier les idées, ou du moins certaines idées et certains principes socialistes avec l'institution de la propriété individuelle, de réserver à côté de celle-ci, tout en la déclarant légitime et nécessaire, une place considérable pour la propriété sociale. C'est cette tentative de conciliation que nous avons à faire connaître et à juger.

Un premier point sur lequel doit se porter notre attention, c'est le principe sur lequel M. Fouillée fait reposer la propriété individuelle et d'où il déduit son droit à l'existence, sa légitimité telle qu'il peut l'admettre avec la doctrine de la relativité de toutes nos connaissances. Comme la grande majorité des économistes, il donne pour base à la propriété, ou reconnaît pour sa principale base le travail. Or, qu'est-ce que le travail ? C'est la volonté en action « produisant et emmagasinant le mouvement dans ses œuvres ». De sorte que le produit du travail est l'équivalent extérieur de ma force intérieure, c'est-à-dire de mon activité et de ma pensée. C'est avec raison, ajoute M. Fouillée, qu'il a été défini : *Du travail cristallisé*. Cette définition, qui appartient à Karl Max, le célèbre apôtre du communisme et l'auteur du *Capital*, M. Fouillée la met au-dessus de toutes les propositions soutenues sur le même sujet par les métaphysiciens. Il y reconnaît le véritable principe, « le principe scientifique » de la propriété (1).

Nous avons quelque peine à comprendre ce que la science peut avoir à revendiquer dans cette métaphore prétentieuse ; nous avouons qu'elle ne nous paraît pas tout à fait intelligible. Mais ne nous attardons pas à discuter la valeur d'une expression ; tenons-nous en à la pensée que M. Fouillée a exprimée lorsqu'il nous a présenté le produit du travail comme l'équivalent extérieur de notre force intérieure. Cette équivalence est, selon lui, ce qui constitue le droit de propriété ; car, pour me servir de ses propres expressions, « il est utile que la jouissance du produit revienne au producteur, et la loi consacre cette utilité (2) »

Nous nions à la fois le principe et la conséquence.

---

(1) P. 13.
(2) P. 14.

Nous nions que le produit du travail, surtout si ce produit est une œuvre matérielle, soit l'équivalent de la force intérieure qui lui a donné naissance. Nous nions que la propriété qu'on fait sortir de cette prétendue équivalence, ne soit érigée en droit et ne mérite d'être protégée par les législations positives que parce qu'elle est utile.

Prenez telle œuvre de l'homme que vous voudrez, depuis la plus humble jusqu'à la plus noble et la plus savante, depuis la corbeille sortie de la main du vannier ou le vase de terre fabriqué par le potier jusqu'aux tableaux peints par Raphaël et aux statues sculptées par Michel-Ange, comment pouvez-vous dire qu'il y a équivalence entre cette œuvre et la force invisible, c'est-à-dire la personne libre et intelligente qui l'a produite ? L'œuvre peut disparaitre, elle est susceptible d'être modifiée ou détruite ; la personne demeure et peut commencer autant d'œuvres nouvelles qu'il lui plait. Même ces tableaux et ces statues dont nous venons de parler, même les livres signés des noms les plus illustres ne répondent pas exactement au génie de leurs auteurs et, en tout cas, ne représentent pas leurs personnes. Aucune chose, de quelque ordre qu'elle soit, n'est l'équivalent de la personne humaine, parce qu'aucune chose ne renferme la liberté et la responsabilité. C'est parce que l'homme est libre et responsable devant sa conscience, c'est parce qu'il a une conscience dont les lois sont obligatoires pour lui, qu'il a un droit de propriété sur ses œuvres ; car s'il en était autrement, si ses œuvres ou les produits de son travail ne lui appartenaient pas, ceux à qui ils appartiendraient substitueraient leur volonté à la sienne, et sa volonté cesserait d'être libre. Ce n'est pas assez de dire, à l'exemple d'Adam Smith et des économistes de son école, que la propriété se justifie par le travail ; il faut ajouter que le travail lui-même se justifie et devient digne de respect par la liberté. Il n'y a que le travail libre, le travail d'un être libre qui se distingue du travail aveugle et forcé de l'animal.

M. Fouillée s'est donc mépris sur la nature de la propriété, et c'est pour cette raison qu'il n'a pu lui reconnaître la valeur morale d'un droit. Il regarde simplement comme utile que la jouissance du produit soit assurée au producteur. A qui cela est-il utile? Au producteur, sans doute, mais pas au maître qui l'exploite, pas au seigneur féodal, pas aux classes aristocratiques qui ne subsistent que par les privilèges de la fortune et de la naissance. Il y a eu cependant des sociétés, comme toutes celles de l'antiquité, sans en excepter les plus brillantes, les plus glorieuses, les plus libres aussi en un certain sens, qui n'ont pu se passer de l'esclavage; il y en a eu d'autres, comme celle de l'Europe chrétienne au moyen âge, dont le servage était la principale base; il y en a d'autres enfin qui appartiennent au temps présent, qu'on cite comme des modèles de liberté politique et où la propriété, concentrée dans quelques mains par les privilèges de l'hérédité, ne dérive que de la conquête. Sous de tels régimes, la jouissance du produit par le producteur, loin d'être utile, est une cause de spoliation et de dissolution. De tels régimes sont injustes ne manquera-t-on pas de dire, et l'on aura raison. Mais qu'est-ce qui est juste, qu'est-ce qui est injuste? Ce qui est conforme ou contraire au droit, non ce qui est conforme ou contraire à l'utile, c'est-à-dire à l'intérêt. L'intérêt n'a rien d'obligatoire, ni d'universel. L'intérêt de l'un est en opposition avec l'intérêt de l'autre, l'intérêt d'une civilisation avec celui d'une civilisation différente. Le droit seul est le même partout et pour tous, et le principe commun de tous les droits, c'est la liberté humaine. C'est de la liberté que dérive le droit de propriété. Dès qu'on essaie de lui donner une autre base, on le supprime.

Mais comment M. Fouillée, qui professe dans tous ses ouvrages et à toute occasion le déterminisme, aurait-il invoqué le nom de la liberté ?

Toujours est-il qu'il admet la propriété individuelle comme une prérogative utile et pour cela même, pour cela seul, légitime du travail. Mais la propriété n'est pas seulement le fruit du travail, ce n'est pas le travail seul qui l'a créée ; elle suppose aussi une matière qui lui est fournie par la nature : c'est la terre que féconde le laboureur ; ce sont les pierres, le bois, les métaux que travaillent les ouvriers de différentes industries. Or, de quel droit quelques hommes s'attribueraient-ils la jouissance exclusive de cette matière que la nature a donnée à tous ? Du droit du premier occupant, répondent les philosophes, les économistes et les jurisconsultes. M. Fouillée ne nie pas ce droit ; mais il y en a un autre qu'il reconnait également et qui ne lui parait pas moins incontestable : c'est le droit du *dernier occupant*. Le premier représente la part de l'individu et le second celle de la société. Mais le droit du premier occupant n'existe véritablement que de nom dans cette théorie ; admis seulement pour les choses sans valeur que la nature produit en quantité inépuisable et qui comptent uniquement pour la forme que l'homme leur a donnée, ce prétendu droit se confond, pour M. Fouillée, avec le droit du travail. Il en est autrement des richesses naturelles, telles que les animaux, les végétaux, les terres propres à la culture, dont l'homme fait usage sans les avoir créées et dont la quantité n'est pas en proportion des besoins à satisfaire. Celles-là, la propriété individuelle ne doit pas les absorber, il faut qu'elles restent à la disposition de ceux qui ne sont pas encore pourvus, elles constituent un fonds social. Mais ce n'est pas seulement la nature qui fournit les éléments de ce fonds social, c'est aussi le travail collectif, le développement général et la seule existence de la société. C'est par le concours de ces forces, et non pas seulement par l'activité, la prévoyance et l'épargne des individus que se forment les capitaux. Comment donc les individus, seraient-ils autorisés à revendiquer pour eux seuls ce qui est en grande partie l'œuvre indivisible de tous? A en croire M. Fouillée, il n'y aurait pas un seul produit de notre activité soit matérielle, soit intellectuelle, sur lequel la société n'eût, en quelque sorte, un droit d'hypothèque; elle serait la cause principale de tout ce que nous faisons, de tout ce que nous pensons, de tout ce que nous sommes. Il la définit : « Un véritable organisme dont nous sommes les cellules vivantes (1). »

Quelles que soient les conséquences qu'on en a tirées et quelque modération qu'on puisse apporter en les appliquant, il nous est impossible de laisser passer de telles propositions sans les discuter.

D'abord à qui auraient profité ces richesses naturelles dont on fait si grand bruit, si le travail de quelques-uns de ces avait mises en valeur et fait entrer dans le domaine de la propriété individuelle? A personne. A qui l'appropriation de ces mêmes richesses par le travail et par la culture a-t-elle causé le moindre dommage? A personne encore, surtout pas à la société à venir, puisque la société ne peut subsister avec des terres en friche et des forêts vierges. Tout au contraire, cette œuvre d'appropriation a donné du pain et des vêtements au moins à une partie de ceux qui étaient nus et affamés. La pêche et la chasse dont vivent les sauvages sont l'extrême misère, et encore faut-il remarquer que les forêts et les fleuves où s'exercent ces primitives industries sont devenus des propriétés particulières, sinon individuelles; ils sont partagés entre

---

(1) P. 22.

des tribus peu nombreuses, dont chacune défend son bien avec acharnement.

Qu'est-ce que la société peut avoir à revendiquer sur le travail et la propriété de l'individu qu'elle n'obtienne aujourd'hui même chez la plupart des nations civilisées, des nations libres surtout, et qu'elle n'obtienne de plus en plus par le progrès des idées et des institutions? Nous avons déjà parlé de l'impôt et nous n'avons pas de scrupule à y revenir, parce que, pareil au Protée de la fable, il revêt toutes les formes et atteint sous les noms les plus divers le capital et le revenu, ou pour mieux dire les revenus, quels qu'ils soient. Nous avons en France l'impôt foncier et l'impôt sur les valeurs mobilières, le droit de timbre, le droit d'enregistrement, les droits de mutation, etc., etc. (1). N'oublions pas le droit d'expropriation qui détruit à lui seul l'idée que se fait M. Fouillée de la propriété individuelle. Comme soldat, comme électeur à tous les degrés, comme membre du jury, comme coopérateur désintéressé d'une foule d'institutions utiles ou bienfaisantes, l'individu paie aussi sa dette à la société au prix de sa vie, de son repos, de son temps et de sa liberté. Il n'y a pas une de ses occupations, si elle est honnête, pas un effort de sa volonté et de son intelligence, s'il est dirigé vers un but avouable, qui ne soit profitable à son pays, quelquefois à l'humanité, et qui ne contribue au fonds social, pris dans le sens étendu qu'y attache M. Fouillée. Nous lui accordons volontiers, contre l'opinion de J.-J. Rousseau, que sans la société, que hors de la société, l'individu ne peut rien et n'est rien, pas même un sauvage ; mais qu'est-ce que la société sans l'individu, sans la personne humaine en possession de toute son activité, de

---

(1) On lira avec fruit sur ce sujet un excellent article de M. Paul Leroy-Beaulieu, publié dans le *Journal des Débats* du 23 août 1885.

toute sa liberté, de toute son intelligence, dont la conscience individuelle est la première condition ? Pas autre chose qu'une ombre insaisissable, une abstraction vide de sens.

Enfin qu'est-ce qu'il faut entendre par le droit du *dernier occupant* ? On remarquera que cette expression même de *dernier occupant* contient une véritable contradiction. Il ne s'agit pas de gens qui occupent quoi que ce soit, mais qui voudraient occuper, qui réclament contre une occupation qui ne leur a rien laissé. Évidemment, il s'agit des derniers venus, et c'est à cette qualité qu'on reconnait un droit. De quelle nature peut-être ce droit ? Le droit du premier occupant est défini, est circonscrit tout à la fois par la priorité et par l'étendue de l'occupation. Il est représenté par un fait positif, qui est l'occupation elle-même. Mais comment définir et comment se représenter le droit du dernier venu ? Où commence-t-il ? Où doit-il finir ? Quels sont les actes, quels sont les faits par lesquels il s'exerce ? Nul ne le sait ni ne le saura.

A côté de ces questions s'en présente une autre qui n'est pas moins difficile à résoudre. A qui s'applique cette dénomination de derniers venus, ou si l'on tient absolument à les appeler ainsi, de derniers occupants ? Est-ce à des générations actuellement vivantes, les plus récentes, sinon les plus jeunes que nous connaissions ? Est-ce à toutes les générations qui viendront dans l'avenir jusqu'à l'extinction de l'espèce humaine ? Dans la première hypothèse, nous dirons qu'il y a de la place pour tout le monde sur la terre et qu'il n'est nullement nécessaire, au point de vue de la stricte justice, que nous cédions celle que nous occupons. S'il s'agit de toutes les générations à naître, quel droit pouvons-nous reconnaitre à ceux qui ne sont pas et comment donner satisfaction à un droit qui, s'il existait, embrasserait l'infini ?

C'est pourtant ce prétendu droit que M. Fouillée donne pour base à sa théorie franchement socialiste sur l'assistance. Son cœur et sa raison se révoltent contre cette phrase devenue célèbre de Malthus : « Un homme qui naît dans un monde déjà occupé, si sa famille n'a pas le moyen de le nourrir ou si la société n'a pas besoin de son travail, cet homme n'a pas le moindre droit de réclamer une portion quelconque de nourriture. Il est réellement de trop sur la terre. Au grand banquet de la nature il n'y a pas de couvert mis pour lui. La nature lui commande de s'en aller et elle ne tardera pas à mettre elle-même cet ordre à exécution. » Il ne croit pas non plus avec Darwin et Herbert Spencer que la philanthropie soit un danger pour l'espèce humaine et qu'il faille laisser périr sans secours, comme des animaux nuisibles et immondes, les faibles, les infirmes, les misérables qui, en se reproduisant, amèneraient insensiblement la décrépitude du corps social. Quoique partisan convaincu du transformisme, il ne le poussa pas jusqu'à ce degré de férocité. Il est convaincu que, aussi longtemps qu'il y aura sur la terre des hommes qui ont du superflu et d'autres qui n'ont pas le nécessaire, l'assistance sera un devoir pour les premiers et pour les derniers un droit. Mais quelle est la forme sous laquelle il se représente ce devoir et ce droit ? S'agit-il de rapprocher les unes des autres, par le double lien de la charité et de la reconnaissance, les créatures humaines que les caprices de la nature ou de la fortune ont séparées ? Non, il n'est pas question de cela, M. Fouillée va même jusqu'à témoigner à plusieurs reprises un souverain mépris pour la charité telle que la religion et la philosophie spiritualiste la comprennent; par conséquent, il n'y a pas non plus, dans sa pensée, de place pour la reconnaissance. L'assistance, d'après lui, est une œuvre de stricte justice, c'est l'exécution d'un contrat, d'une convention tacite, que

M. Fouillée résume dans les mots suivants, adressés par celui qui n'a rien à celui qui possède : « Je conviens de respecter vos moyens d'existence à la condition que vous respectiez les miens ; je consens à respecter votre droit de vivre à condition de ne pas voir le mien détruit en fait (1). »

En vérité, ceci est trop fort. Proudhon lui-même ne va pas aussi loin dans sa fameuse proposition : « La propriété, c'est le vol ». Si, en effet, un contrat tel que l'imagine M. Fouillée pouvait exister, soit tacitement, soit par acte authentique, celui qui n'a rien aurait sur celui qui possède tous les droits possibles ; il disposerait non seulement de ses biens, mais encore de « son droit de vivre ». C'est lui-même qui le dit.

Et dans quelle mesure le dernier venu, qui sera maintenant très bien nommé le *dernier occupant*, usera-t-il du pouvoir discrétionnaire qu'on remet entre ses mains ? Se contentera-t-il du strict nécessaire ou exigera-t-il davantage ? Il sera bien bon de se contenter du strict nécessaire, puisque c'est lui qui fait les conditions et que, aux termes du contrat tel que M. Fouillée l'a rédigé, peut-être serait-il plus exact de dire de l'injonction qu'il place dans sa bouche, il y a parité complète entre ses *moyens d'existence* et ceux du riche qu'il met à contribution.

Quand un noble et vigoureux esprit comme M. Fouillée arrive à cet excès de contradiction, on peut être sûr qu'il y a été conduit par une apparence de vérité ou de justice. Le raisonnement qui a séduit M. Fouillée dans la discussion actuelle, nous ne l'inventons pas, nous le lui empruntons textuellement. « Il y a, dit-il, solidarité entre tous les citoyens d'un même pays. Par cela même que vous, législateurs, vous n'avez pu établir de loi qui règle la multiplication de l'espèce, vous acceptez im-

---

(1) P. 79.

plicitement, à défaut des père et mère naturels, certaines charges à l'égard des enfants qui sont nés. Ces enfants ne sont ni usurpateurs, ni intrus, puisqu'ils ne sont point eux-mêmes responsables de leur naissance, et vous n'êtes plus maitres de les accepter ou de les rejeter, puisqu'en fait il y a actuellement pour tous assez de subsistances. Que la société veuille prendre ses précautions pour l'avenir, c'est ce dont les darwinistes nous montreront la nécessité, mais la charge présente n'en existe pas moins et nous devons l'accomplir (1) ».

Ainsi l'État devrait régler, c'est-à-dire limiter la multiplication de l'espèce ; ce qu'il fera infailliblement dans l'avenir si le darwinisme l'emporte. C'est parce qu'il n'a pas encore rempli cette partie de sa tâche et qu'il a laissé les naissances se produire au hasard, qu'il est obligé de prendre à sa charge les enfants venus au monde hors de propos ou que leurs parents ont abandonnés. Enfin, les obligations de l'État envers les enfants de cette classe sont les mêmes que celles qui existeraient en leur faveur au sein de la famille, s'ils en avaient une. Sur ce dernier point, en particulier, M. Fouillée s'exprime avec une clarté qui ne laisse rien à désirer. « Lorsqu'il nait un enfant dans une famille, a-t-on dit avec raison, aucun de ses frères n'est en droit de lui contester la participation aux biens du père. Pareillement, il n'y a pas de *cadets* dans la nation, qui a, comme l'individu, sa propriété. Si la famille fait défaut, il reste au-dessus d'elle la grande famille nationale avec le fonds national (2). »

Il n'y a pas une seule des trois propositions dont cette argumentation se compose qui ne soulève d'insolubles difficultés. Comment ! une des fonctions de

---

(1) P. 78.
(2 *Ibid*.

l'Etat consisterait à empêcher dans son sein la trop grande multiplication de l'espèce ou la disproportion entre les naissances et les subsistances ! Quand même il en aurait la puissance, il n'en aurait pas le droit, il outragerait en même temps la liberté et la nature. M. Fouillée nous assure bien que la liberté n'aura pas à souffrir de cette mesure, car, grâce aux progrès de l'éducation, le cerveau des générations futures étant beaucoup plus développé que celui des générations actuelles, « exercera une influence restrictive sur la fécondité » (3). Mais ce sont là des rêves apocalyptiques dont ni la morale, ni la science du droit n'ont à tenir compte.

On ne sera pas moins étonné d'apprendre que si l'Etat doit prendre à sa charge les enfants abandonnés et l'on peut dire, en remontant jusqu'au principe de M. Fouillée, tous les enfants pauvres, tous ceux qui semblent condamnés à manquer du nécessaire, c'est par la seule raison qu'il n'a pas su ou n'a pas voulu les empêcher de naître, ou parce que, indirectement, il est responsable de leur naissance. Nous aurions cru le contraire, nous nous serions volontiers imaginé que toute créature humaine devait être accueillie par la société comme un hôte que Dieu lui envoie.

Quant à l'assimilation, et l'on peut aller jusqu'à dire l'identité établie par M. Fouillée entre la responsabilité de l'Etat et celle de la famille à l'égard de toutes les naissances, elle ne tend à rien moins qu'à la suppression de la famille. A quoi bon la famille, en effet, puisque l'Etat, en droit strict, est tenu de remplir ses fonctions, quand, pour une cause ou pour une autre, elle a jugé à propos de s'y dérober ? Cette manière de voir a été de tout temps celle des communistes et est aujourd'hui celle des socialistes conséquents. C'est

(3) P. 119.

pour cette raison qu'un des articles de leur programme de gouvernement est qu'il n'y ait dans l'avenir aucune différence entre les enfants naturels et les enfants légitimes ou reconnus, et que l'État soit obligé de les élever tous sans distinction et de la même manière. Tel est le vrai sens de l'*instruction intégrale*.

La société, nous l'avons dit et nous croyons utile de le répéter, a certainement des devoirs à remplir envers les faibles, les petits, les abandonnés, les déshérités de ce monde, et à ces devoirs répondent des droits. Mais ni les uns ni les autres ne sont du ressort de la justice, ils rentrent dans la sphère de l'humanité et de ce que la philosophie, avant le christianisme, appelait déjà du beau nom de charité, *caritas generis humani*, disait Cicéron. Leur caractère est de n'être, ni les uns ni les autres, exigibles par la contrainte, par la force, par un acte juridique ou en vertu d'un contrat. La raison en est qu'ils n'ont rien de personnel, ils se rapportent à l'humanité, c'est-à-dire à la nature humaine. C'est la nature humaine qui nous est chère, qui nous est sacrée, qui nous commande le respect et l'amour dans tout individu de notre espèce qui souffre, qui tombe ou qui est tombé. C'est elle que nous sommes tenus de secourir et de relever en lui, elle que nous devons affranchir de la servitude et de la misère, elle que nous devons éclairer quand elle est dans la nuit de l'ignorance. Après tout, ce que nous faisons pour elle dans les autres, nous le faisons pour nous, puisque, en nous, c'est elle encore qu'il nous faut aimer et honorer. C'est ainsi que la société travaille pour elle-même en portant remède aux souffrances particulières qu'il est dans son droit de soulager. A la raison d'humanité vient se joindre la raison politique. Une nation sera d'autant plus forte au dedans et au dehors qu'elle renferme dans son sein plus de lumières, plus de moralité et de bien-être.

M. Fouillée comprend dans la fortune sociale l'instruction publique et le suffrage universel. Mais il nous a paru difficile de faire entrer ces deux questions dans celle de la propriété, la seule que nous ayons voulu traiter dans ce chapitre.

FIN.

TABLE DES MATIÈRES

	Pages.
AVANT-PROPOS	V

CHAPITRE PREMIER. — Le droit en général, le devoir, le libre arbitre, la personne humaine.................... 1

CHAPITRE II. — LES DROITS DE LA PERSONNE HUMAINE. — La vie, la liberté individuelle, la propriété, la liberté de conscience, la liberté intellectuelle..................... 9

CHAPITRE III. — LE MARIAGE. — Union de l'amour et du devoir. — Respect de la personne humaine dans la femme. — Diversité des opinions sur la femme et différentes sortes de mariages. — L'Orient, la Grèce, Rome, la société moderne. 23

CHAPITRE IV. — La femme considérée comme une malade, le livre de Michelet qui a pour titre : *l'Amour* ; la dignité morale de la femme méconnue, le mariage compromis... 31

CHAPITRE V. — De l'égalité morale de l'homme et de la femme ; diversité de leurs facultés et de leurs rôles 43

CHAPITRE VI. — Le mariage dans ses rapports avec la société. — Le mariage civil. — Les droits respectifs du mari et de la femme...................... 49

CHAPITRE VII. — LE MARIAGE CIVIL ET LE MARIAGE RELIGIEUX.. 62

	Pages.
CHAPITRE VIII. — Le divorce.	67
CHAPITRE IX. — La paternité.	75
CHAPITRE X. — La famille, l'éducation ; le rôle du père et de la mère dans l'éducation ; l'éducation publique et l'éducation privée.	89
CHAPITRE XI. — La puissance paternelle.	103
CHAPITRE XII. — Le droit de propriété ; la propriété est inséparable de la liberté.	117
CHAPITRE XIII. — La propriété est nécessaire à la famille. — Les effets du communisme. — Diverses espèces de communisme	131
CHAPITRE XIV. — La propriété est nécessaire à la Société en général et à la civilisation.	147
CHAPITRE XV. — Adversaires de la propriété. — Idée générale de la doctrine de Proudhon.	157
CHAPITRE XVI. — Les arguments de Proudhon contre la propriété.	161
CHAPITRE XVII. — Suite des arguments de Proudhon contre la propriété.	171
CHAPITRE XVIII. — Comment Proudhon veut remplacer la propriété.	181
CHAPITRE XIX. — La transmission de la propriété. — Le droit de tester.	193
CHAPITRE XX. — Le droit de succession	205
CHAPITRE XXI. — La propriété intellectuelle, artistique et littéraire. — Ses diverses conditions aux différentes époques de l'histoire. — Les différents régimes par lesquels elle a passé.	221

CHAPITRE XXII. — La question considérée en elle-même. —

Comparaison entre la propriété intellectuelle et la propriété ordinaire. — Objections auxquelles elle a donné lieu. 233

CHAPITRE XXIII. — La tolérance. — La liberté de conscience. La liberté religieuse. — Considérations historiques 249

CHAPITRE XXIV. — La liberté de conscience considérée en elle-même. — Sur quels principes elle repose. — A quelles objections elle a donné lieu. 265

APPENDICE. — Retour à la question de la propriété. — Tentative de conciliation entre la propriété individuelle et la propriété sociale 277

FIN DE LA TABLE DES MATIÈRES

Tours. — Imprimerie E. Arrault et Cie.

www.ingramcontent.com/pod-product-compliance
Lightning Source LLC
Chambersburg PA
CBHW071130160426
43196CB00011B/1844